与最聪明的人共同进化

HERE COMES EVERYBODY

戈特曼"亲密关系"系列

幸福的
婚姻

全新升级版

THE SEVEN PRINCIPLES
FOR MAKING MARRIAGE WORK

[美] 约翰·戈特曼（John Gottman） 著
娜恩·西尔弗（Nan Silver）

刘小敏　冷爱（Sheng Pan）　译

浙江科学技术出版社·杭州

测一测 你了解亲密关系的真相吗？

扫码加入书架
领取阅读激励

扫码获取
全部测试题及答案，
一起探索幸福婚姻的真相

- 幸福的婚姻建立在（　　）之上。

  A. 浪漫的爱情

  B. 富足的物质

  C. 深厚的友情

  D. 健康的身体

- 假如另一半向你诉说工作上的困难和压力，你可以（　　）

  A. 直接建议他换一份工作

  B. 让他明白你理解并同情他的困境，然后一起寻找解决办法

  C. 告诉他任何困难都是他臆想出来的

  D. 站在伴侣的对立面思考问题并提出反驳意见

- 所有的婚姻冲突都可以分为永久性的和可以解决的两大类。以下属于永恒的冲突的是（　　）

  A. 丈夫主张"鸡娃"，妻子希望"佛系"

  B. 丈夫想要一个孩子，但妻子永远都"准备不好"

  C. 妻子总喜欢和朋友聚会，这引起丈夫的不满

  D. 妻子希望丈夫更多地照顾宝宝，但又埋怨他什么都做不好，丈夫很生气

扫描左侧二维码查看本书更多测试题

JOHN GOTTMAN

约翰·戈特曼

"婚姻教皇"
与罗杰斯、荣格齐名的心理学家

专注 50 余年

"爱情实验室"与"婚姻教皇"

美国知名畅销书作家马尔科姆·格拉德威尔曾在自己的一本著作中写道："他是一位个子不高的男士，长着猫头鹰般敏锐的眼睛，头发花白，胡须修得整整齐齐。他魅力超凡，总能与人相谈甚欢，每当谈到让他兴奋的话题时，他的眼睛便闪闪发亮，更加炯炯有神。他的身上仍带有 20 世纪 60 年代嬉皮士的范儿，比如他那顶偶尔扣在犹太编织圆帽上的红军帽。"

马尔科姆笔下的这个人便是全球人际关系领域公认的殿堂级人物——约翰·戈特曼。从 20 世纪 70 年代至今，戈特曼对人际关系、婚姻关系及家庭关系进行了长达 50 余年的跟踪研究。1992 年，戈特曼与其妻子主持的爱情实验室公布了堪称史上最大规模的家庭关系研究结论，在这项涉及近 3 000 个美国家庭、700 对新婚夫妇的纵向研究中，戈特曼可以在 5 分钟内判断一对夫妇未来一年内的婚姻状况，准确率高达 91%。

爱情实验室的门槛被蜂拥而至的媒体踏平，《早安美国》《今日秀》《CBS 早间新闻》《奥普拉脱口秀》《纽约时报》《人物》《今日心理》《西雅图时报》等争相报道戈特曼的神奇预言。有媒体甚至因戈特曼拯救了万千陷入危机的家庭而称其为"婚姻教皇"。戈特曼的著作《幸福的婚姻》更是畅销 20 余年，长期盘踞同类图书榜首，横扫全球 22 个国家，被《哈佛商业评论》誉为沟通经典之作。

用数据说话

大数据时代的亲密关系真相

戈特曼在 50 余年的研究生涯中始终致力于将人与人之间的关系与行为数据化，并通过建立数学模型来预测人的行为。其研究成果中的诸多数据广为流传，甚至已经成为共识，比如，婚姻稳定的夫妻释放的积极信号和消极信号比是 5∶1，最终离婚的夫妻释放的积极信号和消极信号比则是 0.8∶1；婚姻中有 69% 的冲突永远无法解决；67% 的新手父母都对彼此非常不满；等等。通过对这些数据的分析和应用，戈特曼得以不断完善其独特的婚姻治疗方法，从而帮助伴侣消除感情障碍，改善相处模式，巩固亲密关系。

如今，戈特曼针对情侣、父母、单身人士、心理咨询从业者，已打造出一套科学而完备的亲密关系经营方法，为这些处于不同身份、不同人生阶段的人揭示了建立、经营与修复亲密关系的黄金法则。他在《爱的沟通》中给单身人士打造了一份科学恋爱攻略，又经《幸福的婚姻》提供了一份经久不衰的婚姻经营宝典，他在《爱的冲突》中鲜明地提出了让亲密关系走向成熟的磨合法则，又通过《幸福婚姻的 10 大敌人》提供了一份及时的婚姻抢救实战方案，他以《爱的博弈》指导伴侣修复信任，又以《当婚姻中有了孩子》为有孩子的伴侣送去一份爱情保温指南，他用《培养高情商的孩子》教会父母让孩子受益一生的情商训练法，又用《人的七张面孔》向所有人揭示了打造良好人际关系的秘诀……他毫无保留地将"戈特曼方法"传入千家万户，深刻地改变了两代人的婚恋观。

与罗杰斯、荣格齐名的心理治疗大师

无论在婚姻、亲子领域，还是在商业、职场中，戈特曼带给人际关系研究的变革都是划时代的。深耕人际关系领域 50 多年来，他建构的人际关系模型是目前心理学领域少有的可预测性数理模型，他的研究已使超过 38 个国家的数百万对夫妇和数万名临床医生直接受益，也已帮助无数面临人际和沟通问题的职场中人打破困局，达到人生的新高度。他极具科学性的研究让人耳目一新，也让人与人之间的沟通回归真挚且更加有效。

2007 年，美国具有相当权威性的刊物《美国心理治疗网络》及《美国心理学家》杂志同时评出 20 世纪最后 25 年间，美国心理治疗师眼中 10 位最具影响力的心理治疗大师，戈特曼赫然在列，与卡尔·罗杰斯、卡尔·荣格共享殊荣。

戈特曼同时收获了美国家庭治疗领域的所有专业大奖。4 次荣获美国国家心理健康研究所科学研究者奖章，并获美国婚姻与家庭治疗协会杰出科学研究者奖章、美国家庭治疗学会杰出贡献奖、美国心理学会家庭心理学分会会长奖章。

| 戈特曼 "亲密关系" 系列 | 《爱的沟通》 《幸福的婚姻（全新升级版）》 《爱的冲突》 《幸福婚姻的 10 大敌人》 | 《爱的博弈》 《当婚姻中有了孩子》 《培养高情商的孩子》 《人的七张面孔》 |

是什么让我们在一起

约翰·戈特曼

朱莉·施瓦茨·戈特曼

戈特曼"亲密关系"系列终于跟中国读者见面了，我和妻子朱莉·施瓦茨·戈特曼（Julie Schwartz Gottman）对此倍感欣喜。借此机会，我们要向所有的中国读者表达最诚挚的问候。

中国是一个伟大的国家，也是世界文明发展的引领者。只要是受过教育的人，没有谁不会对中国的灿烂文化、艺术、科学以及对世界的贡献赞叹不已。如今，中国在世界和平发展以及全人类的繁荣等方面起着领导作用。我们对此感到由衷的钦佩，并真诚地祝愿所有中国人幸福、长寿。

我们衷心地希望，世界上所有人都能认识到，人类是一个大家庭，有许多共同点，我们也正因如此才能如亲人般紧密相连。尽管不同国家或地区的人分歧和矛盾不断，然而冥冥之中，始终有一股强大的力量把人类紧密联结在一起，这种力量就是爱。对爱的渴望是人类的共同追求。人们期待矢志不渝、一生一世的爱。人们期望通过爱建立家庭，共同追寻生活的意义，共同为养育健康、蓬勃而可爱的下一代努力。希望所有人能共享这样的爱。爱是把所有人联结到一个伟大的人类大家庭中的纽带，是凝聚万物的力量。我们愿意和所有人一起，为这种爱欢呼。

我们一直致力于通过客观的科学方法，从亲密关系中的"成功者"和"失败者"身上学习关于爱的知识。在这个过程中，我们有幸认识了数以千计的伴侣，他们自愿加入我们的科学研究和临床治疗工作中，令我们十分感动。与此同时，我们和同事罗伯特·利文森（Robert Levenson）博士一起，以非常高的准确率预测了美国伴侣亲密关系的未来发展状况。至今，我们对此依然感到非常惊讶。在过去的 30 多年里，我们将这种预测性的理论知识转化为改善亲密关系的实践方法，并在全球许多国家进行了系统性实证研究，以测试这些方法的效果。我们发现，这些方法也适用于美国以外的其他国家或地区的伴侣，对此，我们同样感到非常惊讶。当然，在一开始，我们还未对这些方法同样适用于中国人有十足的信心，好在结果证明，它们也为成千上万个中国人带来了幸福，我们备受鼓舞，也十分欣慰。现在，戈特曼"亲密关系"系列出版了，希望它能继续为中国读者的幸福旅程助力。

当今世界，各国仍存在着较大的政治和文化分歧，以及我们不愿意看到的两极分化，这使一些国家或地区的人们日益疏远甚至形同陌路。那么，我们能做什么呢？从现在开始，一起从科学中学习坚韧而持久的爱吧。只有爱能让我们求同存异，并意识到彼此是真正的兄弟姐妹。同样，在寻找人生伴侣的过程中，我们将看到，拥堵的冲突之路可以轻而易举地变成辽阔的相爱之路。**在戈特曼"亲密关系"系列中，我们希望每个人都会看到，在我们对爱人日常的愤怒和失望中，其实蕴藏着欲望、梦想，也蕴藏着可以将冲突转变为亲密联结的蓝图。我们首先要做的，就是学习如何把冲突转化为联结。**也许在这个小小的星球上，无论身处何地，学会深爱他人都是我们通往共情、慈悲和爱的必由之路。

获得幸福的婚姻并不难

在《幸福的婚姻》的首版中，我们兴奋地分享了我们关于夫妻关系研究的实验成果。当然，我们知道会遭到怀疑。对于看不见摸不着的、充满个性化和个人化的浪漫爱情的科学研究，真的能为现实世界中的夫妻提供有用的建议吗？如今，20 多年过去了，我们收获了数以百万计的读者。我们很高兴地宣布：《幸福的婚姻》真的做到了。全球无数读者告诉我们，书中介绍的方法不但能保护和增强夫妻关系，甚至还能拯救即将破裂的夫妻关系。我们收到了来自各式各样的人的感谢信，有新婚夫妻、传统夫妻、事业伙伴、虔诚的宗教伴侣、军人夫妻、同居伴侣和未婚夫妻等。此外，我们还收到了对未来充满渴望的离婚人士以及为以上所有人提供服务的心理咨询师的感谢信。

对我们来说，能够帮到这么多人，是件很有满足感和自豪感的事情。此外，我们也很高兴能看到我们的研究持续证实了读者一直在反馈的事情：《幸福的婚姻》中提出的 7 大法则可以对夫妻关系产生强大的积极影响。事实上，我 [1] 和妻子朱莉·施瓦茨·戈特曼以及我们的合作伙伴朱莉娅·巴布科克（Julia

---

[1] 书中称"我"时，指约翰·戈特曼一人；书中称"我们"时，指戈特曼及其工作团队成员。——编者注

Babcock）、金·瑞安（Kim Ryan）进行的一项随机临床研究发现，仅阅读《幸福的婚姻》并自行完成书中的测试和练习（未接受任何其他专业咨询）的已婚夫妻就变得更幸福了，而且这种效应在一年后依然存在。仅阅读《幸福的婚姻》就能取得如此喜人的效果，我们的研究被打乱了：最初的实验旨在把"只读书"的夫妻作为对照组，以测试婚姻治疗技术。

鉴于《幸福的婚姻》取得了如此优秀的成果，你可能想知道，为什么我们要修订它？答案很简单：自从我首次利用统计学方法指导人们如何维持婚姻及如何预测和预防离婚以来，在夫妻关系方面的研究和工作已经取得了巨大进展。现在，42 年的纵向研究数据证实了夫妻友谊的重要性。而且，不同人群婚姻结果的统计数据也越来越多，如低收入家庭、新手父母和来自不同族裔背景的伴侣等。这项工作证实了《幸福的婚姻》提出的 7 大法则的普适性，并加深了我们对以下问题的理解：为什么这 7 大法则如此强大？夫妻该如何利用它们？

在首版《幸福的婚姻》出版后的这些年里，我和朱莉通过戈特曼研究所（The Gottman Institute）将研究成果用于实践。该研究所通过研讨会和治疗直接为夫妻提供支持，并基于我的研究为专业人士提供咨询培训。由于该研究所的出色工作，关于 7 大法则的课程已在全球范围内得到教授和推广。戈特曼研究所的治疗工作和教育工作与实验研究之间产生了良好的互动——它既从科学研究成果中受益，又帮助我和朱莉将理论应用于需要帮助的夫妻。越来越多的对照研究证明了这种方法可以产生积极影响。例如，在一项随机临床试验中，不幸福的夫妻参加了戈特曼工作坊关于冲突解决和夫妻友谊的研讨会，并完成了 9 次基于《幸福的婚姻》提出的 7 大法则的戈特曼伴侣疗法。一年后，我们在对他们进行评估时发现，他们的关系改善度仍然维持着最高水平，而且他们产生矛盾的次数最少。

戈特曼研究所在帮助新婚夫妻解决面临的冲突上也取得了巨大成功。随着第一个孩子的出生，大多数夫妻都会遭遇一段充满压力的时期。在第一个孩子出生后的 3 年内，约 67% 的夫妻的婚姻满意度会大幅下降。我和朱莉成立了带宝宝回家（Bringing Baby Home）工作坊，并利用 7 大法则来解决新手父母面临的具体冲突。在另一项随机临床试验中，参加了两天戈特曼工作坊的夫妻，其婚姻满意度下降趋势得到显著逆转。此外，戈特曼工作坊还能减轻产妇的产后抑郁和夫妻之间的敌意，并改善父母与婴儿的互动以及儿童的情绪发展和语言发展。澳大利亚和冰岛的医院研究也发现了类似的效果。

本书将向你分享我们从爱情实验室（The Love Lab）和戈特曼研究所工作中了解到的一切。我们对首版《幸福的婚姻》进行了重要的补充和修订，以帮助解决现代夫妻面临的压力和紧张关系。我们还对 7 大法则的互动性进行了拓展和更新：针对每个法则，我们给出了信度和效度都很高的相应测试，以便夫妻评估自己的关系状况；此外，我们还提供了新的或修订过的练习，以对其进行强化。这些练习都经过了参与戈特曼工作坊的众多被试以及接受夫妻治疗的被试的检验。

幸福婚姻的 7 大法则的一大优势在于其多功能性，它能应对夫妻关系在各个阶段面临的问题。如果你还单身，且希望在婚前测试你和伴侣的关系，本书很适合你。如果你已结婚并希望保护和加强婚姻关系，本书也适合你。如果你和伴侣面临重大的生活变化或挑战，本书有助于你们保持联结。如果你的婚姻面临深度危机，遵循前文提到的建议也可能拯救你的婚姻。

当然，没有一本关系手册能拯救所有婚姻，也不是每对夫妻都"应该"被拯救。例如，有时消极情绪和背叛会彻底摧毁一段关系，当双方寻求支持时，他们的关系实际上已经消亡了，此时做任何努力可能都于事无补。不过，合理的帮助可以修复更多的关系，并为夫妻带来更大的希望。任何为夫妻提供咨询或研究夫妻关系的人，都会被那些彼此相爱并决心共同努力的夫妻的顽强、机智和毅力打动，并由衷地敬佩他们。我们写本书的目的就是为他们

的人生旅程助力。

在首版《幸福的婚姻》出版 20 多年后，世界发生了很大的改变，但有一点始终如一：与另一个人保持长期的浪漫和性的忠诚关系，仍然是生命中最美好的礼物。我们希望本书能保卫和加强你和伴侣的关系，并帮助你们为双方共同的生活赋予目标和意义。

目 录

在爱情实验室里，只要观察一对夫妻5分钟的交流，我就能做出离婚率预测！在7项独立研究中，我的预测准确率高达91%。

幸福的夫妻在7个问题上表现得很相似，也许他们意识不到自己遵循着7大法则，但他们都在这么做。而婚姻不幸的夫妻在这7个问题上，至少有一方面做得不好，且通常在很多方面都没做好。

当一段婚姻到了夫妻双方改写他们历史的分上，当他们的精

神与肉体无法沟通，并且无法补救当前存在的问题时，这桩
婚姻几乎注定要破裂。

愿同妻子分享权力的婚姻早晚会终结，且概率高达 81%。

12　法则 7　创造共同的意义　　259
尊重彼此的梦想

任何婚姻都有一个重要目标，即营造一种氛围，鼓励夫妻双方坦诚地谈论各自的梦想。说得越坦诚，越尊重彼此，各自的意义感就越有可能成为一体。

01

爱情实验室，
探寻幸福婚姻的真相

THE SEVEN
PRINCIPLES FOR MAKING
MARRIAGE WORK

健身爱好者每周从健身的时间里
匀出 10% 花在婚姻上，
获得的健康益处将是单纯健身的 3 倍!

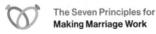

The Seven Principles for
Making Marriage Work

在一个久违的晴朗早晨，西雅图的一对新婚夫妻马克和贾尼丝正坐在公寓里的桌旁吃早餐。从公寓里向外望去，蒙特雷克湖像一条深蓝色水带，一些人在沿着湖畔慢跑，还有一群鹅在大摇大摆地走着。马克和贾尼丝一边欣赏公寓外的美景，一边品尝法式吐司，还一边看着周日的报纸。随后，马克可能会打开电视看足球赛，贾尼丝则会和她远在圣路易斯的母亲通电话。

他们住的公寓是一居室，看上去再正常不过了，但令人感到疑惑的是，室内的墙上安装着 3 台摄像机，马克和贾尼丝的衣领上都别着微型麦克风，他们的胸前都绑着动态心电监护仪。其实，这个视野极佳的一居室并不是马克和贾尼丝的家，而是华盛顿大学西雅图分校的一个实验室。16 年来，在这个实验室里，我带头发起了一项规模巨大、极具革新性的针对婚姻和离婚问题的研究。

作为这项研究的一部分，马克、贾尼丝和其他 49 对随机获选的夫妻一样，自愿在我们装配好的公寓里过夜，我们亲切地称它为爱情实验室。我的研究小组成员正在厨房的单向镜后观察他们，他们需要尽可能自然地活动。摄像机会记录下他们说的每句话以及他们的面部表情；传感器会追踪他们身体的压力信号或放松信号，如心率。为了保护他们的隐私，观察时间仅限于早上 9 点到晚上 9 点，洗澡不在观察之列。公寓里配有厨房、客厅，还有折叠式沙发、电话、电视及音乐播放设备。他们可以自带日用品、书报、笔记本、衣服床单、健身器材甚至宠物。总之，度过一个独特的周末所需的任何物品都可以带。

　　我们这么做只不过是想揭示婚姻的真谛，解答长期困扰人们的婚姻难题：为什么婚姻有时很难维持？为什么有些夫妻能厮守一生，有些夫妻则像躲避定时炸弹一样躲避婚姻生活？如何防止婚姻危机？如何拯救一段已经出现危机的婚姻？

预测离婚的准确率高达 91%

　　经过几十年的研究，我终于可以解答以上这些问题了。事实上，我现在可以预测任何一对夫妻未来是会幸福地走下去还是会痛苦地分开。在爱情实验室里，当观察完一对夫妻的交流以后，我能在 15 分钟内做出预测。在 7 项独立研究中，我的预测准确率高达 91%！也就是说，我对 91% 的夫妻做出的预测，都被证明是准确的。对此，我没有什么可炫耀的。这些预测并不是基于我的直觉或先入为主的观念，而是基于科学，即我和同事在几十年间积累的数据。

　　　🥨　**爱情大数据**

　　观察并倾听一对夫妻 15 分钟，我们就能预测他们将来会不会离婚。

　　起初，你可能不屑于我们的研究结果，就像怀疑无数新奇理论中的某个理论一样。当有人告诉你，他已经弄明白了真正使婚姻持久的原因，并知道如何拯救婚姻或预测你会离婚，你肯定会嗤之以鼻。其实，很多人都自认为是婚姻专家，而且非常乐意发表意见，告诉你如何才能拥有完美的婚姻。"意见"这个词是关键。在我们的研究取得重大突破之前，几乎所有想帮助夫妻继续走下去的人都有自己的意见，那些合格的、有才能且训练有素的婚姻治疗师自然也不例外。通常，负责任的婚姻治疗师给夫妻提供的方法，是建立在他们的职业素养、经验、直觉以及后者的家族史甚至宗教信仰之上的，而不是确凿可信的科学基础之上。因为直到现在，没有任何严格的科学数据可以解释为什么有些人的婚姻成功了，而有些人的婚姻破裂了。

预测离婚会成为热点新闻，但有时统计数据可能会令人困惑。据说，有人对评估婚姻的科学方法不屑一顾，他们声称，在离婚率约为50%的情况下，即使是随机猜测，准确率也会相当高。不过，这种解释是源于对离婚的误解。被广泛引用的50%的离婚率是对夫妻结婚40年后离婚可能性的一般性评估，而我们的研究预测离婚的时间要短得多。例如，在一项针对130对新婚夫妻的研究中，我们在分析了他们的互动后，确认了他们中哪15对会在未来7年内离婚。事实上，有17对夫妻离婚了——包括我们之前确认的15对。

多年来，通过我们开创的方法，其他研究人员在婚姻预测方面也取得了令人印象深刻的成果，从而证实了我们的发现是可靠的科学结果，而非偶然现象。例如，由艾奥瓦州立大学的兰德·康格（Rand Conger）和加州大学洛杉矶分校的汤姆·布拉德伯里（Tom Bradbury）各自带领的实验室，都通过分析夫妻在讨论单一冲突时的生理反应，对其未来的婚姻状况做出了非常准确的预测。

在另一项针对新婚夫妻的里程碑式研究中，心理学家珍妮丝·基科尔特-格拉泽（Janice Kiecolt-Glaser）、其丈夫罗恩·格拉泽（Ron Glaser）以及他们在俄亥俄州立大学的同事，测量出了新婚夫妻在争吵时血液中的应激激素肾上腺素水平。10年后，他们解释说，最终不幸福或离婚的夫妻在新婚后争吵时的肾上腺素水平比婚姻幸福的夫妻高 34%。他们还发现，最终陷入不幸的婚姻或 10 年后离婚的新婚女性，其血液中的另一种应激激素促肾上腺皮质激素水平是幸福的已婚女性的 2 倍。换句话说，研究人员通过测量新婚夫妻婚后第一年血液中的应激激素水平，就能预测他们 10 年后的婚姻状况。

在夫妻长期关系研究方面，尽管通过实验室研究预测离婚的可能性取得了巨大进展，但我不认为这是该项目最重要的贡献。我认为最有价值的发现是幸福婚姻的 7 大法则，它不只能预测离婚，还能预防离婚。与许多其他改善婚姻的方法不同的是，我们的方法是基于我们知道什么能使婚姻成功，而不是基于什么会导致婚姻破裂。我们不用再猜测为什么有些夫妻能维持幸福的婚姻。基于多年来收集的科学数据和分析，我们的确可以区分幸福夫妻与其他夫妻的不同之处。

要想婚姻幸福，方法其实非常简单。幸福的夫妻并不比其他夫妻更聪明、更富有、更精明，而是他们在日常生活中找到了一个动力，这个动力能使他们对彼此的积极想法和积极情绪不会被消极想法和消极情绪（每对夫妻都会遇到）压倒。他们不会彼此制造分歧或对立，而会认可彼此的需求。在应对对方的请求时，他们往往会给出积极的回应，如"我同意，还有吗"，而不是"我同意，不过……"。这种积极的态度有助于他们保持和提高浪漫感、放松感、趣味性、冒险性和共同学习的意愿，而这些是所有两性关系得以持久的核心。这就是我所说的婚姻情商。

近年来，情商已被公认为判断孩子将来能否成功的重要预测指标。无论孩子的智商如何，他们情商越高，就越懂得如何与别人相处，未来也就越光明。夫妻也是如此。夫妻的婚姻情商越高，就越能互相理解、欣赏，并能尊重彼此以及婚姻，将来就越有可能一直幸福地生活在一起。正如父母能够训练孩子的情商，夫妻也可以提高自我的婚姻情商。当夫妻之间出现感情危机时，婚姻情商能使双方保持积极的态度。

好的婚姻能带来什么

婚姻破裂最可悲的缘由之一，是夫妻双方未能及时认识到婚姻的价值，而认识到时已经为时太晚。往往只有在签了离婚协议书、分好家产、各自租好房子之后，很多夫妻才认识到，他们放弃彼此意味着真正放弃了多少东西。人们往往认为，一段美满的婚姻是理所当然的，不需要呵护和重视。有些人可能认为离婚或婚姻不幸并不是什么大事，甚至认为这是一种现代生活方式。但如今大量的证据表明，对牵连进来的所有人来说，离婚都是非常有害的。

密歇根大学的洛伊丝·维尔布鲁根（Lois Verbrugge）与詹姆斯·豪斯（James House）的研究告诉我们，婚姻不幸的夫妻患病率会增加约 35%，且平均寿命会缩短 4～8 年。相反，与离婚或身处不幸婚姻的夫妻相比，婚姻幸福的夫妻活得更长久、更健康。科学家确信这些差异的确存在，但还不能确定原因为何。

部分原因可能是，身处不幸婚姻的夫妻长期处于慢性的生理唤醒状态。换句话说，他们会感受到生理压力，通常也会感受到情感压力，这些压力会加重身心损耗，而这种损耗会通过生理疾病（如高血压与心脏病）与心理疾病（如焦虑、抑郁、物质滥用、精神病、暴力和自杀倾向）表现出来。

幸福的已婚夫妻患上这些疾病的概率要低得多，而且他们往往比别人更具健康意识，双方会督促彼此定期体检、服药、健康饮食等。

💗　**爱情大数据**

婚姻幸福的夫妻比婚姻不幸的夫妻平均能多活 4～8 年。

我们发现，幸福的婚姻能给人的免疫系统带来直接的益处——免疫系统是身体抵御疾病的先头部队，能维护健康。20 多年前，研究人员就认识到离婚会抑制免疫系统的功能。从理论上说，一旦免疫系统抗击外来入侵者的能力下降，人就更易患传染病和癌症。现在，我们发现它的对立面也有可能成立：幸福的已婚夫妻的免疫功能不但不会下降，还能得到增强。

对在爱情实验室生活两天的 50 对夫妻进行免疫系统反应测试后，我们发现，婚姻满意度高的夫妻与对婚姻不满意或婚姻质量一般的夫妻，他们的免疫功能有显著区别。具体来说，我们从每位被试身上抽取血液样本，然后测试白细胞（免疫系统主要的防御武器）的某些反应，结果发现，当面临外来入侵者时，幸福的已婚夫妻能产生更多的白细胞。

我们还测试了其他免疫系统"卫士"的效能，如自然杀伤细胞。这种细胞能消灭被损害或被改变的体细胞，如被感染的细胞或癌细胞，且能抑制肿瘤细胞的生长。结果发现，对婚姻感到很满意的夫妻，比其他夫妻拥有更多的自然杀伤细胞。

尽管还需要更多的研究，才能证明幸福的婚姻能增强机体的免疫功能，从而使人更健康、更长寿，但我们的确可以肯定，幸福的婚姻确实能带来这些好处。**如果健身爱好者每周从健身的时间里匀出 10% 花在婚姻上，他们获得的健康益处将是单纯健身的 3 倍！**

当婚姻出现危机时，受苦的不仅是夫妻双方，孩子也会跟着受苦。在一项研究中，我们观察了 63 名父母相互敌视的学龄前儿童，结果发现，与其他儿童相比，这些儿童表现出慢性应激激素水平增高的症状。虽然我们现在还不知道这种应激反应会给他们的健康带来怎样的长期后果，但可以确定，这种应激反应的生物指示会体现在他们的行为中。我们随后对他们进行了追踪调查，一直持续到他们 15 岁。我们发现，与其他同龄孩子相比，这些孩子经常逃课、抑郁、不合群、有行为问题（尤其是攻击他人）、学习成绩差，有的甚至辍学。

这些研究结果反映了一个重要信息：父母为了孩子而维持不幸的婚姻并不明智。如果夫妻互相敌视，那么对养育孩子显然是有害的。和平离婚比维持战火连绵的婚姻要好得多。不幸的是，和平离婚难得一见，而且夫妻间的敌意通常会持续到离婚之后。因此，父母在婚姻中存在冲突的孩子和父母离异的孩子同样面临挑战。

创新性研究，革命性成果

对每个家庭成员来说，拯救婚姻要下的赌注都相当高。然而，尽管有研究证明婚姻满意度很重要，但对于如何维持婚姻的稳定和幸福，可靠的科学研究仍然少得可怜。1972 年，当我首次开始婚姻研究时，用巴掌大的地儿就能记下所有关于婚姻研究的"好的"科学数据。称这些数据为"好的"数据，是因为它们是运用科学方法收集到的，和医学方法一样严格。例如，许多关于幸福婚姻的研究仅仅是指导丈夫与妻子填写调查问卷，这个方法被称为"自我报告法"，尽管它有一定的作用，但作用相当有限。某位女性在调查问卷中"幸福"一项上打了钩，就能表明她真的幸福吗？事实上，尽管遭受了身体虐待，一些女性仍然会在"婚姻满意度"问卷中得高分。只有在一对一的采访中，当她们感到安全时，她们才敢诉说自己的痛苦。

为了解决这种研究问题，我和同事开始采用更广泛、更具创新性的方法来研究婚姻，以改善传统研究方法的不足。在 7 个不同的研究项目中，我们密切关注了 700 对夫妻的动向。我们不仅研究新婚夫妻，还首次评估了年过40 岁和年过 60 岁的夫妻；我们也研究了初为父母的夫妻、孩子到上学年龄的夫妻以及孩子已十来岁的夫妻。

作为研究的一部分，我寻访了他们的婚姻史、婚姻观及他们对自己父母婚姻的看法，并录下了他们的谈话。他们互相谈论一天是怎么过的，谈论婚姻中那些仍然存在的分歧，也会聊一些令人愉快的话题。为了从生理上了解他们的压力或放松情况，我测量了他们的心率、血流量、出汗量、呼吸频率，并检查了他们的内分泌功能及免疫功能。在所有这些研究中，我会把录音重新播放给这些夫妻听，并从知情人的角度询问他们某些时刻的想法和感受，如在讨论期间，他们心率突然加快或血压突然飙升的时刻。我对这些夫妻进行了追踪调查，至少每年会随访他们一次，看看他们的婚姻进展如何。

我和同事是首批对已婚夫妻进行全面观察与分析的研究人员。我们收集的数据首次让我们真正瞥见了婚姻的内情，这是对婚姻的解剖。本书正是以这些研究结果为基础，而非我的个人观点。对夫妻来说，本书中提到的 7 大法则是非常有效的短期疗法的基础，这种疗法是我和朱莉一起研发出来的。

成千上万对夫妻参加了戈特曼工作坊。几乎所有人都来找我们，并告诉我们他们的婚姻深陷困境，有些人甚至濒临离婚。许多人曾怀疑：仅仅基于 7 个法则的小小工作坊，真的可以改善他们的婚姻关系吗？事实上，完全不必怀疑。我们的研究结果表明，戈特曼工作坊对他们的生活产生了深刻而巨大的作用。

谈到对婚姻治疗有效性的判断，一年似乎是个关键点。通常在一年后，已经有夫妻在接受婚姻治疗后复发冲突。在一年后一直获得婚姻治疗益处的夫妻往往会长期一起走下去。因此，我们对 640 对夫妻进行了为期 12 个月的随访，以测试戈特曼工作坊的成效。令人欣慰的是，婚姻治疗成功率约为 75%；而夫妻冲突复发率非常低，只有 20%。全美范围内标准行为婚姻治疗的冲突复发率为 30% ～ 50%。具体来说，在工作坊开始时，27% 的夫妻离婚风险非常高，但在我们为期 12 个月的随访中，经过 9 次婚姻治疗，他们的离婚风险降至 7%。对那些在婚姻中苦苦挣扎的夫妻来说，在接受了另外 9 次婚姻治疗后，他们的离婚风险骤降至 4%。此外，我们还发现，为预防离婚设计的预防离婚工作坊的效果是为解决婚姻困境设计的工作坊的 3 倍。

在预防离婚工作坊中，夫妻会在冲突开始造成损失之前挽救他们的关系。

🥨　**爱情大数据**

　　参加戈特曼工作坊的夫妻的冲突复发率，约为参加标准婚姻治疗的夫妻的 **50%**。

为什么大部分婚姻治疗会失败

　　近年来，其他实验室获得了与我们的研究结果类似的发现，并开发出了改善婚姻治疗和预防关系问题的技术。但是，尽管行之有效且富有前景的方法逐渐增多，但大多数婚姻治疗师提供的治疗方法仍未能触及婚姻持久的核心。因此，为了深入了解如何维持婚姻关系，我们需要抛弃一些长期被推崇的关于婚姻和离婚的观念。

　　如果你曾遭遇过或正遭遇婚姻困境，他人可能会给你提供各种建议。有时，似乎任何结过婚或认识结过婚的人都认为，他们掌握了让婚姻持久的秘密。但事实上，无论是上电视的心理学家，还是商场里的美甲师，他们关于婚姻冲突的大部分看法都是错的。许多类似的理论，甚至包括那些天才理论家最初信奉的理论，早就不可信或不值得信了，但它们却早已牢牢地扎根于你永远都搞不懂的流行文化中。

　　也许，在这些理论中最神圣的要数关于沟通的理论。确切地说，学习解决婚姻冲突，是获得浪漫、持久和幸福的婚姻的捷径。无论婚姻治疗师的理论方向是什么，无论是短期疗法还是长期疗法，抑或是定期发表的婚姻关系专栏文章，你得到的建议都大同小异，就是要学会更好地沟通。这种观点的盛行很容易理解。就像当大部分夫妻产生冲突时，无论是一时的口角、大吵大闹，还是冷战，双方都准备好了赢得"战斗"的胜利。他们极力关注自己受到的伤害，迫切地想证明自己是对的而对方是错的；或者互不理睬，以致双方零沟通或沟通渠道完全关闭。这时候，让夫妻冷静而深情地倾听对方，找到解决方案并让婚姻重新恢复平静的做法似乎很有道理。事实上，倾听能力和问题解决能力在建立和维持婚姻关系方面的确很重要。但问题是，人们常把这些方法当作婚姻成功的全部，并认为那些问题解决能力不好的夫妻注定无法长久。这两种看法都是不对的。

解决婚姻冲突最常见的方法是积极倾听，大多数婚姻治疗师使用的无非是该方法的不同形式而已。例如，他们可能会督促你尝试某种形式的"倾听者 — 倾诉者"互换模式。

朱蒂常常工作到很晚才回家，她的丈夫里克为此感到很烦恼。对此，婚姻治疗师要求里克在表达自己的不满时，以述说自己的感受为主，而不要大声控诉朱蒂。里克不应该说"你太自私了，总是工作到很晚才回家，让我一个人带孩子"，而应该说"你工作到很晚才回家，我和孩子们待在家里，我觉得孤单，不知所措"。

接下来，婚姻治疗师要求朱蒂复述里克的话，并说出她从话里听出了哪些感受，然后向里克核实自己的看法，看她是否说对了。这么做可以表明朱蒂在积极倾听里克的话。婚姻治疗师还要求朱蒂证实里克的感受，让他知道她认为他的感受合情合理，而且即使她不同意他的观点，她也会尊重并理解他。朱蒂可能会说："我工作到很晚才回家，你一个人在家带孩子肯定很辛苦。"婚姻治疗师要求朱蒂不要对里克的抱怨下判断，不要防御，也不要对里克的话予以还击。"我在听"是个常听到的积极倾听的表达方式，而"我能体会到你的痛苦"可能是最打动人的。

迫使夫妻从对方的角度看待冲突，期望在双方不生气的情况下解决问题，这种方法经常是婚姻治疗师推荐使用的，他们不管夫妻双方的具体问题是关于购物账单，还是关于生活目标的重大分歧。冲突解决不仅被人们当作解决婚姻冲突的灵丹妙药，还被当作防止幸福婚姻出现危机的补药。

那这种方法从何而来？它是婚姻治疗先驱从著名心理治疗师卡尔·罗杰斯（Carl Rogers）的个人心理疗法中使用的方法改编而来的。罗杰斯的心理疗法在20世纪60年代风靡一时，时至今日，该疗法仍然被心理治疗师不同程度地实践着。他的方法要求治疗师以一种客观的、可接受的态度来回应来访者表达的所有感受和想法。例如，如果来访者说"我恨我的妻子，她总是唠叨不休"，治疗师会点点头，并回应道："我听见你说你的妻子不断指责你，而你讨厌她这样。"治疗师的目的是创造一个与来访者有同感的环境，以便在来访者感到安全的情形下探索他们的内在想法和情绪。

理想状态下，既然婚姻是一种让人感到安全的关系，那么训练夫妻实践这种无条件的理解似乎很有意义。如果双方都能体谅彼此，那冲突解决起来肯定容易得多。

但问题是，仅聚焦于积极倾听和冲突解决的婚姻治疗方法都是无效的。由库尔特·哈勒维格（Kurt Hahlweg）等人进行的一项婚姻治疗研究显示，即使采用积极倾听的技巧，很多夫妻仍然感到苦恼，而受益的几对夫妻一年内就复发冲突了。

很多以冲突解决为基础的婚姻治疗都有很高的复发率。由华盛顿大学的尼尔·雅各布森（Neil Jacobson）博士指导的该类型的婚姻治疗，其成功率仅为35%～50%。也就是说，只有35%～50%的夫妻在接受治疗后，婚姻关系有了明显改善；一年后，能维持这个效果的夫妻又减少了约50%，即仅有18%～25%的夫妻的婚姻关系有所改善。美国《消费者报告》（*Consumer*

Reports）对与各种类型的心理治疗师打过交道的来访者进行了调查，结果发现，除了对婚姻治疗师不满意，来访者对大部分心理治疗师都很满意。这个调查也许不能作为严格的科学研究，但它证实了婚姻治疗领域大多数专家都已经知道的事实：从长远来看，现行的婚姻治疗无法让大多数夫妻受益。

当你认真思考这一点时，就不难理解为何通过积极倾听来拯救婚姻常常会失败。前文提到的朱蒂可能会竭尽所能仔细地倾听丈夫里克的抱怨，但她不是以第三者的身份倾听来访者发牢骚的治疗师。里克表面上是在诉说自己的感受，其实真正说的是她。即使在罗杰斯的心理疗法中，当来访者开始抱怨治疗师时，治疗师也会从对来访者的同情转向其他治疗方法。说到底，积极倾听一直在要求夫妻双方完成高难度的互动，即使他们的婚姻步履维艰时也是如此。

当然，我并不是说以上提到的积极倾听等方法是无效的。在尝试解决冲突时，它们可能会非常有帮助。我经常在对其进行调整后连同具体指导方案一起推荐给来访的夫妻。但问题在于，即使它们的确有效，也不足以拯救婚姻。幸福的婚姻需要 7 大法则。

在研究了约 700 对夫妻且对其婚姻状况进行了长达 20 年的追踪后，我终于明白，这种方法很难起作用，不仅因为大多数夫妻很难做到，更因为成功解决冲突并不能使婚姻幸福。我们的研究中最令人吃惊的发现之一是：当夫妻双方感到不安时，婚姻幸福的夫妻基本上不做任何事，包括那些类似积极倾听的事。

贝尔和查理这对夫妻是我们的研究对象之一。在结婚 45 年后，贝尔告诉查理，她宁愿他们当初不要孩子。贝尔的话显然激怒了查理，随后他们进行了一次谈话，这次谈话打破了所有积极倾听的原则。他们并没有表现出足够的认同或同情，而是直接开门见山，表明自己的观点。

查理：如果我支持你不生孩子，你以为你会过得更好吗？

贝尔：查理你知道吗，生孩子对我来说是一种侮辱。

查理：不是的，别这么说！

贝尔：生孩子把我贬低到了这种程度！

查理：我没有贬低你……

贝尔：我想和你一起享受生活，而不是做苦工。

查理：稍等，我们暂停一下。我认为问题不是不生孩子这么简单，还有许多你忽视的生理因素。

贝尔：所有婚姻美好的夫妻都没有孩子。

查理：谁？

贝尔：温莎公爵夫妇。

查理（深深叹息）：你可真会举例子！

贝尔：温莎公爵是国王，娶了一个他深爱的女人，他们拥有无比幸福的婚姻。

查理：我认为这个例子并不恰当。首先，她当时已经40岁了，这是差别所在。

贝尔：她没有孩子，而且温莎公爵爱上她不是因为她打算生孩子。

查理：但事实上，生孩子确实是种生理冲动。

贝尔：你认为我受生理控制，这是一种侮辱。

查理：这是事实！

贝尔：反正我们本可以举办一场没有孩子的舞会。

查理：现在我们可以举办一场有孩子的舞会。

贝尔：我不想举办这种舞会。

查理和贝尔的婚姻也许并不完美，但45年来，他们一直过得很幸福，双方对婚姻都非常满意，且深爱着对方。

毫无疑问，这么多年来，他们肯定一直有类似的争吵，但他们的争吵并不以双方生气而告终，他们会继续讨论为什么贝尔会这样看待她的母亲身份。最令贝尔感到惋惜的是，她没有花太多时间陪伴查理，她希望自己不要总是这么暴躁和疲惫。在解决这个冲突时，他们流露出的是爱与欢笑。贝尔这么说的真正意思是，她太爱查理了，她希望自己能有更多的时间和查理在一起。显然，他们之间存在某种积极的因素，这改变了他们的争吵风格。

　爱情大数据

即使幸福的已婚夫妻也可能产生很大的冲突，而争论并不一定会损害婚姻。

打破错误的婚姻神话

只要学会更敏感地与伴侣沟通，就能拯救婚姻，这个观念可能是对幸福婚姻最普遍的误解，但不是唯一的误解。我经过多年的研究发现，许多婚姻神话不仅是错误的，而且对婚姻有潜在的破坏作用，它们可能会把夫妻引入歧途，甚至让他们相信自己的婚姻已无可救药。常见的婚姻神话包括以下几种。

神经症或性格问题会破坏婚姻。错！研究发现，普通的神经症与婚姻破裂之间的关系不大。原因在于，我们都有让自己发狂的死穴，都有不能完全理性对待的问题，这些问题并不一定会对婚姻造成干扰。

萨姆对权力问题很敏感，他不希望给自己找个专制的妻子。如果他和一个专制的女性结了婚，对方喜欢命令他，那么结果将是灾难性的。萨姆最后和梅甘结了婚，她像伴侣一样对待他，且从不试图对他指手画脚。

吉尔和韦恩则与萨姆和梅甘不同。由于小时候遭遇父母离异，吉尔有很深的遗弃恐惧症。她的丈夫韦恩虽然全心全意地对她，但会在聚会上肆意与人调情。当吉尔抱怨时，韦恩则希望她放下心来，让他享受这种无害的乐趣。吉尔从韦恩的调情中察觉到了威胁，她也知道他不会收手。后来，他们分居了，最后离了婚。

可见，神经症不一定会破坏婚姻，关键在于如何处理它们。如果你能包容对方特殊的一面，并能以关心、充满爱意与尊敬的态度处理它们，你的婚姻就会充满生机。

当然，严重的精神疾病就是另一回事了，如成瘾、抑郁、恐惧症、创伤后应激障碍和严重的人格或情绪障碍。对此，就需要寻求心理治疗师的建议和支持了。

共同的兴趣爱好能拉近夫妻感情。错！共同的兴趣爱好能否拉近夫妻感情，取决于双方在追求这些兴趣爱好时，彼此是如何配合的。例如，一对热爱皮划艇运动的夫妻可能会在水面上平稳地划行皮划艇，他们对皮划艇的热爱会丰富并深化彼此的兴趣爱好。但如果他们互不尊重，那么他们在一起划行时就会出现"这不是钩形划法，你真蠢"等状况，这样一来，皮划艇这项他俩共同的兴趣爱好就很难给他们的婚姻带来益处。

夫妻应该互相示好。错！一些研究人员认为，幸福的婚姻与不幸的婚姻的差别在于，处于幸福的婚姻中的夫妻会互相示好。如当一方自愿做家务时，对方也会有意报答。这种看法的本质是，夫妻之间有个不成文的协议，这个协议能给说好话或做好事的一方以补偿。而在不幸的婚姻中，这种协议会失效，夫妻双方对彼此满是愤怒与怨恨。该观点认为，只要让在困境中挣扎的夫妻意识到他们需要这样的协议，夫妻关系就会得到修复。

这种做法对不幸的婚姻确实有用。但在幸福的婚姻中，夫妻不会在意是否因为一方做了晚饭，对方就要以洗碗来作为补偿，他们这么做是心甘情愿的，他们对彼此及婚姻都有信心。如果你发现自己正为对方的一些问题斤斤计较，这就意味着这些问题是导致你们婚姻紧张的原因所在。

回避冲突会破坏婚姻。错！ 其实，许多一生幸福的夫妻常常回避冲突。拿艾伦与贝蒂来说，结婚 40 多年来，他们从来没有坐下来正儿八经地讨论过婚姻冲突，他们也给不出所谓的证实性观点。如果艾伦对贝蒂很生气，他会打开电视看球赛；如果贝蒂对艾伦很生气，她会去逛商场。不久，他们会像任何事都没发生一样继续相处。他们会诚实地告诉你，他们对婚姻感到满意，彼此深爱着对方，拥有相同的价值观，喜欢一起钓鱼、一起旅行，并且希望子女也能像他们一样婚姻幸福。

不同夫妻的冲突模式截然不同。有些夫妻会不惜任何代价避免争吵，有些则经常争吵，还有的能"详细讨论"双方的分歧并在无须大声争吵的情况下找到折中的办法。不能说某种冲突模式必然比另一种好，只要夫妻双方都认可某种冲突模式，那就不是问题。

外遇是离婚的根本原因。错！ 在大多数案例中，外遇恰恰不是离婚的根本原因。是婚姻中存在的冲突导致夫妻双方离婚，也使一方或双方去寻找婚外的亲密关系。而且，外遇通常与性无关，而是为了寻求友谊、支持、理解、尊重、关注以及关心，这些原本是伴侣应该提供的东西。琳恩·吉格（Lynn Gigy）与琼·凯莉（Joan Kelly）进行了一项有史以来最可靠的离婚调查，该调查来自加州科尔特马德拉的离婚调解项目（Divorce Mediation Project）。调查表明，80% 的离婚夫妻认为，其婚姻破裂是因为他们彼此逐渐疏远，丧失了亲密感，或因为彼此感受不到爱与欣赏了；只有 20% ～ 27% 的夫妻认为婚姻破裂的部分原因在于外遇。

从生物学上来说，男性不是为婚姻而生的。错！ 这个理论认为，男性天生就是"登徒子"，更容易发生外遇，他们不适合一夫一妻制。不过，无论其他物种遵从什么样的自然法则，对人类来说，外遇的发生较少取决于性别，而更多地取决于机会。例如，越来越多的女性外出工作，她们的外遇概率直线上升。根据英国社会学家安妮特·劳森（Annette Lawson）的报告，由于女性大量进入职场，现在年轻女性的外遇概率已超过男性。

男性与女性有本质的不同。错！ 根据一些畅销书中提出的轻率结论，男性与女性难以相处，是因为"男人来自火星，女人来自金星"。那么，对婚姻幸福的夫妻来说，彼此不也是"外星人"吗？大错特错！性别差异或许与婚姻冲突有关，但不是根本原因。

爱情大数据

在 **70%** 的情况下，妻子是否对婚姻中的性爱、浪漫和激情感到满意，取决于夫妻友谊的质量，而对丈夫来说也一样。毕竟男性和女性来自同一星球。

像上面提到的这样的婚姻神话还有很多。问题不仅在于大量婚姻神话的存在，还在于这些婚姻神话提供的错误信息会让那些努力维持婚姻的夫妻感到沮丧。这些婚姻神话暗示了一件事，那就是婚姻是极其复杂、庄严的，大部分人都处理不好。当然，我并不是说拥有幸福的婚姻很容易，正如我们都知道的，要想让婚姻持久，需要勇气、决心与灵活性。可一旦你知道了真正维持婚姻的是什么，拯救或保卫婚姻就会容易得多。

02

好的婚姻都在做什么

THE SEVEN
PRINCIPLES FOR MAKING
MARRIAGE WORK

幸福的婚姻都建立在深厚的友谊之上，
这些夫妻互相了解、尊重、
喜爱并享受彼此的陪伴。

The Seven Principles for
Making Marriage Work

在职业生涯早期，我给夫妻提供的建议和其他婚姻治疗师无异，都是一些关于冲突解决和沟通技巧的老点子。但在仔细研究相关数据之后，我不得不接受一个残酷的事实：当夫妻争辩时，让他们更好地处理分歧或许可以降低他们的压力水平，但并不能让他们恢复良好的婚姻生活。

在我分析了顺利摆脱婚姻困境的夫妻的互动之后，我给其他夫妻提供的建议慢慢变得明确起来。为什么前者的婚姻如此顺利？难道他们比其他夫妻更聪明、更沉稳，抑或只是更幸运？他们有可以传授给其他夫妻的秘诀吗？

我很快发现，婚姻幸福的夫妻从来就不是完美无缺的结合。虽然有些夫妻说他们对彼此感到很满意，但他们在脾性、爱好、家庭观方面仍然存在很大差异，双方经常发生冲突。与婚姻不幸的夫妻一样，他们也会就金钱、工作、孩子、家务、性以及姻亲等方面的冲突进行争论。不过神奇之处在于，他们知道如何巧妙地解决这些冲突并使婚姻保持幸福与稳定。

在研究了数百对夫妻之后，我最终发现了幸福婚姻的秘密。没有哪两段婚姻是一样的，但仔细审视婚姻幸福的夫妻之后，我清楚地了解到，他们在7个问题上表现得很相似。婚姻幸福的夫妻也许意识不到他们遵循着7大法则，但他们都在这么做；而婚姻不幸的夫妻在这7个问题上，至少有一方面做得不好，且通常在很多方面都没做好。掌握了这 7 大法则，你就能确保自己的婚姻生机勃勃。你要学会确定这 7 大法则中哪个法则是你婚姻的薄弱点或潜在薄弱点，你要把精力放在婚姻中最需要改善的地方。在后面的章节中，我将介绍所有关于维持或重获幸福婚姻的秘密，并协助你把这些技巧运用到自己的婚姻中。

友谊 vs 战斗

7 大法则的核心非常简单：幸福的婚姻建立在深厚的友谊之上。这意味着夫妻相互尊重并享受彼此的陪伴，互相了解，且熟悉对方的喜恶、个性、怪癖、希望和梦想。双方对彼此怀有深厚的敬意，不仅在大事上互相表达喜爱，还会在日常生活中通过微小的举动表达出来。

纳撒尼尔是一家进口公司的员工，他的工作时间非常长，如果他跟其他人结婚，这可能会成为他婚姻的一大障碍。但和他结婚的是奥利维亚，他们俩找到了保持联结的方法。比如，他们经常在一天中抽时间交流或发短信。当奥利维亚去看医生时，纳撒尼尔会打电话询问她情况如何；当纳撒尼尔与重要客户会面时，奥利维亚会打电话来了解进展如何。当他们吃鸡肉晚餐时，奥利维亚会把鸡腿夹给纳撒尼尔，因为她知道这是他最喜欢吃的；而当纳撒尼尔在周六早上为孩子准备蓝莓煎饼时，他会把蓝莓留给孩子，因为他知道奥利维亚不喜欢吃蓝莓。虽然纳撒尼尔不信教，但他每个周末都会陪奥利维亚去教堂，因为他知道这对她很重要；虽然奥利维亚不喜欢花很多时间与亲戚在一起，但她与纳撒尼尔的母亲和姐妹建立了友谊，因为她知道家庭对他非常重要。

如果你认为这一切听起来平凡无奇、缺乏浪漫，那你就大错特错了。在一些微小但重要的方面，奥利维亚和纳撒尼尔保持着友谊，这是他们爱情的基础。因此，与那些一起度过浪漫假期和互送奢华周年礼物，但在日常生活中失去联结的夫妻相比，他们的婚姻更加充满激情。

夫妻友谊会让浪漫更加热烈，因为它能提供最佳保护，避免夫妻对彼此产生对抗情绪。 尽管纳撒尼尔和奥利维亚在婚姻生活中不可避免地会产生分歧乃至烦恼，但他们仍然保持着友谊，所以他们处于积极情感主导（positive sentiment override）状态，也称"积极诠释"。这个概念最初由俄勒冈大学的心理学家罗伯特·韦斯（Robert Weiss）提出，是指夫妻双方对彼此和婚姻充满积极想法，且往往能取代消极情绪。相比其他夫妻，若非遭遇严重冲突，他们的婚姻就不会失衡。积极的态度使他们对彼此和婚姻很乐观，对共同生活抱有积极的期望，甚至能从对彼此的怀疑中受益。

举个实例。有一次，奥利维亚和纳撒尼尔正准备家宴。纳撒尼尔大声问道："餐巾在哪里？"奥利维亚生气地答道："在橱柜里！"因为他们的婚姻建立在坚实的友谊基础上，所以纳撒尼尔并不在意奥利维亚的语气，而是专注于她提供的信息——餐巾在橱柜里。他会把她的愤怒归因于一时的小问题，与他无关，比如她可能一时打不开酒瓶瓶塞。而如果他们的婚姻存在问题，纳撒尼尔就可能更容易生闷气或嚷回去："算了，那你来摆餐巾吧！"

从某个角度来看，积极情感主导类似于减肥的"设定点"方法。根据这个流行理论，身体有一个它试图维持的"设定"体重。由于存在内稳态，无论你节食多少或少吃多少，身体都有强烈的倾向保持在"设定"体重上。只有通过重新调整身体的新陈代谢，如经常运动，节食才能永久性地减肥。

在婚姻中，积极情感和消极情感的运作方式与之类似。一旦你的婚姻被"设定"在高度积极状态，若非有更多的消极情绪，你们的关系就不会受到损害。如果你们的"设定点"较低，就更容易受到消极情绪的伤害；如果你们的关系变得极度消极，那将更难修复。

大多数婚姻都是从高度积极状态开始的，任何一方都很难想到双方关系会走向破裂。但很多时候，这种幸福状态不会一直持续下去。随着时间的推移，烦恼、怨恨和愤怒积累到一定程度，夫妻友谊会变得越来越淡薄。他们可能口头上认可彼此的友谊，但实际上是违心之言。最终，他们会陷入消极情感主导（negative sentiment override）状态，也称"消极诠释"。他们认为所有事情都越来越消极，并认为对方的中性话语是人身攻击。比如，丈夫可能会说"如果微波炉里没有放食物，你不能开"，而妻子会把他的话当成一种攻击，然后说一些类似"你管我！我可是看了使用说明书，你看了吗？"的话。接着，双方可能会开始争吵。

建立"健康关系之屋"

在首版《幸福的婚姻》出版后的几年里，我和同事深入探究了夫妻友谊的本质，并进一步了解了为什么它对和谐的夫妻关系至关重要。像纳撒尼尔和奥利维亚这样的幸福夫妻，他们所拥有的积极情感源于他们在核心情感层面的相互理解，我称之为"共鸣联结"。夫妻越擅长实现共鸣联结，友谊就越有韧性，双方关系就越坚实，越有希望。有些夫妻天生擅长共鸣联结，而大多数人需要更努力一些，这种努力是非常值得的。

随着夫妻之间的了解和情感联结不断增强，他们会建立所谓的健康关系之屋（Sound Relationship House）。7大法则是健康关系之屋的组成部分，与信任和承诺密切相关，犹如健康关系之屋的承重墙，对婚姻起保护作用。

信任和承诺对于爱情成功的重要性似乎不言而喻，你可能认为研究这些品质没有用。但事实并非如此。通过爱情实验室的数据，我能够剖析真正的夫妻关系和承诺意味着什么。实际上，基于博弈论原则，我已经开发了用于确定夫妻是否具有高度信任水平或将来是否可能面临某种形式的背叛的模型。我在《爱的博弈》一书中深入探究了有关信任和背叛的问题，并探讨了如何防止背叛以及修复夫妻关系。其中一个模型是所谓的夫妻信任标尺（trust metric），它是反映夫妻彼此信任度的一项指标。

举个例子，丹尼丝和杰基以及蒂娜和马特两对新婚夫妻来到爱情实验室。乍一看，他们似乎都擅长建立健康关系之屋。但当我的团队对他们的谈话进行解读和分析时，我们发现了巨大的差异。丹尼丝和杰基是积极的一对。像纳撒尼尔和奥利维亚一样，他们似乎擅长处理长期关系。他们总是最先想到彼此和彼此关系中最好的一面。即使双方意见不合，他们也能在一定程度上认可彼此的观点。当他们在爱情实验室回顾双方的互动录像时，他们各自报告说，当对方不快乐或受伤时，自己会感到痛苦。他们的心率、血压等数据证实了这一点。他们的幸福感取决于对方的感受。他们能理解彼此的情绪，感受彼此的同理心，且彼此拥有高度的信任。通过计算，我发现丹尼丝和杰基之间的信任度处于较高水平。总之，他们在构建健康关系之屋方面做得非常好。

蒂娜和马特则恰恰相反，他们很难建立情感联结并做出承诺。在爱情实验室交谈时，他们对彼此的关系缺乏相互理解和信任，且根本没有情感联结。例如，当马特对自己未能获得晋升表达遗憾时，蒂娜将自己的感受评为"中性"。她的生理反应也未显示出压力增加的迹象，血压和心率也没有升高。马特的反应也表现出类似的疏离感。显然，他们之间的信任度很低。如果他们不做任何改变，将很难向彼此分享丰富的情感，性生活也会出现问题。而且，当产生争论和其他消极互动时，他们很难从中解脱。

因此，对于蒂娜和马特的婚姻陷入消极情感主导状态，我们感到毫不奇怪，而这将妨碍他们建立相互支持的关系。事实上，他们把对方想得很差，并陷入了一种极度消极状态中，我称之为"伴侣捕鼠器"。这样的夫妻之间充满了无休止的冲突和不良情绪，而且很难摆脱。当夫妻被困在捕鼠器中，他们会认为对方本质上一定是自私的，并产生"他不在乎我的感受""她只关心自己的事情"等想法。双方越来越确信对方并没有站在自己这一边，自己并没有后盾。双方的关系成了零和博弈，一方的"胜利"意味着对方的"失败"。在这种持久的不信任状态中，双方的安全感会消失。而且，双方的健康关系之屋难以支撑，"承重墙"会倒塌，导致双方关系失去抵御外部诱惑的保护。

蒂娜和马特的未来会怎样呢？如果不进行干预，他们很可能会互相背叛。虽然我们通常认为不忠只是指性关系，但婚外性行为只是威胁夫妻关系的不忠行为之一，一旦健康关系之屋倒塌，就会出现这种情况。对于任何不重视承诺，不把对方当成重中之重的夫妻来说，背叛基本上不可避免。即便不是婚外性行为，背叛一样可以彻底摧毁夫妻关系。常见的背叛形式包括情感疏离、与父母一起对抗对方、不尊重对方及违背重要承诺。事实上，很多夫妻都有过不忠行为。而一旦夫妻任何一方一直忽视婚姻，真正的危险就会随之而来。**爱情实验室的研究表明，背叛是夫妻关系破裂的根本原因。**

大多数夫妻既不像马特和蒂娜那样相互不信任，也不像丹尼丝和杰基那样善于相处，而是处于二者之间。这也算一个好消息，因为这意味着夫妻不必做到完美，也能在爱情上取得成功。关键是要学会更好地相互关注彼此，并把彼此的友谊放在首位。当你遵循7大法则朝着这些目标前进时，可能会注意到你和对方的日常互动质量有所提高。虽然你们可能仍然存在冲突，但冲突的破坏性会大大降低。实现这一点是有特定原因的，这是爱情实验室最重要的发现之一。

学会感情修复尝试

夫妻重新发现或重新激发友谊虽然不能阻止争吵，但友谊确实是个秘密武器，能确保双方的争吵不会失控。以奥利维亚和纳撒尼尔产生分歧时的情景为例。当他们计划从市里搬到郊区时，关系开始变得紧张起来。虽然他们在公寓选择和装修上意见一致，但在购买新车上产生了争执。奥利维亚认为他们应该像郊区的人那样，购买一辆小型货车，而纳撒尼尔想买辆吉普车。他们谈着谈着，越来越大声。如果你见识了他们谈论的情形，你一定会对他们的未来产生怀疑。但突然间，奥利维亚双手叉腰，开始模仿4岁的儿子吐舌头。由于纳撒尼尔知道她要这样做，于是他先伸出了舌头。接着，他们都笑了起来。和往常一样，这一愚蠢的"竞赛"缓解了他们之间的紧张关系。

我们为奥利维亚和纳撒尼尔的举动取了一个专业术语：感情修复尝试。这个术语指的是任何可以防止消极情绪失控的言论或行动，无论愚蠢与否。感情修复尝试是高情商夫妻的秘密武器，即使他们中的很多人并不知道自己正在使用这一武器。当夫妻拥有坚固的友谊时，双方自然懂得互相给予感情修复尝试，且能正确理解对方的意图。而当夫妻处于消极情感主导状态时，即使互相给予"对不起"这样直接的感情修复尝试，成功的可能性也会很低。

感情修复尝试成功与否是决定婚姻成败的主要因素之一。再次强调，决定感情修复尝试能否成功的因素是夫妻友谊的强度。如果你认为这听起来过于简单或显而易见，那你在接下来的章节中会了解到，事实并非如此。增强夫妻友谊不仅仅是夫妻之间相互展现友善这么简单。你可能认为你们的夫妻友谊相当牢固，但你会惊讶地发现，你们仍有提升的空间。参加戈特曼工作坊的大多数夫妻在听说几乎每个人在婚姻冲突中都会犯错后，都松了口气。其实，犯错并不可怕，重要的是感情修复尝试是否成功。

如何获得美满的婚姻

婚姻稳固的夫妻共同拥有着深刻的意义感。他们不仅相处融洽，还支持彼此的希望和愿景，并构建共同的生活目标。这正是夫妻之间要尊重彼此的真正含义。很多时候，夫妻会陷入无休止的、毫无意义的争论，彼此孤立且倍感孤独，导致婚姻破裂。在观看了无数夫妻的争吵录像后，我可以负责任地说，大多数争吵实际上并不是关于生活小事的，如马桶盖是否盖上了或轮到谁倒垃圾了，其背后有更深层的冲突，这些冲突更严重、更伤感情。

一旦明白了这一点，你就能欣然接受关于婚姻最令人惊讶的真相之一：婚姻中的大多数冲突永远无法解决。有些夫妻花数年时间试图改变彼此的想法，但这不可能实现，因为夫妻之间的大部分分歧源于生活方式、个性或价值观的根本差异。夫妻因为这些差异而争吵，不过是浪费时间，还会破坏婚姻。因此，夫妻需要了解导致彼此冲突的根本差异，并学会通过尊重彼此来与冲突共存。这样，夫妻才能在婚姻中建立共同的意义和目标。

以往，夫妻只能通过自己的洞察力、直觉，或单纯靠运气来实现这个目标。但现在，通过幸福婚姻的 7 大法则，所有夫妻都可以实现这个目标。无论双方目前的关系状态如何，只要遵循这 7 大法则，就能产生巨大的积极变化。

如果你希望改善或稳固自己的婚姻，先要弄清楚一点：如果没有遵循 7 大法则，会发生什么？我们对婚姻破裂的夫妻进行了广泛的研究，他们的失败经验可以作为参考，避免你犯同样的错误；如果你已经犯了某些错误，你仍然可以想办法来拯救婚姻。一旦你理解了为什么有些婚姻会最终破裂，以及 7 大法则如何能防止这样的悲剧，你就能彻底改善自己的婚姻。

03

如何预知婚姻的未来

THE SEVEN
PRINCIPLES FOR MAKING
MARRIAGE WORK

拯救婚姻或防止离婚的关键
不仅在于如何处理分歧，
还在于夫妻在没有分歧时如何相处。

The Seven Principles for
Making Marriage Work

在爱情实验室里，达拉和奥利弗面对面地坐着。两人都快 30 岁了，他们是自愿参加我的新婚夫妻研究的。这项研究有 130 对夫妻参加，他们不仅同意我们对其婚姻状况进行密切观察，也同意我们用摄像机进行监测。有 50 对夫妻同意在爱情实验室的公寓过夜，以供我们观察，达拉与奥利弗是其中的一对。

达拉和奥利弗说，他们虽然很忙乱，但很幸福。达拉晚上上护理课，奥利弗是程序设计员，每天要工作到很晚才回家。与拥有幸福婚姻以及最终离婚的许多夫妻一样，达拉和奥利弗承认他们的婚姻并不完美，但他们说彼此深爱着对方并承诺要永远互相陪伴。当谈到他们计划构建的生活时，他们变得容光焕发。

在录像期间，我要求达拉和奥利弗在爱情实验室里花 15 分钟解决他们目前的分歧。当他们说话时，安装在他们身上的传感器会对他们的循环系统做各种测量，如测量他们的心率等，并最终测出他们的应激水平。

我猜他们的讨论至少会有些消极，毕竟我要求他们相互争论。虽然有些夫妻能通过通情达理的言辞和笑容来解决彼此的分歧，但更常见的情况是双方会出现紧张局面。达拉和奥利弗也不例外。达拉认为奥利弗没有做他该做的家务，奥利弗则认为达拉太唠叨，导致他没动力做更多的家务。

听完他们的争论后，我遗憾地向同事预测，达拉和奥利弗将来的婚姻幸福感会降低。果然，4 年后，达拉和奥利弗向我反馈，他们正处在离婚的边缘。虽然他们仍然生活在一起，却各自过着孤独的生活，并对从前让他们都觉得很有活力的婚姻念念不忘。

我预言他们的婚姻将会摇摇欲坠，并不是因为他们的争论。夫妻之间的愤怒本身并不能用来预测婚姻是否会破裂。与达拉和奥利弗相比，参与新婚夫妻研究的其他夫妻在 15 分钟的录像期间吵得更厉害，但我预测他们中的大部分将继续维持幸福的婚姻，事实也的确如此。我预测达拉和奥利弗将来会离婚，线索源于他们的争论方式——他们很容易陷入消极和互不信任的状态。

迹象 1，苛刻的开场白

达拉和奥利弗的讨论及他们的婚姻进展不会顺利，最主要的原因在于他们开始谈话时的方式。

达拉一开口就没什么好话，情绪很消极。比如当奥利弗开始讨论家务时，达拉已经准备挖苦他了。"你还不如不做。"达拉说。奥利弗试着通过讲笑话来缓和气氛："就像我们聊过的那本书里写的，男性都是猪。"达拉却面无表情地坐着。后来，他们又谈了一小会儿，试图制订一个计划，以确保奥利弗会做他那份家务。达拉说："我希望能解决这个问题，但似乎不太可能。我试着制订任务清单，但不管用。我也曾试着让你自己去做，但没有一件事你能坚持一个月。"她开始责备奥利弗。实质上，达拉说的不是奥利弗做家务不行，而是说他这个人不行。她的表达方式会成为他们解决分歧的障碍。

以带有批评或讥讽（也是一种蔑视）的方式开始谈话，这种谈话方式就是苛刻的开场白（harsh start-up）。尽管达拉和奥利弗交谈时口气温和、平静，但她说出的全是打击人的话。在听他们谈了约 1 分钟后，我就断定，达拉与奥利弗的这次对话根本解决不了分歧。研究表明，如果夫妻以苛刻的开场白开始对话，就会不可避免地以否定的口气结束对话，尽管双方可能会努力彼此"示好"。统计研究表明，你可以根据一段 15 分钟对话的前 3 分钟预测整场对话的结果，且预测的准确率高达 96%！仅仅是苛刻的开场白就注定整场对话会失败，因此，如果你以这种方式开始与人讨论，也许你该暂时停下来，休息片刻，然后再重新开始。

迹象 2，末日四骑士

达拉苛刻的开场白敲响了警钟：她和奥利弗之间或许存在较大的冲突。而随着他们之间对话的展开，我又从中注意到了特定类型的消极对话。如果任由这种消极情绪恣肆，将会引发"末日四骑士"的致命伤害。通常，末日四骑士会以如下顺序依次出现：批评、蔑视、防御和冷战。

批评　你也许会抱怨和你一起生活的人，但抱怨不是批评，二者有很大的区别：抱怨只涉及对方做错的具体事件，批评的打击面则更广，它还包括你对对方性格或人格的负面评价。比如，"你昨晚没有清理厨房地板，我真的很生气。我们说好了要轮流做"属于抱怨，而"为什么你总是这么不长记性？我讨厌轮到你清理厨房地板的时候，还要我亲自动手。你就是不上心"属于批评。抱怨包括个人感受、具体行为和个人需求 3 方面，批评的涉及面更广，会指责对方并伤及其性格或人格。抱怨属于温和的开场白，批评则属于苛刻的开场白。常见的两种批评是"你总是……""你从来不……"，而只需加上一句"你是不是有毛病？"，抱怨就会升级为批评。

　　从达拉和奥利弗的对话中，你可以看到达拉的抱怨是如何迅速转变为批评的。达拉说："我希望能解决这个问题，但似乎不太可能（单纯的抱怨）。我试着制订任务清单，但不管用。我也曾试着让你自己去做，但没有一件事你能坚持一个月（批评，暗示是奥利弗的错。即使是奥利弗的错，责怪他也只会让事情变得更糟）。"

　　我们举几个例子来说明抱怨和批评的区别。

　　抱怨：车没油了，你不是说你会加满油吗？明天你能处理一下吗？

　　批评：为什么你什么事都记不住？我跟你说了好多遍了，要把油加满，你就是不听。

　　抱怨：你应该早点告诉我你太累了，你不想做爱。我真的很失望，也觉得很尴尬。

　　批评：为什么你总是这么自私？你这样欺骗我真的很讨厌。你到底怎么了？你不爱我了吗？

　　抱怨：在请任何人吃晚饭之前，你都应该和我商量一下，今晚我只想和你待在一起。

　　批评：为什么你把朋友排在我前面？为什么我总是排在朋友名单的最后？你是不希望和我待在一起吗？

　　这些批评的话是否听上去耳熟？许多夫妻都会这样说。批评在夫妻关系中很常见，因此，如果你发现自己和伴侣会批评彼此，不要以为你们的婚姻已到了尽头。批评的麻烦在于，当它充斥你的生活时，就预示着另一位更致命的"骑士"的到来：蔑视。

　　蔑视　蔑视源于感觉自己比对方优越，这是一种不尊重，它是末日四骑士中最糟糕的。当达拉开始讥笑奥利弗时，蔑视也就出现了。比如，当奥利弗建议把记录着他那份家务的清单贴在冰箱上以提醒自己时，达拉却说道："你以为有了这份清单，你就真的会好好干家务了？"再比如，奥利弗跟达拉说，当他回到家时，需要在干家务之前先休息15分钟。"也就是说，如果我让你休息15分钟，你就觉得你有精力干活了，是吗？"达拉反问奥利弗。"也许吧。我们以前没试过，不是吗？"奥利弗问道。

这个时候，达拉本来可以缓和态度，但她没有这么做，反而挖苦奥利弗："你干得很不错嘛，一回到家就躺下，要不就是躲在浴室里不出来。"然后，她又说了几句带有挑衅意味的话："难道让你休息15分钟，你就认为可以改变一切了？"

这种挖苦和冷嘲热讽就属于蔑视，骂人、翻白眼、讥笑和不友善的幽默也属于蔑视。任何形式的蔑视都会损害夫妻关系，因为它表达了对一个人的厌恶之情。让对方知道你讨厌他，并不能解决你们之间的冲突，蔑视必然会导致更多的冲突，而不是和解。

彼得善于蔑视他人，尤其是蔑视妻子辛西娅。我们来看看他和妻子就如何花钱发表不同看法时的情形。

彼得：只要看看我们在选车和穿着方面的差异，就能看出很多问题，比如我们是什么样的人以及我们重视什么。你取笑我自己洗车，而你却把车开出去，付钱让人帮你洗。为了你的车，我们付了太多不该付的钱，而你竟然懒得洗车。你太过分了，我觉得你就是被惯坏了。（这是一个蔑视的示例：彼得不仅指出他和妻子花钱方式的不同，还指责妻子有道德缺陷——被惯坏了。）

辛西娅（回击）：我自己不洗车是因为体力不济。

彼得（没有理睬她的解释，继续站在道德制高点指责她）：我照料

我的车是因为我越用心照料它，它用得越久。我不会有"啊，只要再买
辆新车就好了"这种心态，我知道你就是这么想的。

辛西娅（仍然希望彼得能理解她）：如果你能帮我，我真的愿意自
己洗车，我会很感激的。

彼得（不但没有抓住这次和解的机会，反而想大吵一场，他掰着手
指数起来）：你帮我洗过几次车呢？

辛西娅（再次试着和解）：如果你帮我洗车，我就帮你洗。

彼得（目的不是解决问题，而是指责辛西娅，他继续追问）：我问
的不是这个。你帮我洗过几次车？

辛西娅：一次也没有。

彼得：看见没？这也是我认为你没有责任心的地方。就像如果你父
亲给你买了栋房子，难道你还指望他跑过来帮你装修吗？

辛西娅：好吧，如果我一直帮你洗车，你会不会一直帮我？

彼得（笑着）：我不确定我想不想让你帮我洗车。

辛西娅：好吧，那你会不会一直帮我洗车？

彼得（再次笑起来）：我能帮的时候就帮，我不会给你终身全面担
保。你想怎么办，起诉我吗？

至此，事情已经很清楚了：彼得的目的很明显，他主要就是想贬损辛西
娅。他打着道德的幌子蔑视辛西娅，比如他说"我不会有'啊，只要再买辆
新车就好了'这种心态"。

❤ 爱情大数据

彼此蔑视的夫妻更容易患传染病，如感冒、流感等。

如果你对对方积累了长期的负面看法，蔑视就会一触即发。如果你们的

分歧没有得到解决，你更有可能产生类似的想法。毫无疑问，彼得和辛西娅第一次就洗车问题争论时，他不会这么无礼，他可能只是单纯地抱怨一下："我认为你应该自己洗车，总让别人洗太费钱了。"但由于他们对这个问题一直持不同看法，彼得的抱怨就变成了全面的批评，如"你总是花很多钱"。随着冲突的继续，彼得越来越讨厌辛西娅，当和她争论时，这种变化影响了他的说话方式。

另外，好战是蔑视的近亲，它对夫妻关系同样是致命的。好战是一种具有攻击性的愤怒，包含威胁和挑衅。例如，当妻子抱怨丈夫下班后不按时回家吃饭时，丈夫好战的反应会是："那你打算怎么办？"就像彼得对辛西娅说："你想怎么办，起诉我吗？"他认为自己是在讲笑话，但实际上已经变得很好战了。

防御　既然彼得变得这么让人讨厌，那么辛西娅会进行防御一点儿也不奇怪。辛西娅向彼得指出，她并没有像他想的那样频繁地出去洗车。辛西娅解释说，自己洗车很费力，不像彼得那么轻松。

尽管辛西娅进行防御可以理解，但研究表明，这种方法很难起到预期效果，进攻的一方通常不会退让或道歉，因为防御实际上是一种责备。防御的一方实际上在说："这不是我的问题，而是你的问题。"防御的一种常见形式是"无辜受害者"姿态，它通常会引起抱怨，并传递出如下信息："你为什么要找我的麻烦？我做的好事就不算了吗？你真的很难取悦。"

防御只会让冲突升级，这正是它致命的地方。当辛西娅告诉彼得自己洗车多么辛苦时，彼得没有说"哦，现在我明白了"，而是不理睬辛西娅，甚至不承认她所说的。他继续站在道德制高点，告诉辛西娅他是如何细心照料自己的车的，并暗示辛西娅被他惯坏了，所以她才不像他那样自己洗车。辛西娅不可能赢得这次争论，而在他们的婚姻中，谁也不可能赢。

批评、蔑视和防御并不总会严格地按次序出现。如果夫妻双方无法终止它们，它们就会像接力赛一样彼此循环往复。当奥利弗和达拉继续讨论如何打扫房间时，你可以观察到这种情形。尽管他们似乎在寻求解决方案，达拉却越来越傲慢，她以质问为幌子嘲笑奥利弗，并推翻了他的每个计划。奥利弗越是进行防御，达拉越是攻击他。达拉的肢体语言透露出优越感：她说话轻柔，胳膊肘支在桌上，双手托着下巴。她就像一位法律系教授或法官，接二连三地提问，只是为了让奥利弗自觉羞愧。

> 达拉：难道让你休息15分钟，你就认为可以改变一切了？（讥笑）
>
> 奥利弗：不，我并不认为能改变一切。我认为列一份每周工作清单能让我完成这些工作。为什么不写在日程表上呢？那样我就很容易看见了。
>
> 达拉：在日程表上写下你要做的事情，这些事情就一了百了吗？（嘲笑奥利弗，且充满蔑视）
>
> 奥利弗：我白天并不总是有机会看日程表，不过在家里……（防御）
>
> 达拉：那么你认为你会有时间看日程表？
>
> 奥利弗：是的。如果我没有尽力做到，你在任何时候都可以质问我。但当发生现在这种情况时，你不应该质问。你应该提醒我"你这个没做完，那个也没做完"，而不是质问我"你没有做完这个或那个有任何理由吗"。我是说，就像我那天晚上熬夜替你准备简历一样。类似的事情有很多，你没必要只盯着一点，而不顾其他。（防御）
>
> 达拉：我难道没有经常加急为你做过一些事吗？（防御）
>
> 奥利弗：你也有……我觉得你需要放松一下。
>
> 达拉：哼！听起来好像我们差不多把问题都解决了。（讥讽）

显然，由于他们的话语中充斥了批评、蔑视和防御，他们什么都没能解决。

冷战　像达拉和奥利弗一样，许多夫妻间的讨论总是以苛刻的开场白开始，双方的言辞中夹杂着批评和蔑视，并导致相互防御，这又引发了更多的批评和蔑视，最终一方对此置之不理。接着，双方的冷战就开始了。

设想一下，当丈夫下班回到家，遭到妻子连珠炮似的批评，他没有回击，只是打开电视。丈夫越是不出声，妻子的呵斥声就越大，最终他起身离开家。他选择了逃离，没有与妻子对抗，通过回避妻子，他避免了一场争斗，然而他也回避了婚姻冲突，他成了"冷战者"。尽管丈夫和妻子都可以成为冷战者，但研究发现，这种行为在男性中更常见，原因我们会在后文说明。

在典型的对话中，倾听者应该向说话者提供各种线索，让对方知道自己在倾听，比如与对方进行眼神交流、点头，或回应"是""啊哈"之类的话。但是，冷战者不会这么做，他们往往会看着别处或俯视地面，一声不吭。他们会像石墙一样毫无表情，即使听到了你说什么，他们也会表现得根本不在乎。

通常，冷战出现得比较晚，这就是为什么我们很少在像奥利弗这样的新婚丈夫身上见到，而经常在那些身处消极情绪一段时间的夫妻身上见到。批评、蔑视和防御带来的消极情绪通常不会很快变得难以抵挡，因此，冷战最后出现就不难理解了。

当马克和妻子丽塔讨论彼此在舞会上的行为时，马克表现出来的样子就是这种情形的最好例证。丽塔认为问题在于马克喝得太多，马克则认为更大的问题在于丽塔的反应：丽塔当着马克朋友的面吼他，这让他很难堪。以下是他们争论到一半时的对话。

丽塔：现在，我又变成问题了，开始抱怨的人是我啊，现在我自己倒成了问题所在，事情总是这个样子。

马克：是的，我知道我又这么做了（停顿）……但你的勃然大怒与孩子气让我和朋友很尴尬。

丽塔：嘿，如果你能在聚会上控制自己别喝那么多……

马克：（盯着地面，避免眼神交流，一言不发，开始冷战）

丽塔：我认为在绝大多数时候，我们真的相处得很好。（笑起来）

马克：（继续冷战。保持沉默，没有任何眼神交流、面部表情，不点头，也不说话）

丽塔：你不这么认为吗？

马克：（没有反应）

丽塔：马克！你在听我说吗？

迹象 3，情绪淹没

丽塔的抱怨看起来似乎对马克没有起到任何作用，事实也的确如此。通常，人们会通过冷战来保护自己的身心不被击垮，并出现所谓的"情绪淹没"。当对方的消极情绪过于强烈并突然出现时，你就会出现情绪淹没，你对此会感到不堪一击。正因为如此，你会试着做其他事情以避免它再次出现。越是感到被对方的批评或蔑视所淹没，你对对方即将再次爆发的迹象就越警觉。这就是为什么马克想要保护自己免受丽塔的猛烈攻击，而他要想做到这一点，就得从情感上疏远丽塔。难怪，他们最终以离婚收场。

保罗则非常坦率地解释了为什么当妻子艾米情绪消极时，他会采取冷战。在接下来的对话中，他详细地阐述了所有冷战者都有的感受。

艾米：当我发怒的时候，你应该阻止我，设法控制一下情况，但你什么都不说，好像意味着"我不再在乎你的感受"。这更让我感到火冒三丈，好像我的意见或感受与你完全无关。正常的婚姻不应是这个样子的。

保罗：我想说的是，如果你想进行一场严肃的对话，你不能一直大喊大叫，而且你一开始说的话太伤人了。

艾米：好吧，当我觉得受伤、生气并想气你的时候，我就会开始指责你，而这正是我俩都该停下来的时候。我应该跟你说"我很抱歉"，你应该说"我知道你想谈谈，我真的应该努力和你谈谈，而不该对你置之不理"。

> 保罗：我会谈的，当……
>
> 艾米：这对你有好处。
>
> 保罗：不是，当你不大喊大叫、不生气的时候，我会和你谈的。

艾米不停地告诉保罗，当他拒绝交流时她的感受如何，但她似乎没听到保罗对她说的他为什么拒绝交流：他无法承受她的敌意。最终，他们离婚了。

由此可见，一桩婚姻的破裂是可以通过以下几点预测的：先是习惯性的苛刻的开场白，接下来出现末日四骑士，并导致情绪淹没。任何一点都可能导致离婚，不过，不幸的婚姻通常包含所有这些因素。

迹象 4，生理指标出现变化

即使我没有听见马克和丽塔之间的对话，仅靠审视马克的生理指标也能预知他们将来会离婚。当夫妻进行紧张的争论时，我们会监测他们的生理变化，这时，我们可以从他们身上观察到痛苦的情绪淹没。最明显的生理反应是心跳加速，每分钟超过 100 次，有时每分钟甚至高达 165 次。通常，正常 30 岁男性的平均心率是每分钟 76 次，30 岁女性为每分钟 82 次。同时，他们体内的激素也发生了变化，包括肾上腺素的分泌，肾上腺素的激增会引发"战斗或逃跑反应"。此外，他们的血压也升高了。这些变化非常明显。夫妻中的任何一方在讨论期间经常发生这种变化，我们很容易就能预测他们将来会离婚。

情绪淹没反复出现会导致离婚，原因有二。首先，这表明夫妻在相处时，至少有一方会感受到严重的情绪困扰。其次，由于生理知觉上的情绪淹没，如心跳加速、出汗等，因此夫妻双方不可能进行富有成效且有助于解决问题的讨论。当身体在讨论期间进入超速运转状态时，我们从祖先那里继承的非常原始的警报系统便会启动。心跳加速和出汗等所有痛苦反应会产生，因为从根本上来说，身体认为我们目前的处境十分危险。

尽管我们生活在可以进行体外受精、器官移植以及基因定位的时代，但从进化角度来看，我们从穴居人到现代人，进化的时间并不长，因此，人类的身体并没有改进它的恐惧反应方式。身体依然会以旧有的方式响应，无论面对的是剑齿虎，还是夫妻中的一方想弄清楚对方为什么从来不记得盖马桶盖时流露出的蔑视。

当你和伴侣讨论时，如果出现心跳加速或其他生理性应激反应，那么后果可能是灾难性的。你处理信息的能力会下降，你很难注意到对方在说什么。而且你也很难创造性地解决问题，且很难表现出幽默感。你只剩下反射性的、最基本的智力反应，如争吵（批评、蔑视或防御）或逃避（冷战）。解决问题已经不可能了，你们的讨论大概率只会让情况变得更糟。

为什么男女的差异这么大

在 85% 的婚姻中，丈夫都是冷战者，这并不在于男性缺失某些东西，而在于进化。人类学研究的证据表明：我们从原始人类进化而来，而原始人类的生活受到性别角色的严格限制，这种限制对他们在恶劣环境中生存非常有利。当时的生活条件要求女性专门抚育孩子，男性则专门从事合作狩猎和提供保护。

大多数哺乳期的女性都会告诉你，她们的母乳量视放松程度而定，而她们能否放松，与大脑释放的催产素有关。自然选择赋予女性在感受到压力后能迅速抚慰自己并冷静下来的能力，这种维持镇定的能力能让她们产出更多母乳，从而提高孩子的存活率。对早期的合作狩猎者来说，保持警惕是一项重要的生存技能，因此，男性的肾上腺素很容易被释放，而男性不易冷静的特性则使他们更有可能生存下来，并繁殖后代。

直到今天，与女性相比，男性的心血管系统仍然更易受影响，而且男性遭受压力后恢复起来比女性慢。例如，根据加州大学伯克利分校的罗伯特·利文森及其学生洛伦·卡特（Loren Carter）的研究，当男性和女性同时突然听到一个非常响亮且短促的声音时，如车胎爆裂声，男性的心跳很可能比女性快，心跳加速的持续时间更长。亚拉巴马大学的心理学家道夫·齐尔曼（Dolf Zillman）通过研究发现，当男性被试受到故意的粗暴对待后，被要求放松20分钟，放松后，他们的血压升高了，且这种状态会一直持续下去，直到他们开始反击。而当女性被试面临同样的局面时，她们能在20分钟内平静下来。有趣的是，如果女性被试被迫反击，她们的血压往往再次升高！既然能触发警戒的夫妻冲突会让男性消耗更多体力，那么与女性相比，男性更有可能试图避免冲突就没什么奇怪的了。

当感受到婚姻压力时，这种生理反应的性别差异也能影响丈夫和妻子的想法。作为实验的一部分，我们要求夫妻观看他们争辩时的录像，然后让他们告诉我们，当传感器监测到他们被情绪淹没时，他们在想什么。他们的回答表明：男性更倾向于产生消极想法，致使他们处于苦闷之中；女性则更可能产生抚慰性想法，从而帮助她们平静下来并与自己和解。通常，男性要么感到自己无比正当、非常愤怒（"我要报复""我没必要遭这个罪"），这往往导致蔑视或好战；要么觉得自己是妻子愤怒或抱怨的无辜受害者（"为什么她总是责备我"），这往往导致防御。

当然，这些规律并不适用于所有的男性和女性，而且丈夫比妻子更容易被婚姻冲突击垮的观点仍存争议。不过，在经过多年研究之后，我注意到，大部分夫妻对压力的身心反应都遵循着这些规律。由于性别差异，大多数婚姻（包括健康幸福的婚姻）都存在类似的冲突模式：妻子天生能更好地应对压力，提出敏感问题，丈夫则难以处理问题，会设法避免让自己卷入其中。丈夫也许会进行防御并实施冷战，而为了让妻子闭嘴，他们甚至会变得好战或傲慢。

🕊　**爱情大数据**

　　从生理上来说，丈夫比妻子更容易被婚姻冲突击垮。

婚姻中存在这种模式并不意味着夫妻以后注定会离婚。事实上，在稳固的婚姻中，你也会发现末日四骑士，偶尔甚至会发现情绪淹没的情况。但当末日四骑士永久性地进驻你们的婚姻后，当任何一方常常感到情绪淹没时，你们的婚姻关系就有大麻烦了。时常感受到情绪淹没几乎会不可避免地导致夫妻双方相互疏远，继而各自感到孤独。如果没有别人的帮助，双方将会以离婚收场，或者生活在死气沉沉的婚姻中：双方住在同一屋檐下，却各过各的；双方可能会共同完成一些活动，如参与孩子的游戏、举办宴会、全家一起度假等，但在情感上，双方已经感觉不到彼此间的联结了——双方已经放弃了婚姻。

迹象 5，感情修复尝试失败

末日四骑士和情绪淹没要想破坏婚姻，需要一段时间；而在倾听一对新婚夫妻之间的对话后，我们经常能准确地预测他们是否会离婚。这是为什么呢？答案在于分析夫妻间的分歧，通过分析，我们会对他们接下来要朝哪个模式发展有准确的判断。这一模式通常难以改变，除非得到正确的指导。另外，该模式的关键在于夫妻的感情修复尝试成功与否。感情修复尝试是夫妻双方做出共同努力（"让我们休息一下""等一下，我需要冷静一下"），从而避免讨论时的紧张状态升级，以阻止情绪淹没。

感情修复尝试能拯救婚姻，是因为它不仅能缓和夫妻间的紧张感，还能降低压力水平，防止心跳加速并避免情绪淹没。当夫妻在沟通时遭遇末日四骑士时，双方常常意识不到要进行感情修复尝试，尤其是当一方处于情绪淹没时，会听不到对方示好的声音。

在不幸的婚姻中，末日四骑士和感情修复尝试失败是交替出现的。夫妻之间的蔑视和防御越多，出现情绪淹没的频率就越高，双方也就越难意识到并回应对方的感情修复尝试。由于没有意识到感情修复尝试，夫妻间的蔑视和防御会愈加严重，情绪淹没愈加显著，从而更难意识到其他感情修复尝试，最终，一方会退出。

这就是为什么我仅靠倾听夫妻间的讨论，就能准确预测他们是否会离婚。感情修复尝试失败是不幸婚姻的标识，仅凭末日四骑士来预测离婚，准确率只有82%，但当你把感情修复尝试失败也算进去，预测的准确率将高达90%。因为一些夫妻即便在争论中遭遇末日四骑士，他们的感情修复尝试仍然能成功，这样的夫妻通常会拥有稳定幸福的婚姻。事实上，在争论中频繁遭遇末日四骑士，但能成功地修复其带来的伤害的新婚夫妻中，有84%的新婚夫妻在接下来的6年中都维持了稳定幸福的婚姻。但如果夫妻双方没有进行感情修复尝试或未意识到感情修复尝试，那他们的婚姻就危险了。

在有婚姻情商的夫妻中，有很多感情修复尝试成功的案例。而且，每个人都有自己的方式。比如前文提到的奥利维亚和纳撒尼尔，他们的方式是伸舌头，其他夫妻或相互大笑，或相互微笑，或互相道歉，即使是带有恼怒的

"嘿，别对我大喊大叫"或"你说偏了"，也能缓和紧张局势。这些感情修复尝试都能使婚姻保持稳定，因为它们会一直阻止末日四骑士的进攻。

感情修复尝试成功与否与夫妻的说服力无关，而与其婚姻状态有关。我从幸福的已婚夫妻哈尔和朱迪身上学到了这一点。

哈尔是个化学家，由于研究工作的性质，他常常到最后一分钟才知道自己无法按时回家吃饭。尽管朱迪知道哈尔不能控制自己的时间，但晚餐少了他让她觉得很沮丧。他们在爱情实验室讨论这个问题时，朱迪向哈尔指出，在他回家之前，孩子们都不吃饭，因此他们总是很晚才吃晚饭，她讨厌这样。哈尔建议朱迪在饭前给孩子们吃些点心，朱迪不听，厉声对哈尔说："你觉得我一直在忙什么？"

哈尔意识到他把事情搞砸了，他刚才的话表明他对家中发生的事很不了解；更糟糕的是，他侮辱了朱迪的智商。在不幸的婚姻中，这种情况很容易引发一场唇枪舌战。我静观事态的发展。由于所有其他证据都表明哈尔和朱迪是对幸福的夫妻，我预感哈尔会用一些良方妙计来进行感情修复尝试，但哈尔只是给了朱迪一个傻笑，朱迪则忍不住笑了。后来，他们继续讨论这个问题。

哈尔的傻笑能起作用，是因为他们的婚姻很幸福。但对前文提到的奥利弗和达拉来说，当奥利弗和达拉谈论家务时，他想用微笑来缓和她的态度，却没起作用。当夫妻双方一直遭遇末日四骑士时，即便最清晰、最灵敏、最有针对性的感情修复尝试也可能会失败。

具有讽刺意味的是，与婚姻稳定的夫妻相比，遭遇麻烦的夫妻会更多地进行感情修复尝试，但常常失败。感情修复尝试失败的次数越多，他们越是不停地一次次尝试，而所有这些尝试都没有用，这听起来实在令人感伤。问题出在哪里？什么能预示感情修复尝试会起作用？**稍后你将会知道，感情修复尝试成功与否还取决于夫妻友谊的质量。**

迹象 6，糟糕的回忆

当夫妻关系被消极情绪包围时，不仅夫妻双方当下和将来的生活处在危险之中，他们的过去也岌岌可危。当我采访夫妻时，我通常会问他们的婚姻史。我一再发现，那些对伴侣和婚姻有着很深的负面看法的夫妻，常常改写过去。当我问及他们恋爱、结婚、同居第一年的生活以后，即使我不知道他们目前的感情状况，我也能准确预测他们将来是否会离婚。

大部分夫妻是带着很高的期待步入婚姻殿堂的。婚姻幸福的夫妻往往会深情地回顾早期生活，即使婚礼并不完美，双方也可能会记得那些精彩部分而非失败之处。他们也是这么看待彼此的：他们记得彼此早期是多么自信、见面时多么激动、多么喜爱对方。当谈到经历的艰难时刻时，他们会称赞彼此的努力，会从共同经历的逆境中汲取力量。

但当婚姻进展不顺时，夫妻双方会把彼此的过去改写得很糟。比如，妻子可能会记起在结婚典礼上，丈夫迟到了 30 分钟；丈夫可能会想起在预演晚餐上，妻子一直同伴郎聊天、与朋友调情。此外，当一方或双方发现自己很难记得过去的事时，会认为过去无足轻重或令人痛苦，索性会将其遗忘。

以前文提到的彼得和辛西娅来说，他们并不总是成天争论洗车或其他金钱问题。如果你看过他们的照片，你无疑会发现他们早期的生活过得很快乐，但他们早就忘了这些照片。当我要求彼得和辛西娅描述他们早期的生活时，他们详细地告诉我他们恋爱与结婚期间的一些事实，但也仅此而已。辛西娅说他们是在一家唱片店相遇的，她当时是店里的收银员，她从彼得信用卡的收据上得知了他的名字和电话。后来，她给彼得打了电话，问他是否喜欢他买的 CD，接着，他们开始了第一次约会。

辛西娅说她当时被彼得吸引的原因是他将要上大学，她觉得彼得说话风趣，人也长得帅。"我认为原因在于我的信用卡。"彼得插了这么一句，这句挖苦的话和他们目前因金钱而起的争吵有关。彼得本人很难记起在他们初次相遇时，辛西娅的哪些特质吸引了他，他说道："嗯……（一阵停顿）老实说我记不得了。我从来没有试着去确认某件事，我认为这对我来说会相当危险。"

当我问及他们过去喜欢的种种活动时，他们都想不起来。"我们有没有出去野餐或做些别的事？"辛西娅问彼得，彼得耸耸肩表示怀疑。当我问他们决定结婚的缘由时，同样的茫然感又出现了。"我觉得结婚能巩固我们的关系，这似乎是个合乎逻辑的进展，这基本就是我们结婚的主要原因。"彼得说。他回忆起他把婚戒系在白玫瑰花束的白色缎带上，在餐厅里向辛西娅求婚。事情听起来很顺利，直到他发出一声糟糕的轻笑。"我永远也忘不了当时的情形。她看着婚戒，开始微微颤抖，她注视着我问道：'我想，你想要一个答案？'这不是我希望得到的反应。"彼得转过头对辛西娅说："当你说这句话时，你没有微笑或开怀大笑，也没有做任何动作，你只是面无表情，好像在说'你这个白痴'。"

"不是的。"辛西娅无力地回应道。

回忆起婚礼本身时，双方的局面并没有得到改善。辛西娅记得，当天许多来宾吃完饭就走了，这让她很受伤。彼得回忆说，每个人都在起哄，让他俩接吻。"我真的很生气。"彼得还记得，在婚礼结束后，他与辛西娅以及伴郎同坐一辆轿车。伴郎打开收音机，克鲁小丑合唱团（Mötley Crüe）的《一如既往的锁链》（Same Old Ball and Chain）在车中回响起来。他总结了结婚当天的感受："悲剧性的一天。"辛西娅无精打采地笑着表示同意。

彼得和辛西娅之所以有这么多糟糕的回忆，是因为他们之间的消极情绪太强烈了，这些消极情绪似乎是由石头筑成，坚固无比。当末日四骑士肆意横行、破坏夫妻间的沟通，并导致消极情绪迅速发展时，夫妻双方就会从负面角度对彼此做的每件事或曾经做过的事重新加以审视。

在幸福的婚姻中，如果丈夫答应把妻子的衣服拿去干洗但忘记了，妻子可能会这么想：噢，好吧，他最近压力很大，需要多休息。她认为他的失误是偶然的，是由特殊的情况导致的。而在不幸的婚姻中，同样的事情可能会让妻子产生这样的想法：他总是这么不体贴，这么自私。同样的道理，在幸福的婚姻中，充满爱意的动作会被看作夫妻之间爱与体贴的标志，如一天的工作结束后，妻子一边问候到家的丈夫，一边送上亲吻。而在不幸的婚姻中，妻子同样的行为可能会让丈夫产生这样的想法：她想从我这里得到什么？

这种扭曲的看法解释了为什么我们的研究对象之一米奇会认为，他的妻子莱丝莉给他买礼物、拥抱他甚至给他打电话的背后，有着不可告人的动机。随着时间的流逝，米奇改变了他对婚姻的看法，他变得很消极。每当冲突出现时，他总是自以为是且义愤填膺。米奇对莱丝莉的负面看法使他陷入苦闷中。每当与莱丝莉发生冲突时，米奇就觉得自己被情绪淹没了，他对莱丝莉以及婚姻的消极期望成为一种思维定式。最终，他们离婚了。

婚姻濒危的信号

当婚姻到了夫妻双方改写过去的地步，当他们的身心无法沟通，且无法解决当前存在的冲突时，婚姻几乎注定要破裂。夫妻双方会发现，他们经常遭遇红色警报，因为他们总是期望斗争，对他们来说，婚姻成了一种折磨。所以，双方最终结束关系也就不奇怪了。

有时，婚姻行将破裂的夫妻会向婚姻治疗师寻求帮助。他们的婚姻在表面上看来没有什么不对劲，他们既不争吵，也不互相蔑视、展开冷战；他们没有遭遇末日四骑士，面无表情地谈论着双方的关系和冲突。经验不足的婚姻治疗师会轻易地认为他们的问题并不严重，但实际上，他们中的一方或双方已经对婚姻没有感情了。我们的研究表明，情感疏远的夫妻的确会离婚，平均在结婚 16.2 年后；而在讨论冲突时遭遇末日四骑士的夫妻，离婚平均发生在结婚 5.6 年后。

　　有些夫妻会以离婚来结束婚姻，有些则不会，后者会在同一个屋檐下各过各的。无论选择哪条道路，他们都要经历婚姻生活的最后 4 个阶段，这 4 个阶段是婚姻的丧钟：

- 把婚姻冲突看得很严重。
- 由于谈论这些冲突似乎毫无用处，开始试着自己解决冲突。
- 开始各过各的。
- 孤独感降临。

　　当夫妻走到婚姻的尽头时，一方或双方可能会有外遇。但外遇通常是婚姻破裂的征兆而非原因。早在任何一方出轨之前，婚姻的终结就注定了。绝大多数情况下，夫妻双方只会在陷入困境之后才开始为婚姻寻求帮助，而警报信号通常早就出现了，只是他们不知道。这些信号包括：

- 夫妻之间实际上相互说的话（苛刻的开场白、末日四骑士以及拒绝接受对方的影响）。
- 感情修复尝试失败。
- 生理反应（情绪淹没）。
- 对婚姻抱有普遍的消极看法。

　　这些信号中的任何一个都说明夫妻双方的情感已经疏远。在大多数离婚案例中，这些信号的出现只是时间问题。

不到最后，绝不放弃

虽然听起来令人沮丧，但我相信可以拯救的婚姻要比目前的多得多。即使是即将彻底分崩离析的婚姻，通过正确的干预措施也有挽回的可能。可悲的是，大多数夫妻得到的帮助是错误的。婚姻治疗师会向夫妻提供关于如何协调分歧和改善沟通的建议。我曾经也是这样做的。当我发现如何准确预测离婚时，我以为我真正找到了拯救婚姻的关键。我当时认为，只要教会夫妻如何在争论时不被末日四骑士压倒和不被情绪淹没，他们就可以解决分歧，并能成功地挽回婚姻。

但和之前的许多专家一样，我错了。直到我弄明白了幸福的婚姻中发生了什么，我才破解了拯救婚姻的密码。在追踪幸福的婚姻长达 20 年之久后，我终于明白，**拯救婚姻或防止离婚的关键不仅在于如何处理分歧，还在于夫妻在没有分歧时如何相处**。因此，尽管幸福婚姻的 7 大法则也能指导你应对冲突，但前 3 个法则才是婚姻幸福的核心，即加强友谊和信任。

加强夫妻之间的友谊至关重要，因为友谊是浪漫、激情和美好性爱的基础，这也是每个人对婚姻的期待。实际上，当一对夫妻向我抱怨他们的性生活时，我不会立刻向他们讲解性学知识，而是引导他们通过前 3 个法则来回顾和加强恋爱之初的友谊。友谊的坚固不仅能点燃爱火，而且预示着双方关系有美好的未来，因为友谊是积极情感主导的基本组成。正如我们所见，积极情感主导就像一份保险单，能极大地增加感情修复尝试成功、化解夫妻紧张关系的可能性。因此，无论你的婚姻现状如何，只要你和伴侣在必要时能重新唤起彼此的友谊，你们都将受益匪浅。而第一步就是弄清楚你们对彼此的了解程度，即法则 1 的主题。

在接下来的章节中，我们将详细探讨幸福婚姻的 7 大法则。

04

法则 1　完善你们的爱情地图

爱他，就要了解他

THE SEVEN
PRINCIPLES FOR MAKING
MARRIAGE WORK

为婚姻留出足够的认知空间，
记住伴侣人生中的重要事件，
当这些事件或感受发生变化时，
及时更新信息。

The Seven Principles for
Making Marriage Work

　　罗里是某医院的儿科医师，负责儿童重症监护室的工作。在医院里，他深受爱戴，大家都亲切地称他为罗里医生。他话不多，但为人热情、幽默，且很有魅力。他还是个工作狂，平均每月有 20 天睡在医院。不过，罗里叫不出他孩子的玩伴的名字，甚至不知道家里的狗叫什么。当有人问他家后门在哪里时，他会转身向妻子莉莎求助。

　　罗里和莉莎相处的时间不多，而且他似乎对她很冷漠，她为此很苦恼。莉莎经常试着做些小动作，向罗里表明她对他的关切之情，但她的行为只会让罗里觉得恼火。莉莎觉得罗里根本不重视她，也不重视婚姻。

　　直到今天，我仍然会被这对夫妻的故事震惊：居然还有不知道自家狗的名字或找不到家后门的天才人物。在这对夫妻面临的冲突中，最根本的也许是罗里对家庭生活的惊人无知。罗里醉心于工作，他的脑海中仅为妻子和家庭留下了很少的空间。

　　罗里的无知听起来也许有些荒诞，但我发现，许多已婚夫妻都有类似的（尽管不太明显）不关心伴侣生活琐事的毛病。他们中的一方或双方对彼此的乐趣、喜恶、恐惧与压力只有大致的印象，比如丈夫或许热爱现代艺术，妻子却不知道他为什么喜欢现代艺术，或不知道他最喜欢的艺术家是谁；丈夫则可能不记得妻子朋友的名字，或不知道妻子讨厌的同事有谁，而这会伤害妻子的感情。

相对而言，高情商的夫妻能很快熟知彼此的世界，他们拥有我所说的充满丰富生活琐事的"爱情地图"。爱情地图这个术语是指大脑中存储所有关于伴侣相关生活信息的区域。**这些夫妻为婚姻留出了足够的认知空间，他们记得彼此人生中的重要事件，当伴侣世界中的事件或感受发生变化时，他们会及时更新信息。**例如，当妻子为丈夫点沙拉时，她知道他喜欢什么样的调料；如果妻子工作到很晚，丈夫会提前为她准备好洗澡水；丈夫知道妻子对她的老板的印象，也能准确地说出如何在公司找到她；丈夫也可能知道宗教对妻子很重要，但她实际上对宗教也持怀疑态度；妻子则知道丈夫担心他太像他父亲，也知道丈夫自认为是个"无拘无束的人"。他们知道彼此的生活目标、烦恼和希望。

如果没有这样的爱情地图，你就不可能真正了解你的伴侣；如果你不了解你的伴侣，你如何能真正地爱上对方呢？

爱你，就是了解你

夫妻彼此的了解不仅能产生爱情，还能产生抵御婚姻风暴的力量。拥有详细爱情地图的夫妻，能更好地处理应激事件与冲突。以第一个孩子的出生为例，它是导致夫妻不和与离婚的主要原因之一。在我们的研究中，67%的夫妻在首次为人父母时，其婚姻满意度都急转直下，剩余33%的夫妻没有出现这种情况。事实上，在这33%的夫妻中，有一半的夫妻的婚姻状况甚至得到了改善。

那这些夫妻的区别到底是什么？答案就是，有无详细的爱情地图。根据我的学生艾莉森·夏皮罗（Alyson Shapiro）对 50 对夫妻的研究，**那些从一开始就拥有详细爱情地图的夫妻，在第一个孩子出生后，他们的婚姻仍然很幸福**。在剧烈的动荡发生之后，爱情地图保护了他们的婚姻。因为夫妻双方已经习惯不断地在爱情地图上更新对方的生活琐事，且能专心致志地关注彼此的感受和想法，所以他们从未偏离婚姻航道。如果你没有在一开始深入了解伴侣，就踏上婚姻之旅，那么当生活发生突如其来的重大改变时，你们的婚姻很容易迷失方向。

麦琪和肯恩相识没多久就决定结婚，共建家庭。由于对彼此的了解不够深入，他们的关系可能不会长久，但他们在亲密关系中弥补了这个缺陷。他们不仅大致了解彼此的生活，如各自的爱好、最喜欢的运动等，还了解彼此最深切的渴望、信仰和恐惧。他们无论多忙都会优先考虑对方，总会每周抽一天时间陪对方。他们每周至少出去吃一次晚餐，或是待在家里聊天，有时谈论政治话题或天气，有时谈论婚姻。

后来，他们的女儿爱丽丝出生了，麦琪便决定辞去工作，待在家里照顾女儿。麦琪自己对这个决定也感到很惊讶，因为她在工作中一直追求上进。而她当了妈妈以后，生活的根本意义发生了改变，她发现自己为了女儿可以做出巨大的牺牲。现在，麦琪想把他们为买摩托艇而存的钱转到女儿的大学基金里。发生在麦琪身上的事同样会发生在许多初为人母的人身上。为人父母的经历影响深远，甚至会让人重新调整对自己的定位，改变自己对原来很重视的事物的看法。

起初，肯恩对麦琪的变化感到困惑，他眼睁睁地看着他自认为很了解的人变了。不过，由于他们常常保持密切联结，因此肯恩理解麦琪的想法和感受。当有了孩子以后，丈夫常常会"掉队"，跟不上妻子转变的步伐，他们也许不理解或不希望见到这种改变。肯恩一直把麦琪放在第一位，因此他没有像很多初为人父的人那样，从妻子和孩子的小圈子里抽身而去。后来，麦琪和肯恩共同度过了为人父母的转变过程，他们没有忽视彼此，也没有忽视婚姻。

对没有详细爱情地图的夫妻来说，孩子的出生只是导致他们迷失方向的生活事件之一。任何大的改变，如工作变动、生病或退休等，都会产生同样的影响，甚至仅仅是时间的流逝都能产生这种影响。**在生活中，夫妻双方越熟悉和了解彼此，就越容易保持联结。**

 爱情地图测试

　　如实回答下列问题，以了解你的爱情地图的质量。为了准确了解你们的婚姻是怎样运用法则 1 的，你和伴侣都要回答下列问题。
　　阅读以下每个描述，然后根据自己的实际情况选择"是"或"否"。

描述	是	否
1. 我能说出伴侣挚友的名字		
2. 我知道伴侣目前面临的压力		
3. 我能说出最近让伴侣觉得恼火的人的名字		
4. 我能说出伴侣的某些人生梦想		
5. 我非常了解伴侣的宗教信仰和想法		
6. 我能说出伴侣基本的人生哲学		
7. 我能列一份伴侣最不喜欢的亲戚的名单		
8. 我知道伴侣最喜欢的音乐		
9. 我能说出伴侣最喜欢的 3 部电影		
10. 伴侣了解我目前的压力		
11. 我知道伴侣生命中最特别的 3 个时刻		

12. 我能说出伴侣小时候遇到的最紧张的事

13. 我能说出伴侣主要的人生志向与期望

14. 我知道伴侣目前主要的烦恼

15. 伴侣知道我有哪些朋友

16. 如果伴侣买彩票中了大奖，我知道对方想要做什么

17. 我清楚地记得伴侣给我的第一印象

18. 我会定期询问伴侣最近发生的事

19. 我觉得伴侣很了解我

20. 伴侣了解我的期望与志向

计分原则： 选 "是" 计 1 分，选 "否" 不计分。

解读：

10 分及以上： 说明你的婚姻稳定。你有相当详细的爱情地图，你了解伴侣的日常生活、希望、恐惧和梦想。你知道伴侣感兴趣的是什么。根据你的分数，你可能会发现接下来的练习简单而令人满意。它们会表明你和伴侣的联结有多紧密。尽量不要把这种知识和对彼此的理解视为理所当然。以这种方式保持联结能确保你很好地处理关系中出现的任何冲突。

10 分以下： 说明你的婚姻需要改善。也许你从来没有时间或不知道如何真正地了解伴侣；或随着生活的变化，你的爱情地图已经过时。无论是哪种情况，你们都要花时间更多地了解对方，从而让关系变得更牢固。

　　其实，任何礼物都比不上夫妻因熟悉且了解彼此而产生的愉悦。了解彼此不应该是件苦差事。下面关于爱情地图的练习实际上是个游戏，在享受这个游戏的乐趣时，你会扩大并深化对伴侣的了解。完成本章的所有练习后，你会明白《爱你就是了解你》（*To Know You Is to Love You*）这首老歌的真谛。

需要注意的是，不要评判对方或试图给对方建议。记住，你只是为了寻找事实。你的目标是倾听并了解对方。

爱情地图 20 问

和伴侣一起愉快地进行这个练习。练习的次数越多，你们就越了解爱情地图这个概念，也会知道如何在婚姻中使用它。

首先，每人准备一张纸、一支笔，两人一起从数字 1 ～ 60 中随机选取 20 个数字，并将它们竖着写在纸的左侧。

其次，下面是一个编有号码的问题清单，从竖写的首个数字开始，按数字找到相应的问题。双方都要问彼此这些问题。如果伴侣回答正确（由你评判），那么得到相应问题后面所标的分数，你得 1 分；如果伴侣回答错误，两人都不得分。然后，双方互换。待双方都回答完各自的 20 个问题后，比较双方的分数，得分高的人为赢家。

问题	分数
1. 我的两位挚友的名字各是什么？	2
2. 我最喜欢的乐队、作曲家或乐器是什么？	2
3. 我们第一次见面时我穿的是什么衣服？	2
4. 你能说出我的一种爱好吗？	3
5. 我出生在哪里？	1
6. 我现在面临的压力是什么？	4
7. 你能详细描述我今天或昨天做的事情吗？	4
8. 我的生日是哪一天？	1
9. 我们的结婚周年纪念日是哪一天？	1

10. 我最喜欢的亲戚是谁？ 2

11. 我最渴望但未曾实现的梦想是什么？ 5

12. 我最喜欢什么花？ 2

13. 让我感到最恐怖或最具灾难性的场景是什么？ 3

14. 我最喜欢在什么时候做爱？ 3

15. 哪些事情让我觉得自己很厉害？ 4

16. 什么会让我感到性兴奋？ 3

17. 我最喜欢吃什么？ 2

18. 我最喜欢如何度过夜晚？ 2

19. 我最喜欢的颜色是什么？ 1

20. 我今生希望有哪些方面的自我提高？ 4

21. 我最喜欢什么样的礼物？ 2

22. 我童年经历过的最美好的事情是什么？ 2

23. 我最喜欢的假期是哪一个？ 2

24. 我最喜欢的安抚方式是什么？ 4

25. 除你以外，最支持我的人是谁？ 3

26. 我最喜欢的运动是什么？ 2

27. 我喜欢用什么方式来打发时间？ 2

28. 我最喜欢的周末活动之一是什么？ 2

29. 我最喜欢去哪里度假？ 3

30. 我最喜欢的电影是哪一部？ 2

31. 我生活中发生的重要事件有哪些？我如何看待它们？ 4

32. 我最喜欢的锻炼方式有哪些？ 2

33. 我童年时最好的朋友是谁？ 3

34. 我最喜欢的杂志是哪一本？ 2

35. 你能说出一位我的主要竞争对手的名字吗？　　　3

36. 我认为我理想的工作是什么？　　　4

37. 我最恐惧的是什么？　　　4

38. 我最不喜欢的亲戚是谁？　　　3

39. 我最喜欢的节日是哪一个？　　　2

40. 我最有可能读哪种书？　　　3

41. 我最喜欢的电视节目是哪一个？　　　2

42. 我最喜欢睡在床的哪一边？　　　2

43. 我最难过的事情是什么？　　　4

44. 你能说出一个让我担忧或烦恼的人的名字吗？　　　4

45. 我最担心的健康问题是什么？　　　2

46. 什么时候最让我感到尴尬？　　　3

47. 我童年最糟糕的经历是什么？　　　3

48. 你能说出我最羡慕的两个人的名字吗？　　　4

49. 你能说出我最主要的对手是谁吗？　　　3

50. 在我们都认识的人当中，我最不喜欢谁？　　　3

51. 我最喜欢的甜点是什么？　　　2

52. 我的身份证号码是多少？　　　2

53. 你能说出一本我最喜欢的小说的书名吗？　　　2

54. 我最喜欢的餐厅是哪一家？　　　2

55. 你能说出我的两个志向、希望或期望吗？　　　4

56. 我有没有隐秘的野心？是什么？　　　4

57. 我最讨厌吃什么？　　　2

58. 我最喜欢的动物是什么？　　　2

59. 我最喜欢的歌曲是什么？　　　2

60. 我最喜欢哪个球队？　　　2

提出开放式问题

　　更新爱情地图和爱情地图本身一样重要。更新的过程包括向伴侣提出开放式问题，然后记住对方给出的答案。开放式问题是指那些无法用简单的"是"或"否"回答的问题。在回答这类问题时，伴侣需要分享经验、观点和情感。提出开放式问题表明你真的关心伴侣的生活和内心世界。

　　以下是一长串开放式问题，选择 4 个问题互相询问。抛开一方提问另一方倾听的模式：你先提出一个开放式问题，让伴侣来回答；接着，你再提出下一个开放式问题，并对你提出的第一个开放式问题，给出自己的看法……4 个开放式问题问完以后，双方互换角色。当然，不必局限于只问 4 个问题。随着时间的推移，你们可以问完以下所有问题。这个过程很有趣，也很有启发性。

　　1. 你希望 3 年后的生活有哪些变化？

　　2. 你认为未来你的工作会有哪些变化？如何变化？

　　3. 你对家庭住所有什么看法？如果可以，你会做出哪些改变？

　　4. 如果你生活在 100 年前，你认为你的生活会有什么不同？

　　5. 与你的母亲（父亲）相比，你觉得自己作为一个母亲（父亲）表现如何？

　　6. 你认为我们的孩子会成为什么样的人？你有什么担忧？有什么希望？

　　7. 你对现在的工作感觉如何？

　　8. 如果你人生中的某 5 年时光可以重来，你会选择哪一段时光？

　　9. 你现在对为人父母的感觉如何？

　　10. 如果你可以改变过去的一件事，会是什么？

　　11. 你现在的生活中最令你兴奋的事情是什么？

　　12. 如果你可以立即拥有 3 种新技能，你会选哪些？

　　13. 当谈到未来时，你最担心的是什么？

　　14. 你认为谁是你最好的朋友或最亲密的盟友？这个名单最近有变化吗？

　　15. 你目前最看重朋友的哪些品质？

16. 你在十几岁时经历过的最好和最坏的事情各是什么？

17. 如果你可以生活在历史上的任何一个时期，你会选择哪个时期？为什么？

18. 如果你可以选择不同的职业，你会选择哪一个？为什么？

19. 你最想改变自己个性中的哪一点？为什么？

20. 你觉得生活中缺少某些东西吗？是什么？

21. 你觉得自己在过去的一年中有变化吗？如果有，变化如何？

22. 如果你可以为我们设计完美的家，会是什么样子的？

23. 如果你可以过另一个人的生活，你会选择谁的生活？

24. 你的生活目标最近有没有改变？

25. 你现在的人生梦想有哪些？

26. 你对我们这个家有什么目标？

27. 你自己现在有哪些目标？

28. 如果你能改变自己的一件事，会是什么？

29. 在过去的一年中，你最开心和最失落的事各是什么？

30. 你希望现在的生活中有哪些冒险？

以上关于爱情地图的练习能勾勒出你当前生活的大致轮廓。当然，爱情地图不应该仅仅有广度，还应该有深度。以下练习能让你的爱情地图更加有深度。

练习3

真正了解彼此

越了解彼此的内心世界，你们的夫妻关系就越深厚，得到的回报也越丰厚。本练习的设计目的，一方面是指导你进行自我探索，另一方面是让你和伴侣一起进行探索。即使你和伴侣自认为了解彼此（实际上可能不了解），你们也可以做这个练习，毕竟你们需要相互了解的地方总是很多的。生活会改变我们，

5 年前、10 年前或 15 年前的你和现在的你可能不是同一个人。

　　本练习中的很多问题都很敏感，你要确保自己有足够的时间和私人空间诚实地回答。你最好把本练习留到不被人打扰的时间段来做，比如无事可做、不用赶最后期限、没有电话要回、不需要照顾孩子或其他人时。你可能一口气做不完本练习，即使你能做完，也不要这么做；相反，你要把它分成几部分，然后在接下来的日子里和伴侣一起慢慢做完。

　　尽可能坦诚地回答每个问题，你的回答不必面面俱到，只回答与你的生活相关的部分即可。把答案写在日记本或笔记本上，如果觉得详尽地写下来很麻烦，可以只写大纲，但不能不写，写答案的过程对成功完成本练习来说非常重要。当双方都完成了练习后，接下来要互相分享各自的答案。然后，互相讨论各自的答案，并谈谈这种意外的收获对你们的婚姻和深化你们之间的友谊有何意义。

我的成功与奋斗

　　1. 生活中哪些事情让你感到特别自豪？写下你心理层面的成功，超出最初预期的成功，以及你在某些阶段轻松通过考验与磨难的成功。这些成功包括生存并战胜压力和胁迫，对你仍然很重要的小事，你自己在儿时或不久前参与的挑战，感到强大、光荣和胜利的时刻，以及维持了一段美好的友谊等。

　　2. 这些成功如何影响了你的生活？它们是如何影响你看待自我与自身能力的方式的？它们如何影响你的目标以及你为之奋斗的事物？

　　3. 你在生活中扮演的哪个角色和自豪感有关，让你感到骄傲、被表扬或赞扬？当你还小的时候，你的父母有没有向你表示过他们为你感到骄傲？他们是如何表示的？别人对你的才能如何反应？

　　4. 你的父母有没有向你表示过他们很爱你？他们是如何表示的？在你的家庭里，你们经常表达爱意吗？如果没有，这对你的婚姻有哪些影响和暗示？

　　5. 在你的婚姻中，哪个角色让你为自己的成就感到自豪？扮演好哪个角色需要你努力奋斗？你想让伴侣认识并了解你、你的过去和现在以及你的未来计划吗？你会如何向伴侣展示自己的自豪感？

我受的伤害与治愈之路

　　1. 你经历的困难事件或艰难时期有哪些？写下你遭受的任何重大的心理侮辱与伤害，你的损失、失望、麻烦以及磨难，包括那些让你感到压力与威胁的时刻，任何你觉得绝望或孤独的时刻，还有你小时候或成年时经历的严重的精神创伤，如不健康的关系、羞辱性事件，甚至是骚扰、虐待或性暴力等。

2. 你是如何从这些创伤中挺过来的？它们对你的长期影响各是什么？

3. 你是如何变得强大并治愈自己的？你是如何调整自己的怨恨的？你是如何振作并让自己恢复的？

4. 如果这种事情再次发生，你会如何保护自己？

5. 这些伤害以及你保护并治愈自己的方法是如何影响你现在的婚姻的？对于这些问题，你想让伴侣了解多少？

我的情感世界

1. 当你还是个孩子时，你的家人是如何表达愤怒、悲伤、恐惧、爱、关怀和以彼此为傲等情绪的？

2. 在你的童年时期，你的父母有没有处理过特殊的情感问题，如父母间的争吵、父母中的一方心情抑郁或在感情上受到伤害？这对你的婚姻以及你的其他亲密关系（如与朋友、父母、兄弟姐妹和孩子的关系）有哪些影响？

3. 你对表达自己的情感，尤其是悲伤、愤怒、恐惧、骄傲及爱意的看法各是什么？它们中有哪些是你觉得难以表达的，或者是你难得从伴侣身上看到的？

4. 在表达情感方面，你与伴侣存在哪些差异？这些差异的背后是什么？这些差异暗示了什么？

我的使命与遗产

1. 想象你正站在墓地看自己的墓碑，接下来，写下你希望看到的墓志铭，以这样的话开始："这里躺着……"

2. 为自己写篇悼词（不要写得太简短）。你希望他人如何看待你的一生以及如何铭记你？

3. 接下来，写一份人生使命声明：你人生的目标是什么？它有什么意义？你准备如何实现？你想努力争取什么？

4. 当你去世时，你希望自己留下什么样的遗产？

5. 你还有哪些重大目标有待实现？这些目标可以是某些发明创造，也可以是拥有某种特殊体验，还可以是一些小事，如学弹钢琴、爬山等。

我希望成为谁

现在，花点时间反思你刚刚写下的答案。我们都在努力成为自己最想成为的那个人。在这个过程中，我们都有"恶魔"需要征服。

1. 你想成为的那个人是什么样的？

2. 你如何能更好地让自己成为那个人？

3. 你在成为那个人的过程中面临的阻碍是什么？

4. 你不得不与自己身上的哪些恶魔作斗争？或者你还在与哪些恶魔作斗争？

5. 你最想在哪些方面改变自己？

6. 你放弃或未能实现的梦想有哪些？

7. 你想让自己 5 年后的生活变成什么样子？

8. 你想成为的那个人有什么样的故事？

以上所有练习和问题都有助于提高你的洞察力，帮助你描绘出一幅详细的关于伴侣生活和世界的爱情地图。更好地了解伴侣并与其分享你的内在自我，需要一个长期的过程，事实上，这是一辈子的事。因此，记得要不时地重温这些练习，更新你对自己和伴侣的认识。平时，你可以想一些能问伴侣的问题，如"如果为家里添置一样东西，你会选择添置什么"或"这些天来，你觉得自己的工作如何"。我认识的一个戴着兔八哥胸针的婚姻治疗师向夫妻建议说，夫妻双方维持幸福的婚姻的关键，就是定期互相询问："最近怎么样？"

当然，完善爱情地图仅仅是幸福的婚姻的第一步。幸福的夫妻不仅了解彼此，还会通过许多其他重要方法来增进知识。对刚步入婚姻殿堂的夫妻来说，他们不仅会用爱情地图表达对彼此的了解，还用它表达对彼此的喜爱和赞美。这正是幸福的婚姻法则 2 的基础。

05

法则 2　培养你的喜爱和赞美

"我欣赏，我坚持"

养成从伴侣身上发掘自己欣赏的
品质和行为的习惯并告诉对方，
同时表达感激。

还记得上一章开始提到的罗里医生吗？他的爱情地图很小，他甚至不知道家里的狗叫什么。多年来，他的妻子莉莎容忍着他这个工作狂。但在某年的圣诞节，他们的关系发生了转折。当时，罗里正在医院工作。莉莎准备好圣诞餐以后，决定带着孩子去罗里所在的医院，给他一个惊喜。

当他们在休息室一起吃东西时，罗里转过头来看着莉莎，脸上阴云密布。他告诉莉莎，他讨厌她不事先打招呼就带食物来医院。"你为什么要这么做？这实在太让人难堪了，没有哪位医生的妻子会这么做。"这时，一位住院医师打电话到休息室找他。当罗里拿起电话以后，他的脸色开始变得柔和起来，声音也变得热忱、温暖、友好，而当他挂了电话，转身朝向莉莎时，他的脸上再次布满怒容。莉莎心里有某种东西"咔嚓"一响，她已经受够了：很明显，她的丈夫能够和蔼待人，对她却总是一张冷脸。莉莎收拾好东西，带着孩子回家去了。

不久之后，莉莎开始晚上独自外出，没过多久，罗里向莉莎提出离婚。但在离婚之前，他们做出了最后的努力，决定试试婚姻咨询。在初期，他们毫无进展。在咨询的第一个阶段，当莉莎试图与罗里和解时，罗里却无法积极地回应莉莎的感情修复尝试。

不过，当他们同意在爱情实验室录制访谈节目时，我发现他们的婚姻还有希望。访谈者问起罗里和莉莎的早年共同生活，罗里开始笑容满面地回忆他们的首次约会。以下是他们回想起的一些瞬间。

> 罗里：我觉得她当时很紧张，我对她为什么紧张有些了解，她在努力让自己的行为符合某些传统习惯。因此，我知道我们俩要慢慢来。我一点儿都不害怕。我认为那是我们将来5年恋爱长跑的一个阶段。
> 莉莎：你是说你在我们第一次约会时，就有了一个5年计划？
> 罗里：也许我说的有点儿夸张，但我知道我们的恋爱过程肯定比吃一顿午餐的时间要长。
> 莉莎：哇！

在讨论这个话题时，罗里和莉莎是手牵着手的。莉莎喜气洋洋，因为罗里之前从未向她说过他为了赢得她的芳心而做出的努力。这个小片段也许听起来并不那么激动人心（事实上，录像只播出了他们的一小段对话），但对我这个受过训练的观察者来说，我认为他们的对话中有很多能给他们的婚姻带来希望的东西。罗里和莉莎对早期生活的美好回忆证明，在双方相互对立的表象之下，他们身上有我称之为"喜爱与赞美系统"的东西仍然闪着微光。这就意味着，他们各自都保留了一些最基本的感觉，觉得彼此值得尊重、敬佩甚至喜爱。

如果夫妻的喜爱与赞美系统仍然在起作用，他们的婚姻就可以拯救。我并没有说，拯救像罗里和莉莎这样糟糕的婚姻是件轻而易举的事，但这样的婚姻的确是可以拯救的。两年后，罗里和莉莎发生了天翻地覆的变化。在婚姻治疗师洛伊丝·艾布拉姆斯（Lois Abrams）的帮助下，罗里和莉莎通过一些技巧（见本章练习2），发掘出了更多积极情绪，并努力拯救婚姻。

罗里调整了工作日程，培养了一名住院医师，让后者接替他的大部分医务工作。现在，罗里每晚都同莉莎和孩子一起吃晚餐，他和莉莎晚上也经常一起外出，有时会一起参加当地的舞会。尽管罗里和莉莎经历了一些痛苦，但他们最终拯救了婚姻。

对维持有价值的、长久的感情生活而言，喜爱和赞美是两个至关重要的因素。尽管婚姻幸福的夫妻有时也会因伴侣的性格缺陷而感到怅然若失，但他们仍然能察觉到伴侣有值得尊敬的地方。他们会珍惜彼此，而这对维护婚姻关系以及防止背叛至关重要。当夫妻完全没有这种感觉时，双方的关系也就走到了尽头。

从过往中寻找美好

正如我们在罗里和莉莎这对夫妻身上所做的，检验夫妻的喜爱与赞美系统是否仍能发挥作用，最佳方法通常是观察他们是如何看待过去的。如果你的婚姻正遭遇大麻烦，你的伴侣不太可能就当前发生的事对你大加称赞，但如果你把注意力集中在过去，你仍然经常能察觉到一些积极情绪。

当然，有些夫妻的确做不到这一点。这些夫妻之间的对抗会像恶性肿瘤一样扩散开来；即便是追忆往事，他们的积极回忆也会被破坏。我们从彼得和辛西娅的婚姻中见识到了这种可悲的结局。他们俩几乎记不起初恋时的场景，当被问到他们当初在约会时会做什么时，他们先是互看一眼，好像在说"帮帮我"，然后就一言不发地坐在那里，绞尽脑汁地想答案。当初喜欢辛西娅的地方，彼得现在一个也想不起来了。他们的婚姻已经无法挽回了。

🤝　爱情大数据

在 **94%** 的情况下，对婚姻的过去和伴侣的性格给予积极评价的夫妻可能有幸福的未来。一旦夫妻双方扭曲过去的幸福回忆，就表明他们的婚姻需要救助。

迈克尔和贾丝廷是新婚夫妻研究中的另一对夫妻，他们与彼得和辛西娅的情况恰恰相反。当被问及婚姻的历史时，他们神采飞扬地说，婚礼非常完美，蜜月妙不可言。他们的回答不仅反映了他们对早期生活的积极感受，也显示了他们的记忆何其鲜活。

贾丝廷回忆说，他们曾在同一所高中就读，迈克尔比她高几级。当时迈克尔是学校里的体育明星，贾丝廷疯狂地迷恋着他，她从报纸上剪下他的照片并把它粘在剪贴簿里（在第 4 次约会时，贾丝廷告诉了迈克尔这件事，并把剪贴簿拿给迈克尔看）。几年后，他们正式会面。某个周末，贾丝廷和迈克尔的养姐（也是贾丝廷的朋友）去大学看他。

迈克尔马上意识到贾丝廷就是他的真命天女，但他担心她不喜欢自己。贾丝廷咯咯地笑着，讲她发现迈克尔偷偷地往她的钱包里给她塞信的事。当时，周末快过完了，迈克尔写信是为了让贾丝廷明白自己对她的感觉。"在追女生这件事上，我从来没主动过，"迈克尔说，"贾丝廷实际上是我追的第一个女生，我觉得她很与众不同。"

他们想起从前曾一起远足、一起长时间交谈、每天都给对方写情书。迈克尔说，那些日子里唯一的不足之处是"不在贾丝廷身边，让我更加思念她"。贾丝廷说："我当时心想，'上帝啊，如果我没有嫁给这个男生，别的女生就会嫁给他，我最好在我能追到他的时候嫁给他'。"你从中能听出贾丝廷对迈克尔的喜爱和赞美。迈克尔说："我应该也考虑过其他女生，但我不想和她们在一起，我只想和贾丝廷在一起。我想与她成为合法夫妻，想让每个人都知道她对我来说是何等特别。"贾丝廷回想起，当迈克尔的一个朋友埋怨她占了迈克尔太多时间时，迈克尔站在了她的一边。"我那个朋友不明白，我情愿把一生都给贾丝廷。"迈克尔说道。

当你知道后来迈克尔与贾丝廷继续过着幸福生活时，你可能一点儿也不觉得奇怪。**当困境来袭时，对伴侣和婚姻固有的积极看法犹如一个功能强大的缓冲器，它能保护婚姻不受太大的伤害。**由于保留了美好的感觉，每次争论时，贾丝廷和迈克尔都不会产生分居或离婚之类的偏激念头。

蔑视的解药

"幸福的夫妻彼此喜欢，如果他们不是这样的，那他们一定不幸福。"这个观点乍一听过于显而易见，甚至有些荒谬。但喜爱与赞美系统是很脆弱的，经不起太多的打击，除非你始终意识到它们对维持幸福的婚姻的核心——夫妻友谊多么重要。仅仅是提醒自己记住伴侣的优点，就能防止幸福的婚姻变质，即使双方还在努力克服彼此的缺点。原因很简单，喜爱和赞美是蔑视的解药。如果你对伴侣怀有敬佩之情，当你们意见不一致时，你就不太可能讨厌对方。因此，喜爱和赞美可以使夫妻免受末日四骑士的攻击。

如果你们之间的喜爱与赞美消失殆尽，婚姻就会陷入可怕的麻烦中。如果没有这种认为伴侣值得敬重的基本信念，那么，任何一桩有价值的夫妻关系基础何在呢？你们的喜爱与赞美系统可能已经衰弱到几乎无法察觉的地步，但仍然可以恢复。**此时，重新激活喜爱与赞美系统的关键在于，养成从伴侣身上发掘自己欣赏的品质和行为的习惯并告诉对方，同时表达感激。**你不一定非要对伴侣的重大行为表达感激，也可以是日常的小瞬间。当你发现伴侣做对了一些小事，要真诚地表达感激，如"我喜欢你昨天在家长会上的表现"、"谢谢你让我妹妹感到宾至如归"或"你穿那套衣服很性感，让我兴致勃勃"。

有的夫妻拒绝发掘伴侣的积极行为，也不愿表达感激，因为他们认为这样做很虚伪。但事实上，养成这种积极的习惯并不会"粉饰"夫妻关系，相反，它能让夫妻关系变得更透明。只要知道这一点，即使是对伴侣和婚姻感到悲观的夫妻来说，一切都会有所不同。伊丽莎白·罗宾逊（Elizabeth Robinson）和盖尔·普赖斯（Gail Price）的研究揭示了这一点。他们让受过训练的观察员统计被试夫妻在一个晚上有多少积极行为，然后让被试夫妻自己统计他们的积极行为。罗宾逊和普赖斯将被试夫妻的统计数字与观察员的统计数字进行比较时发现，那些自称婚姻不幸的夫妻只观察到他们实际发生的积极行为的一半。因为这些夫妻太习惯于关注彼此所犯的错误了，所以忽略了彼此一半的积极行为。

喜爱与赞美系统测试

为了评估你的喜爱与赞美系统如何，请回答以下问题。仔细阅读以下描述，然后根据自己的实际情况选择"是"或"否"。

描述	是	否
1. 我很容易就能说出伴侣做的最让我佩服的 3 件事		
2. 当我们分开时，我常常深情地思念伴侣		
3. 我常常能找到方法来告诉伴侣"我爱你"		
4. 我常常满怀深情地抚慰或亲吻伴侣		
5. 伴侣很尊重我		
6. 在我们的夫妻关系中，我感到被伴侣爱着、关心着		
7. 我觉得自己被伴侣接受并喜爱着		
8. 伴侣觉得我既性感又迷人		
9. 伴侣让我感到性兴奋		
10. 我们的夫妻关系充满激情		
11. 浪漫仍是我们夫妻关系的一部分		

12. 我为伴侣感到骄傲

13. 伴侣真的欣赏我的成就和才能

14. 我可以很容易地说出我为什么和伴侣结婚

15. 如果有机会重新来过，我还是会和现在的伴侣结婚

16. 没有彼此表达爱意就去睡觉，这种情况很少出现

17. 当我回到家时，伴侣很高兴看到我

18. 伴侣欣赏我在婚姻生活中所做的事

19. 大体上来说，伴侣很喜欢我的性格

20. 我们对性生活大体上都感到满意

计分原则： 选"是"计 1 分，选"否"不计分。

解读：

10 分及以上： 你们的婚姻很牢固。因为你们彼此高度重视，所以你们的婚姻形成了一道屏障，能保护夫妻关系不被任何消极事件压倒。恋爱中的人通常会高度重视对方。但随着时间的推移，对夫妻而言，双方会忘记他们对彼此的部分喜爱与赞美。记住一点，这种喜爱与赞美是件值得珍惜的礼物。时不时地进行本练习，有助于你再次确认你对伴侣的积极感受。

10 分以下： 你们的婚姻有待改善。不要为得分低感到泄气。许多夫妻的喜爱与赞美系统并没有完全消失，而是被消极事件、受伤的情感与背叛等深深地掩盖住了。通过激活被掩盖的积极感受，你们的婚姻将得到极大的改善。

如果你的喜爱与赞美系统已经瓦解，想要重新建立它，你的首要任务是意识到这一系统的重要性。喜爱与赞美对维持长期幸福的夫妻关系来说非常重要，它能避免蔑视成为夫妻生活的主旋律。蔑视犹如一种腐蚀剂，随着时间的推移，它会损坏夫妻之间的纽带。你们对彼此固有的积极感受越了解，当你们意见不同时，就越不太可能出现蔑视。

重建或增强喜爱与赞美系统并不困难，仅通过回想和谈论，即使是长期埋藏的积极情感也能被挖掘出来。只要你对伴侣稍作深思，想想你为什么会珍惜对方，就能做到这一点。

如果你感觉自己疏于练习，或由于压力太大、怒气太盛，无法自如地训练这种情感，可以进行以下练习。这些练习看上去很简单，但实际上它们有巨大的功效。当你认识到并公开讨论伴侣和婚姻的积极方面时，你们的联结会更紧密。这种讨论能让你们迅速发现婚姻中存在的问题，并促使你们做出积极的改变。只要你愿意，以下练习可以随时进行。这些练习并不是专门为婚姻出现危机的夫妻设计的，如果你的婚姻幸福稳定，那么进行这些练习有助于你们增添婚姻情趣。

 感激伴侣

从以下清单中选择 5 句感激的话，然后用自己的话向伴侣表达，而且要给出具体示例。在戈特曼工作坊中，这种练习的好处立竿见影：一开始坐得笔直生硬的夫妻突然放松下来，接着，房间里充满了笑声。通过观察夫妻在练习时的表现，我可以看出他们正重新发现他们遗失的东西。

谢谢你做晚饭，你做得非常好吃　　我很享受和你的性生活

谢谢你照顾孩子　　你最近这么亲昵，让我感到很欣慰

谢谢你成为孩子的好父亲　　我们晚餐时的交谈真的很愉快

谢谢你清理厨房　　谢谢你成为孩子伟大的母亲

谢谢你洗衣服　　和你一起散步真的很美好

谢谢你在我谈论压力时支持我　　我很感激你给了我一个拥抱

谢谢你洗碗　　这种颜色真的很适合你

谢谢你听我讲述一天的经历　　谢谢你陪伴我度过的时光

谢谢你在我谈论那个粗鲁的人时表示理解

谢谢你送我花

谢谢你对我有欲望

我很高兴你和孩子相处得这么好

你对待我家人的方式对我来说很重要

谢谢你让我感觉我是你生命中最重要的人

谢谢你播放我喜欢的音乐

谢谢你一直以来都在负责开车

谢谢你为家庭努力工作

谢谢你带我出去吃晚餐，你真的很棒

谢谢你和我一起泡澡

你闻起来很香

谢谢你听我倾诉

谢谢你叫来水管工

谢谢你在我感到难过时默默陪伴我

谢谢你与我共情

谢谢你站在我这一边

谢谢你带孩子去看儿科医生

谢谢你安慰我

谢谢你对我的温柔

谢谢你在聚会上陪伴我

你的吻技很棒

谢谢你抱着我

谢谢你和孩子一起共度时光

谢谢你关心我的需求

谢谢你为我们存钱

谢谢你的笑声

谢谢你告诉我你的需求

谢谢你开车送我

谢谢你给了我独处的时间

我几乎无法控制对你的渴望

谢谢你热情地欢迎我回家

谢谢你和我一起开车出游

谢谢你做家务

我喜欢我们一起野餐的时光

你今晚看起来很棒

谢谢你在我生病时照顾我

谢谢你告诉我你的感受

我喜欢在这里抚摸你

我欣赏你是个忠诚的伴侣

谢谢你爱我

谢谢你让我们的家变得这么美

谢谢你陪我的家人度过的时光

谢谢你给我冲咖啡

你买的点心很好吃，谢谢你

谢谢你在我需要挂号时给医生打电话

谢谢你结算账单

谢谢你在我受到批评时支持我

聊聊你们的过去和婚姻观

通过谈论过去经历的幸福事件，大部分夫妻都获益匪浅。正是下面的这个练习，帮罗里和莉莎重拾了他们对彼此的喜爱与赞美。与伴侣共同完成这个练习，你将和你们的早年时光再次相遇，这有助于你回忆起你们是如何结为夫妻，为何结为夫妻的。

你们需要在没人打扰的情况下，花几小时来完成这个练习，可以叫一个密友或亲戚充当提问者，或者也可以只阅读以下问题，然后一起讨论。这些问题并没有所谓的正确答案或错误答案，它们只是引导你回想起最初促使你决定和伴侣结婚的爱意和想法。

你们的过去

1. 讨论一下你们是如何相遇并走到一起的。伴侣身上有什么特别之处吗？你们对彼此的第一印象如何？

2. 对于第一次约会，你记得最清楚的事情是什么？这件事令你记忆深刻的原因何在？在结婚之前，你们花了多长时间了解彼此？在你们互相了解的那段时期，你记得哪些事情？最有意思的事情有哪些？让你感到紧张的事情有哪些？你们会一起做哪些事情？

3. 谈谈你们是如何决定结婚的。茫茫人海中，是什么让你认定对方就是你想与之结婚的人？做这个决定简单吗，还是无比艰难？你当时陷入爱河了吗？趁这个机会好好谈谈。

4. 还记得你们的婚礼吗？互相谈谈各自对婚礼的印象。你们有没有去度蜜月？你还记得哪些事？

5. 对于婚后的第一年，你还记得什么？有没有你想要做出调整的地方？

6. 在为人父母的转变过程中，你们的表现如何？互相谈谈你们婚姻中的这段时光。这段时光对你们意味着什么？

7. 回首往日，你们婚姻中真正幸福的时刻是什么时候？作为一对幸福的夫妻，哪些时光让你们感到美好？这些年来，是否发生了改变？

8. 许多婚姻关系经历了大起大落，你认为你们的婚姻也是如此吗？你能描述一下大起大落的时期吗？

9. 回首往日，你们婚姻中真正艰难的时刻是什么时候？你认为是什么原因让你们始终在一起？你们是如何渡过这些艰难时刻的？

10. 你有没有停下来专门花时间与伴侣一起，做那些曾经让你们感到快乐的事情？和伴侣好好探讨一下。

你们的婚姻观

1. 互相谈谈你们为什么觉得有些婚姻很幸福，另一些则不然。一起讨论一下，看看你们熟悉的夫妻中谁最幸福，谁最不幸。这两桩婚姻有什么不同？你们会把自己的婚姻与这两桩婚姻进行怎样的比较？

2. 互相谈谈双方父母的婚姻。你认为父母的婚姻与你们的婚姻非常相似还是很不同？

3. 为你们的婚姻史做一个图表，将大起大落的时期作为重要的转折点。对你和伴侣来说，最幸福的时刻分别是什么时候？这么多年来，你们的婚姻是如何变化的？

大部分夫妻会发现，一起回顾过去的时光能立即给婚姻关系充电。通过回答以上这些问题，他们常常回忆起最初鼓励他们做出结婚决定的爱意与美好期望。这会给认为婚姻已经到头的夫妻一丝希望，使他们为拯救自己的婚姻而努力奋斗。仅仅是时不时地重做上面的练习，也足以拯救、巩固夫妻对彼此的喜爱与赞美。

学会珍惜伴侣

在分开时，你会经常想起伴侣并感到快乐吗？当你想到对方的美好特质时，你是否会感到自豪呢？这些想法会让你懂得珍惜对方，而珍惜是喜爱与赞美系统的基础。珍惜是一种好习惯，当你和对方分开时，你会更多地想起对方的积极特质，并更多地忽略对方的消极特质。积极关注对方的优点可以让你学会珍惜现在拥有的，而非怨恨自己未得到的。许多夫妻并未意识到他们在忽略对彼此的珍惜。好在这一点很容易纠正。以下练习有助于你养成珍惜伴侣这种至关重要的好习惯。

珍惜伴侣

首先，从以下列表中选出你最珍惜伴侣的 10 种品质。针对每种品质，回忆最近对方展现该品质的场合，然后对自己说："能和你在一起，我真的很幸运。"可以将以下清单放在身边，在独处时经常看一看，并专注在对对方的真爱和感激上。

其次，写封情书，表达你对对方的珍惜，着重于你关注的积极特质。在你和对方进行约会时，读给对方听。

我非常珍惜对方，因为对方非常：

活跃	适应力强	喜欢冒险	有抱负
懂得感恩	有胆量	友善	吸引人
真实	专注	有趣	敏锐
有洞察力	可靠	诙谐	有创意
稳重	坚定	慷慨	令人愉悦
大胆	投入	温柔	仁慈
勇敢	勤奋	乐于助人	博学
聪明	有纪律	有胆量	随和
冷静	有鉴别力	快乐	无忧无虑
有能力	有活力	努力	讨人喜欢
细心	热心	健康	活泼
关心他人	随和	诚实	可爱
欢乐	有共情能力	体面	有爱
机灵	精力充沛	谦虚	忠诚
有指挥能力	有进取心	幽默	成熟

慈悲	有道德感	有理想	温和
自信	热情	有想象力	有动力
尽责	公正	独立	不受拘束
体贴	迷人	足智多谋	整洁
无畏	活跃	好学	有养育能力
有创造力	灵活	有悟性	有观察力
有好奇心	大度	机智	心胸开阔
乐观	机敏	善于社交	孜孜不倦
有条理	安静	有灵性	宽容
有独创性	理性	率直	信任他人
外向	讲道理	沉稳	值得信赖
有耐心	可信	坚强	坦率
平和	坚韧	勤劳	通情达理
有毅力	值得尊重	有成就	独特
有恒心	负责任	乐于支持他人	无私
文雅	舍己为人	懂得制造惊喜	积极向上
积极	自立	有同情心	小心谨慎
注重实际	细腻	有天赋	暖心
有原则	有远见	缜密	明智
注重隐私	诚挚	有巧思	值得尊敬
善于解决问题	（其他）		

喜爱与赞美系统的 7 周练习

本练习的目的是让你养成一种习惯：当你和伴侣变得疏远时，能从积极的角度看待对方。如果你很愤怒、压力很大或觉得与伴侣感情冷淡，你可能更倾向于关注对方的消极特质，这会导致你一直苦恼下去，反过来又会让你在婚姻中感受到更多的冷漠和孤立。本练习能帮助你关注伴侣的积极特质，阻止你关注对方消极特质的倾向，即使你们刚刚度过糟糕的一天。

接下来，每天都要有积极的陈述或想法，并把它当任务来完成。在你和伴侣相互疏远期间，你要想好每个积极的陈述并对自己重复几遍。有时候，这种做法可能对你的伴侣或婚姻不起作用，尤其是在你的喜爱与赞美系统失效的情况下。记住，积极陈述不是用来描述当前情况下你们之间的典型情况的。如果你能想起可作为积极陈述的某个瞬间或片段，你就要留意它们。例如，如果你觉得这些天没有引起伴侣的过多注意，那你就关注对方身上吸引你的地方。另外，想好积极陈述后，也要确保你能完成后面的简单任务。每天进行这项练习，无论你们的夫妻关系或你的伴侣有何变化。即使你刚刚发了顿脾气或觉得彼此之间很冷淡，你也不能停止练习。

尽管这项练习听起来也许有点蠢或有点做作，但它是以对复述积极想法功效的广泛研究为基础的，该方法是认知疗法的信条之一，在帮助人们克服沮丧情绪方面被证明非常有效。当陷入忧郁状态时，人们的想法会变得混乱，会用极端否定的眼光看待任何事情，而这会加剧绝望感。而如果经过一段时间的练习，尽力让自己习惯于以一种不同的、积极的方式去思考，绝望感就会消失。

本练习可看作为婚姻提供希望的试验。你真正要做的是以一种更积极的方式看待伴侣以及你们的关系。和任何练习一样，如果你常常做本练习，你的语言（更重要的是你的想法）将变成你的习惯。

需要注意的是，因为大多数夫妻都选择周一到周五来做练习，所以下面的时间表细化为周一到周五。你可以更改实际的日期，以便同你的日程安排相契合，只要保证练习是以 5 天为一个周期即可。

第 1 周

周一

想法：我真的很爱我的伴侣。

任务：说出一个你发现的伴侣的可爱之处。

周二

想法：我可以轻松地想起婚姻中的美好时光。

任务：选择一段美好时光并进行评价。

周三

想法：我可以轻松地想起婚姻中浪漫且特别的时刻。

任务：选取一个时刻，然后回想一下。

周四

想法：在生理上，我被伴侣所吸引。

任务：想出伴侣身上一个你喜欢的生理特征。

周五

想法：伴侣有着让我为之自豪的特殊品质。

任务：写出一种伴侣身上让你感到自豪的品质。

第 2 周

周一

想法：在这段婚姻中，我感觉到了真正意义上的"我们"而非"我"。

任务：想一件你们都喜欢做的事。

周二

想法：我们有大致相同的信念和价值。

任务：描述一个你们共同的信念。

周三

想法：我们有共同的目标。

任务：说出其中一个目标。

周四

想法：伴侣是我的挚友。

任务：思考一下，伴侣知道你的哪些秘密？

周五

想法：在这段婚姻中，我获得了很多支持。

任务：想一件伴侣非常支持你的事情。

第 3 周

周一

想法：我们的家是个可以获取支持、减轻压力的地方。

任务：举一个伴侣帮你减压的事例。

周二

想法：我能轻松地回忆起我们初次见面的情景。

任务：把初次见面发生的事写出来。

周三

想法：我记得很多关于决定我们是否结婚的细节。

任务：用一个句子描述你记得的细节。

周四

想法：我能回忆起我们的婚礼和蜜月。

任务：描述一件发生在这期间让你喜欢的事。

周五

想法：我们公平地承担家务。

任务：描述一下你定期做家务的情形。如果你没有做你应做的家务，想一件你想要承担的事情，如洗衣服。

第 4 周

周一

想法：我们计划得很好，且有共同掌控生活的感觉。

任务：描述一件你们一起计划的事情。

周二

想法：我为我们的婚姻感到自豪。

任务：举出两件让你对婚姻感到自豪的事情。

周三

想法：我为我们的家庭感到自豪。

任务：回忆一个你为此感到特别自豪的时刻。

周四

想法：我不喜欢伴侣身上的某些缺点，但我能与这些缺点和平相处。

任务：在这些缺点中，你能适应的一个缺点是什么？

周五

想法：我们的婚姻比我见过的大多数婚姻好多了。

任务：想出一桩你知道的不幸的婚姻。

第 5 周

周一

想法：能与伴侣相遇，我感觉真的太幸运了。

任务：写出一个与伴侣结婚的好处。

周二

想法：我们的婚姻有时需要我们共同为之奋斗，这很值得。

任务：回想一个你们一起成功渡过的艰难时刻。

周三

想法：我们之间有浓情蜜意。

任务：今晚为你的伴侣准备一份惊喜的礼物。

周四

想法：我们由衷地对彼此感兴趣。

任务：回想一些你们做过的或谈论过的有趣的事情。

周五

想法：我们彼此是很好的伙伴。

任务：双方计划一次郊游。

第 6 周

周一

想法：我们的婚姻中有许多美好的爱。

任务：回想一次你们共同参与的特殊旅行。

周二

想法：我的伴侣是个有趣的人。

任务：计划向伴侣问些你们都感兴趣的事情。

周三

想法：我们能很好地回应彼此。

任务：给伴侣写封情书并寄给对方。

周四

想法：如果再让我选一次，我仍然会和伴侣结婚。

任务：计划一次结婚周年旅行或其他旅行。

周五

想法：我们在婚姻中会相互尊重。

任务：考虑一起参加某个培训班（如游泳班、舞蹈班等），或告诉伴侣最近对方做的哪些事让你很钦佩。

第 7 周

周一

想法：在我们的婚姻中，性爱通常是令人非常满意的。

任务：安排一个激情之夜。

周二

想法：我们一起走过了一段很长的人生路。

任务：回想所有你们俩作为一个团队共同完成的事情。

周三

想法：我认为我们可以顺利地摆脱任何困境。

任务：回想一段你们渡过的艰难时期。

周四

想法：我们很喜欢彼此的幽默感。

任务：一起看一部喜剧电影。

周五

想法：伴侣很可爱。

任务：好好装扮一番，一起参加一次优雅的晚会。如果你不喜欢参加这种活动，可以计划另一种你喜欢的晚间外出活动。

到第 7 周结束时，你可能会发现，你看待伴侣和婚姻的视角变得很积极了。赞美对方只会给你的婚姻带来好处。不过，为了确保你能继续受益，你需要让喜爱与赞美系统运转起来。通过学会把喜爱与赞美当作修复感情或使感情再现的基础，你就能做到这一点。对此，我们将在下一章详细讨论。

法则 3　彼此靠近而非远离

你们的关系够紧密吗

幸福的夫妻都遵循这样的信条：
"当你感到痛苦时，
我将放下一切事情，只专注地倾听你。"

在爱情实验室录制的所有视频中，全都是类似如下的场景：丈夫朝屋外看，并感叹说："哇！那边有艘船。"妻子放下手中的杂志，然后抬起头说："是啊，它看起来很像我们去年夏天看到的那艘纵帆船。你还记得那艘船吗？"丈夫"嗯"了一声表示同意。

你可能认为，没完没了地观看这些视频极其无聊，但我的感觉恰恰相反，因为我从视频中微小的瞬间发现了深层的戏剧性。比如，夫妻是一起看新闻，还是各自静静地听新闻？他们会边吃饭边聊天吗？当夫妻经常以这种方式聊天时，我肯定他们的幸福婚姻会继续维持下去。这些简短的交流实际上说明了双方正在建立联结，他们正向对方靠近。能这样做的夫妻是彼此信任的。而在准备离婚或婚姻不幸的夫妻中，这种短暂的交流时间是非常少的。通常的情况是，妻子不会放下手中的杂志抬头看一眼，即使她这么做了，丈夫也不会认同她所说的。

好莱坞电影极大地扭曲了我们对浪漫的看法，并曲解了令激情燃烧的是何物。看着电影中亨弗莱·鲍嘉（Humphrey Bogart）把眼中含泪的英格丽·褒曼（Ingrid Bergman）拥在怀中，这会让你的心怦怦直跳，但现实生活中的浪漫是靠相互联结这种看似平淡的方法激发的。在琐碎的日常生活中，每当你使伴侣了解到自己受到了重视，浪漫的感觉会一直存在。在婚姻中，夫妻总是在为彼此的关注点、感情、幽默或支持而进行沟通尝试。这种沟通尝试可以表现为背部按摩的要求，也可以表现为在父母生病时承担照护责任的要求。对于所有的这些要求，夫妻可能会转向彼此，也可能会远离彼此。**而转向彼此是夫妻互相信任、建立情感联结、产生激情和性生活和谐的基础。**

这听起来可能很滑稽，但事实上，浪漫就是在这些平常的小事中累积起来的。比如，一对夫妻在逛超市时，妻子问道："家里的洗衣液用完了吗？"丈夫没有冷漠地耸耸肩表示不知道，而是回答说："我不知道。为了以防万一，我去拿一桶。"当你知道伴侣的工作不顺利后，你在上班期间抽出一分钟给对方发条鼓励的短信，这时，浪漫就开始累积了。在所有这些情况下，夫妻双方都在转向彼此，而不是相互疏远。

我们的研究证实了这种沟通尝试在夫妻关系中起的核心作用。我们对新婚夫妻进行了为期 6 年的追踪调查。我们发现，那些维持婚姻的夫妻在爱情实验室中平均有 86% 的时间会向伴侣做出沟通尝试，而他们最终离婚的概率平均只有 33%。值得注意的是，无论是幸福的婚姻还是不幸的婚姻，大多数夫妻的争吵并不是源于具体的话题，比如金钱或性，而是源于失败的沟通尝试。这些看似微小的事件之所以对夫妻关系的未来至关重要，是因为每当夫妻互相回应时，他们都在向自己的"情感银行"存款。他们正在积累情感储蓄，就像银行里的钱一样，可以在遭遇重大生活压力或冲突时充当缓冲。善于沟通尝试的夫妻积累了大量的善意，他们在困难时期不容易陷入怀疑和长期的消极状态。

转向彼此的第一步，就是要更多地意识到这些微小时刻对婚姻的信任水平和持续的浪漫感至关重要。对许多夫妻来说，一旦他们学会不把日常互动视为理所当然，他们的关系就能产生巨大的变化。记住，夫妻互相帮助对婚姻凝聚力和激情的作用，远胜于一起外出度假。

许多人认为，一次海边度假就可以让他们和伴侣重新建立联结。但事实上，只有当夫妻双方在日常小事中保持联结，浪漫的度假才能激发彼此的情感。我们可以很容易地想象出，贾丝廷和迈克尔在烛光晚餐时回忆起他们的婚礼和恋爱时光时的喜悦。但如果是彼得和辛西娅坐在一起，那么他们的烛光晚餐很可能会变成一场灾难，双方互相指责、反击或互不理睬。

转向彼此是非常容易实现的。只要一个微小的姿态就可以引发积极的回应，继而引发另一个回应。转向彼此遵循着积极反馈的法则，就像滚下山的雪球一样，起初很小，最后的影响却很大。换句话说，不必用非常夸张的方式才能转向伴侣。只要开始行动，事情就会自然而然地变好。以下是我自己的亲身经历。

有一天，我听到朱莉在取烘干的衣服时轻声抱怨。我本可以假装没有听到，但朱莉的抱怨是一种沟通尝试，虽然很不起眼。于是，我问她怎么了，她说："我不介意洗衣服，但我讨厌叠衣服。"而我碰巧喜欢做像叠衬衫这样毫无意义的事，它们能让我体会到一种成就感，就像在爱情实验室里检查数字流一样。所以，我通过叠衣服这件事来转向朱莉。我把衣服堆在床上，然后播放了一首爵士钢琴家比尔·埃文斯（Bill Evans）的音乐，我感觉非常愉快。与许多人一样，只要有可能，我会尽量在做家务时自我放松，尽享其中。后来，朱莉走进房间。我知道她期待我向她寻求帮助，尽管她讨厌叠衣服。但我没有那么做，我们都放松下来，享受音乐；我继续叠衣服。朱莉说我们俩已经很久没去我们最喜欢的本地爵士俱乐部了。最后，我们一起去了那家俱乐部吃晚饭。

浪漫测试

为了更好地了解你们的关系现状或未来可能的状况，请回答以下问题。阅读每个描述，然后根据自己的实际情况选择"是"或"否"。

描述	是	否

1. 我们喜欢一起做小事，比如洗碗或看电视

2. 我期待和伴侣一起度过空闲时间

3. 在一天结束后回到家时，伴侣很高兴见到我

4. 伴侣通常对听取我的观点很感兴趣

5. 我非常享受与伴侣讨论事情

6. 伴侣是我最好的朋友之一

7. 我们在精神上非常合拍

8. 我们非常喜欢互相交谈

9. 当我们一起外出时，感觉时间过得非常快

10. 我们总是有很多话要说

11. 我们在一起非常开心

12. 当伴侣过得很糟糕时，他会跟我说

13. 我认为伴侣会认为我是个非常亲密的朋友

14. 我们有相同的基本价值观

15. 我们喜欢以类似的方式待在一起

16. 我们有很多共同的兴趣

17. 我们有很多相同的梦想和目标

18. 我们喜欢做很多相同的事情

19. 即使我们的兴趣不同，我仍然喜欢伴侣的兴趣

20. 无论我们一起做什么，我们都能玩得很愉快

计分原则：选"是"计 1 分，选"否"不计分。

解读：

12 分及以上：恭喜！在你们的婚姻中，转向彼此对你们来说是加分项。你们在生活小事上经常相互支持，你们积累了一笔可观的情感银行存款，这有助于你们渡过婚姻中的任何艰难时刻，还能避免许多冲突。正是那些你们很少

想到的小事，如互相转发社交媒体上的流行笑话，一起摆放餐具，在工作期间短暂地通话等，构成了你们婚姻的核心和灵魂。你们的情感银行账户仍有盈余，使你们的浪漫更加持久，并帮助你们渡过困难时刻、应对不良情绪以及共同经历重大的生活变化。

12 分以下： 你们的关系在这方面有待改善。可以学着更多地在一天中的某些时刻转向彼此，这样一来，你们的婚姻不仅会更稳定，而且会更浪漫。当你们努力倾听和回应并帮助彼此时，你们的婚姻会变得更牢固。

彼此靠近的两大障碍

我在咨询过程中注意到，以下两种情况特别容易影响夫妻相互倾诉及建立信任感。

因愤怒或其他消极情绪而忽略对方的沟通尝试

有时候，尤其是当一段关系经历动荡时，夫妻中的一方可能意识不到对方正在进行沟通尝试，因为对方说的话听起来可能很消极，于是会对这种消极情况做出反应，从而忽略了其背后隐藏的请求。例如，莉娜沮丧地对丈夫卡尔说：“你从来没有想过收拾桌子，是吗？”卡尔没有听出莉娜的请求（“今晚请收拾桌子”），相反，他听到了批评，于是给出防御性回应：“那你什么时候给车加过油？”接着，双方开始争吵起来。

如果卡尔回应说“哦，你说得对。抱歉”，然后收拾好桌子，那他将在情感账户中存上很大一笔，且很可能会收到莉娜的微笑反馈，莉娜则会意识到自己开始的激烈反应没有必要。而假设卡尔想让莉娜和他一起上床睡觉，但莉娜正处理电子邮件。卡尔的请求是：“请和我一起上床睡觉。”但他说出来的却是："还在处理邮件吗？你已经处理了一个晚上了！"如果莉娜能够关注卡尔的请求而非他的语气，那么她很有可能做出积极的回应："你说得对！我马上来。"

因此，在对伴侣进行防御性回应之前，先暂停，并思考一下对方在收到严厉措辞后会有什么样的真实请求。然后，专注于对方的请求而非语气。如果你抑制不住地想给出防御性回应，可以先深呼吸5次，慢慢从1数到6，吸气，再从7数到25，再慢慢呼气。接着，对伴侣说："我想以积极的方式回应你，你能告诉我你现在需要我做什么吗？我真的很想知道。"如果你们习惯彼此批评，且消极情绪扰乱了你们之间的信号，那你们可以尝试温和的开场白（见法则5）。

被网络分心

我在咨询过程中注意到，互联网和电子设备对夫妻沟通的挑战日益增加。与外部世界的即时互动肯定会为人们提供巨大的社交空间。通过网络，与朋友和亲人产生联结和重新产生联结变得更加容易，孤独者也能从其他孤独者那里获得支持和理解。然而，所有这些联结都有缺陷。他人可以在一天的任何时间与我们联系，这可能会对有益于浪漫爱情和家庭生活的亲密交流产生影响。另外，许多公司希望员工在非工作时间通过电子邮件或社交媒体保持联系。

在某些情况下，不断地检查电子邮件、跟帖以及查看公众号和短信，可能会让人上瘾，使人习惯性地分散注意力。尼古拉斯·卡尔（Nicholas Carr）在《浅薄：互联网如何毒化了我们的大脑》一书中介绍了一些研究，这些研究表明，分心已成为许多人永久性的无意识习惯。电子设备让人们对注意力和专注被打断习以为常。这对需要注意力和关注的亲密关系非常有害，夫妻双方往往都会抱怨对方心不在焉。以前，妻子常抱怨丈夫看报纸；如今，夫妻中的任何一方都开始抱怨对方玩手机、浏览网页或沉迷电子游戏。

以下小故事揭示了夫妻双方专注彼此的重要性。在一项研究中，我和我的学生夏皮罗仔细分析了父母与3个月大的婴儿互动的视频。我们发现，婴儿完全专注于当下，而且没有什么比父母的面孔和声音更吸引他们。但父母并不总能意识到婴儿的需求，因为婴儿生活的时间尺度更慢。例如，如果父亲对婴儿伸出舌头，婴儿可能会模仿他，但要花费巨大的努力。只有父母专注且耐心地与婴儿玩耍，才有机会目睹婴儿惊人的模仿能力。这其实是婴儿和父母的一种专注沟通方式。**这些视频让我深刻地认识到，在与所爱的人（无论多大年龄）交往时，专注于当下十分重要。**

有时候，夫妻在发生冲突时会无意识地用电子设备来分散注意力。回避交流或准备冷战的一方可能会通过转移注意力来避免和对方互动。当出现敏感的婚姻问题时，一方可能不会走出房间或改变话题，而是将注意力转向手机或平板电脑等电子设备。在这种情况下，电子设备能帮助人们逃避问题。

我认为，电子设备导致的分心和由此产生的忽视并不是人们故意为之，也不一定由婚姻问题引起。人们只是意识不到电子设备塑造了自己的习惯。解决这个问题的最佳方法是让夫妻双方都意识到问题的存在，并建立适合彼此的相处规则。

爱情大数据

夫妻经常会无意识地忽视彼此的情感需求，但通常并无恶意。

如果你觉得你和伴侣仍然可以从转向彼此中受益，以下练习很适合你们，有助于你们在生活中更轻松、自然地运用法则3。

建立情感账户

把伴侣在小事上与你产生的联结都记在脑中，将给你们的婚姻带来巨大的益处。但对某些夫妻来说，如果他们能把情感账户落到实处，那情感账户这一概念的效果最佳。你可以绘制简单的分类账目，每次伴侣转向你时，就给对方记一分。你可能不愿记录你在谈话中收到的所有鼓励，但可以记下如下时刻，如"在工作时给我打电话，询问我的会议进展情况""去洗车行洗车"等。

共同讨论彼此的账目，但不要把它变成竞赛或交易，也不要查看对方的账户"余额"，或纠结于谁为谁做了什么，否则就背离了本练习的初衷。本练习的目的是，通过让你注意伴侣是如何转向你的及给了你什么，来指导你进行小幅度改善。如果你已经丧失了感激伴侣转向你的习惯，那你可能需要一段时间才能认识到本练习的好处。本练习最大的挑战在于注意到伴侣何时转向你。通常，婚姻不幸的夫妻往往会低估这种情况的发生频率。

以下是一系列活动清单，有些夫妻会一起做，如遛狗、玩电子游戏等。选出你最欣赏的伴侣做过的3项活动。如果你们一起做过某项活动，也可以圈出来。然后，对伴侣以这样的方式转向你表达感谢。

1. 每天结束后相聚在一起并谈论当天的情况

2. 一起购买日用品，制定购物清单

3. 做饭，烘焙

4. 打扫房间，洗衣服

5. 一起购物，给自己、孩子或朋友买礼物

6. 一起出门（不带孩子），去喜欢的餐厅、酒吧或其他地方

7. 一起看新闻

8. 帮助彼此自我改进，如上新课程、减肥、锻炼、开始新的职业生涯等

9. 计划并主持家庭晚宴

10. 在工作日互相打电话或思念对方

11. 一起浪漫地短途出行

12. 在工作日一起吃早餐

13. 一起去教堂

14. 一起扫雪、做家务或给车辆保养、洗车等

15. 在社区完成委员会工作，如志愿者服务

16. 一起运动

17. 周末一起外出，如野餐、开车兜风等

18. 与家人保持联系或待在一起，包括父母、伴侣的父母和兄弟姐妹等

19. 看电视或短视频

20. 订外卖

21. 和朋友一起双人约会

22. 在篝火旁聊天或一起阅读

23. 听音乐

24. 跳舞，参加音乐会，去夜店或爵士乐俱乐部、剧院等

25. 为孩子准备生日派对

26. 带孩子上课

27. 参加孩子的体育比赛或表演

28. 缴费

29. 发短信给对方

30. 在家工作，但仍以某种方式联结

31. 参加派对

32. 一起上下班

33. 庆祝孩子的重要时刻，如收到大学录取通知书、毕业

34. 庆祝生活中的其他重要事件，如晋升、退休

35. 玩电子游戏，上网

36. 监督孩子的玩伴

37. 一起规划未来和描绘梦想

38. 遛狗

39. 一起朗读

40. 玩桌游或扑克牌游戏

41. 一起演出或表演

42. 周末一起出去办杂事

43. 从事爱好的活动，如绘画、雕塑、音乐制作

44. 在喝酒、喝咖啡或喝茶时聊天

45. 找时间安排与伴侣进行无人打扰的谈话，给对方留出真正倾听的时间

46. 谈论他人

47. 参加葬礼

48. 帮助他人

49. 寻找新住所

50. 试驾新车

51. 其他_____

接下来，相互分享彼此的前 3 项选择，你们就知道哪些转向彼此的活动能让你们在情感上更亲近。

减压对话

上文列举的所有日常活动几乎都能增加你的情感储蓄，而最有效的活动是下班后与伴侣坐在一起，谈谈一天是怎么过的，如"亲爱的，你今天过得怎样？"。这种对话有助于夫妻双方处理来自婚姻以外的压力。根据我的同事雅各布森的研究，这种对话对维持婚姻长久非常关键。

许多夫妻会无意识地进行这种对话，可能是在进餐时，也可能是在孩子睡觉之后。但很多时候，这种对话不但不能达到预期效果，反而会给双方增加压力，双方会因为对方不能真正倾听自己而感到沮丧。如果你和伴侣存在这种情况，那就要适当改变你们进行此类对话的方式，以确保此类对话切实让你们得到放松。

一定要考虑时机。有些人刚进门就想倾诉，有些人在交谈之前则需要一个人先静一静。因此，要等双方都想对话时再交谈。

选个特殊的日子，双方花二三十分钟进行这种对话。牢记基本原则：可以谈论任何你想到的事情，除了婚姻冲突。此时不是讨论任何冲突的时候，而是让你们在情感上对生活的其他方面互相支持的时候。

这项练习需要积极倾听。积极倾听的目的是让夫妻双方在不做任何评判的情况下，换位思考，倾听彼此的牢骚。因为发牢骚与夫妻双方或婚姻本身无关，所以互相表达支持和理解要容易得多。

有时候，一天结束后，夫妻双方会互相庆祝，如育儿或工作中的小成就。在这种情况下，在积极倾听时，彼此要分享和享受这一时刻。事实上，很多夫妻会借此发泄自己的情绪或谈论这样那样的问题。

对于伴侣的悲伤、恐惧或愤怒，只要你能倾听，就能加强你们之间的信任。事实上，即便是导致极度消极情绪的经历，也有助于夫妻双方建立紧密联结。

在某些情景下，一方或双方会感觉讨论彼此的感受令人不适。这种不适往往源于童年经历，即自己被禁止表达消极情绪。对此，可以参考后文的相关内容。

以下是可以在减压对话中使用积极倾听的详细指南。

1. 双方轮流诉说。每人各扮演 15 分钟的倾诉者。

2. 表示自己真的感兴趣。不要心不在焉或东张西望，要把注意力放在伴侣身上。要提问题，同时进行眼神交流。另外，还要适时点头，并回应以"嗯""啊"之类的话。

3. 不要主动提建议。当伴侣表达痛苦时，你可能自然而然地想要帮助解决问题或希望对方感觉更好，但通常，对方可能根本不希望你给出解决方案，而只是希望你倾听或给予安慰。因此，除非伴侣明确地提出要求，否则不要试图解决问题，也不要试图改变对方的感受；相反，你只需要陪伴对方。

我在研究过程中经常看到很多夫妻自作主张地给对方提建议，结果导致不良后果。例如，凯莉对丈夫杰夫从不与她谈论他的感受感到不满。为了了解他们之间发生了什么，我要求他们在我面前进行了一次减压对话。杰夫开始抱怨自己在做志愿者工作时遇到了一个难以相处的人。凯莉立刻说："我告诉过你辞去那份工作。这对你来说压力太大了。"杰夫不再说话。凯莉转向我，说道："你看他又不说话了！我说得没错吧？"随后，我建议他们再谈一次，但这一次，我要求凯莉不要提任何建议，只单纯地让杰夫告诉她为什么那个人难以相处。结果，杰夫敞开了心扉，他们俩进行了一次彼此都感觉很愉悦的对话。

这种情况近年来有所改善，但我仍然发现，在很多夫妻中，丈夫在试图帮助妻子解决问题时往往会遇到麻烦。当我告诉这些丈夫，帮助妻子解决问题并不是他们的责任时，他们通常会松一口气。事实上，他们的这种"想帮忙"往往会适得其反。当妻子向丈夫诉说烦恼时，如果丈夫试图立刻提建议，妻子的反应通常会很消极，因为她们希望听到的不是建议，而是理解与同情。

　　当然，我并不是说当伴侣心烦时，试图解决问题永远都不合适。根据心理学家海姆·吉诺特（Haim Ginott）的观点，最基本的原则是："理解先于建议。"你必须先让伴侣知道，你完全理解且能感同身受，这样对方才愿意接受你的建议。

　　4. 表达理解。让伴侣知道你能与他感同身受。如果你比较沉默，或者没有表达情绪的习惯，不知道该说什么，可以参考以下表达：

真糟糕

我也会很紧张

我明白你为什么会有这种感觉

你说得很有道理

我明白了

我知道你现在处境艰难

我多希望你不用面对这些问题

我是站在你这边的

我希望我能和你在一起

啊！这听起来太可怕了

我完全同意你的观点

怪不得你这么难过

　　5. 站在伴侣这边。即使你认为伴侣的观点不合理，你也要支持他。不要站在他的对立面，否则会让他反感或沮丧。例如，如果妻子跟你说，上司因为她迟到 5 分钟而批评了她，你不能说"哦，也许他今天过得很糟糕"，也千万不能说"你以后别迟到不就行了"，相反，你应该说"这太不公平了"。此时的关键并不在于你诚实与否，当下你只能这么说。当伴侣向你寻求情感支持而不是寻求建议时，你的职责不是做出道德判断或告诉他该怎么做，而是表达同情，简单地说一句"亲爱的，你太可怜了"即可。

　　6. 表达"我们一致对外"的态度。如果伴侣感觉自己在独自面对困难，此时你要向他表示你们俩是休戚与共的，要让他知道你们俩在共同面对。

　　7. 表达爱意。拥抱伴侣，把胳膊搭在伴侣的肩膀上，然后说"我爱你"。

8. 正视你的情感。让伴侣知道你理解他的感受。你可以说"是的，这真的太糟糕了"、"我也很担心"或"我明白你为什么会为此感到生气"。

以下是两个简短的关于减压对话的案例，你会从中明白什么该说，什么不该说。

该说

汉克：今天，我和埃塞尔开了一场糟糕的会议，她总是质疑我的学识，还打算告诉老板她怀疑我的能力，我恨死她了。

雯达：真不敢相信她是这样的人！她太卑鄙了，真能搬弄是非！（一致对外）你是怎么回应她的？（表示自己真的感兴趣）

汉克：我说她就是和我过不去，她不会成功的。

雯达：她太让人抓狂了。真不幸你要和她打交道。（表达爱意）我真想找她算账。（一致对外）

汉克：我也想，不过还是算了吧，只要不理她就行了。

雯达：你的老板会知道她是什么样的人的，其他同事也都会知道的。

汉克：是的。老板根本没听她对我的评价。她到处说除了她，每个人都不称职。

雯达：她真是咎由自取。

汉克：希望是这样，不然就太恶心了。

不该说

汉克：今天，我同埃塞尔开了一场糟糕的会议，她总是质疑我的学识，还打算告诉老板她怀疑我的能力，我恨死她了。

雯达：我认为你又反应过度了。（批评）我见过埃塞尔，她是个很有主见的人，也很通情达理。也许你只是对她担忧的东西太无动于衷了。（站在伴侣的对手一边）

汉克：这个女人就是和我过不去！

雯达：这是你臆想出来的，你真得改改这个毛病了。（批评）

汉克：算了，不说了。

以下是一些特殊的场景。当伴侣发牢骚时，以下练习能帮你成为伴侣的支持者。

1. 妻子的姐姐冲妻子大喊大叫，因为妻子没有把两个月前借的钱还给姐姐。

妻子对姐姐的态度感到既气愤又伤心。（她确实欠了姐姐的钱）

你会说＿＿＿＿＿＿＿＿＿＿＿＿＿＿＿＿＿＿＿

2. 丈夫在回家路上收到一张超速罚单。"那里竟然是超速监视区！"丈夫喊道，"其他司机都开到每小时 80 千米。为什么只有我收到罚单？"

你会说＿＿＿＿＿＿＿＿＿＿＿＿＿＿＿＿＿＿＿

3. 在参加一个重要的工作面试时，妻子迟到了。她很担心自己通不过面试。"我简直太蠢了。"她抱怨说。

你会说＿＿＿＿＿＿＿＿＿＿＿＿＿＿＿＿＿＿＿

4. 丈夫希望老板给自己升职，但被拒绝了，他气愤地离开了老板的办公室。他担心老板会拿这个事情针对他。

你会说＿＿＿＿＿＿＿＿＿＿＿＿＿＿＿＿＿＿＿

参考回复

1. "她让你感到伤心和愤怒，这可真糟糕。"或"亲爱的，你太可怜了。"

2. "太气人了！这太不公平了！"或"亲爱的，你太可怜了。"

3. "你一点儿都不蠢，谁都可能出这种状况。"或"亲爱的，你太可怜了。"

4. "我理解你的感受。"或"亲爱的，你太可怜了。"

最后，需要牢记的一点是，没有谁比伴侣更了解你。有时，伴侣提出的建议恰好是你需要的。当你觉得有压力时，最好和伴侣谈谈你们俩都喜欢的其他话题。如果伴侣抱怨自己没有得到晋升，你可以说："显然，你被这件事搅得心烦意乱。我怎样做才能帮到你呢？你想让我听你说，还是想让我为你下一步该怎么做出谋划策？"

如果你们每天都进行这种对话，虽然它也许不能给你们带来实际的帮助，但对你们的婚姻十分有益。你们会抱着"对方是站在我这一边的"的坚定信念继续前行，而这也是夫妻友谊长久的基础之一。

应对伴侣的悲伤、恐惧和愤怒

对一些夫妻来说，前文提到的减压练习反而会增加他们的压力，因为他们在听到伴侣表达消极情绪时会感到非常不舒服，即使伴侣抱怨的并不是他们。这是一种逃避。**当伴侣感到悲伤时，无条件地给予陪伴对双方的关系有巨大益处，这一点再怎么强调都不为过。**我们在爱情实验室里对很多夫妻进行了多年的研究，并与他们直接接触，我们清楚地认识到，幸福的夫妻都遵循这样的信条：“当你感到痛苦时，我将放下一切事情，只专注地倾听你。”当然，当伴侣的消极情绪指向你时，你很难认真倾听。对于这一问题的应对建议，可以查阅法则 5 的相关内容。我们在这里要谈论的是，在日常的互动中，一方拒绝对方寻求情感支持的情况。

通常，这种逃避消极情绪的倾向源于童年时期。一些夫妻告诉我们，他们小时候就知道父母爱他们，但父母通常不会表现出来。他们的家庭不喜欢消极情绪，父母在面对他们的消极情绪时很少或根本不会给予安慰。在他们的家庭中，成年人感觉到或表达恐惧和悲伤意味着自己是个懦夫，孩子表达愤怒则会被视为缺乏家教、不尊重他人，甚至被认为有精神问题。在这样的家庭环境中长大的人可能会慢慢与自己的情绪隔离，这样他们就能成为独立的问题解决者，从而避免被感情左右——生活中有许多障碍，拥有解决问题的能力是一种资本。但为了获得真正的亲密，你需要陪伴在伴侣身边，从伴侣的角度看世界，并对其消极情绪感同身受。如果你不知道如何面对伴侣的消极情绪，可参考如下建议。

1. 承认困难。向伴侣承认，面对和应对其消极情绪对你来说很难。这是很好的第一步。只要让伴侣知道你愿意解决这个问题，就能大大改善情况。

2. 自我安抚。如果你被伴侣的情绪压垮了，可以参考法则 5 的自我安抚练习。

3. 以理解为目标。不要试图解决问题或贬低伴侣的感受，只关注伴侣表达什么即可。

4. 使用探索性陈述和开放式问题。为了鼓励伴侣说话，你可以把针对其表述的反馈设计成探索性陈述或开放式问题。这种方法既能表达支持，也能鼓励伴侣再次回应你。表 6–1 是探索性陈述和开放式问题的一些例子。

表 6-1　探索性陈述与开放式问题

探索性陈述	开放式问题
给我讲讲这件事吧	你最关心的是什么？
我想知道你的所有感受	你能再多跟我说说你的感受吗？
我们有很多时间可以聊	你现在需要我做什么？
告诉我你最关心的是什么	你有什么复杂的感觉？
我认为你说得很清楚，继续说	你认为最坏的情况是什么？
告诉我你所有的感受	能帮我从你的角度了解这一情况吗？
告诉我你是如何看待这种情况的	对你来说，最重要的几点是什么？
告诉我这种情况的前因后果	你最关心的是什么？
对我来说，现在没有什么比听你说话更重要了	是什么让这种情况变得如此困难或让你有压力？
	如果你能在这种情况下改变一位关键人物的态度，你会选谁？
	你还有什么要补充的吗？

5. 不要问"为什么"。对于开放式问题，有一个例外，那就是避免问以"为什么"开头的问题。以解决问题为导向的人往往喜欢这么问，但在讨论伴侣的感受时，"为什么"听起来很像批评。当你问"为什么你这么想"时，伴侣很可能会理解为"别再想了，你错了"。更合适的问法应该是"是什么让你这么想的"或"告诉我你是怎么做出这个决定的"。

6. 见证。当伴侣感到心烦意乱时，他最想感受到的是，他的经历对你很重要，这样他就不会感到孤独了。你可以通过见证他的痛苦来表达他对你的重要性。这意味着，你要清楚地表明你会支持他，且理解并尊重他的经历。要做到这一点，一种有效的方法是用自己的话来重复伴侣所说的话，以下是一些例子。

伴侣：这份工作我实在干不下去了。活儿太多了。老板真不称职，所有的工作都安排给我。

你：听起来你的压力确实很大。因为老板不称职，结果你不仅要做你的工作，还要做他的工作。我理解的对吗？

见证伴侣痛苦的一部分，是承认他的感受对你来说有意义，如：

伴侣：你真该听听我哥哥在电话里是怎么跟我说话的。他真的很讨厌，总是贬低我。

你：所以你的意思是，你哥哥对你总是很不满，对吗？我完全理解你为什么不高兴，因为他也那样对我。

7. 使用对方的隐喻。 人们有时会用隐喻来表达观点。如果你在伴侣难过时注意到这一点，并把它作为回应的一部分，就能向伴侣传达你完全理解他正在经历的事情，以下是一些例子：

伴侣：我开始感觉这间房子好像一座监狱。

你：啊，听起来你真的感觉被困住了。我理解得对吗？

伴侣：我的生活，感觉就像火车已经开走了，而我还站在站台上。

你：你觉得世界已经从你身边溜走了，而你的生活却停滞不前。对吗？那你感觉一定很糟糕。

"倾听"伴侣悲伤和哭泣的其他建议

询问伴侣失去了什么。 当伴侣感到悲伤时，通常是因为他们感到失去了某人或某物。有时这种失去很容易被发现，比如父母离世。但在很多情况下，你可能不太清楚为什么伴侣会感到茫然不知所措。此时，询问可以帮助伴侣敞开心扉以及面对悲伤。例如，安布尔在得知她姐姐不能来她家吃午饭后在家里闷闷不乐。她的丈夫马里奥本可以对她说："这有什么大不了的，改天你会见到她的。"但他没有这么说，而是认可安布尔的悲伤，并问她原因为何："你好像对你姐姐的失约感到很难过。这是怎么回事？你觉得自己失去了什么吗？"这个问题让安布尔承认，她姐姐生了孩子以后似乎不太愿意花时间和她在一起了。她怀念和她姐姐亲近的感觉。

不要试图让伴侣高兴起来。当伴侣悲伤时，试图让他微笑、大笑，或以其他方式消除他的忧郁，是很常见的反应。但除非伴侣向你寻求帮助以改善情绪，否则不要这么做，此时，倾听伴侣的悲伤比试图缓解其悲伤更有帮助。想象一下，你的伴侣是旅行者，正在观看令人悲伤的风景，而你是导游。当伴侣情绪低落时，陪在他身边比告诉他"别哭"更能拉近你们的距离。

"倾听"伴侣的愤怒的其他建议

不要把它放在心上。伴侣的愤怒不是针对你的。即使是针对你的，防御也无济于事。永远不要对伴侣说"冷静下来"。伴侣可能会把这个建议理解为你觉得愤怒是不合理的，或理解为无论出于什么原因，表达愤怒都是你不能接受的。你的目的不是改变或评判伴侣的情绪，而是表达理解和接纳。

找出目标和障碍。大多数愤怒的背后是未被满足的渴望。例如，如果伴侣的抱负是升职，令他感到沮丧的障碍可能是主管不给他提供晋升机会。如果伴侣的愿望是在生日时得到祝福和关注，那么障碍可能是朋友或亲人总是忘记这一点。愤怒并不总是理性的，你可能不同意伴侣的观点或认为他反应过度。但这不会改变你此时的责任，此时你的责任就是不带评判地提问，同时表达理解和同情。

"倾听"伴侣的恐惧和压力的其他建议

不要轻视它们。当你在听伴侣表达恐惧或担忧时，一个常见的误区是，通过将伴侣的感受最小化来安慰他。你可能会对伴侣说"别傻了"或"这没什么好怕的"这样的话，你原本是出于好意，但可能会被伴侣误认为你在嘲笑他。美国作家加文·德·贝克尔（Gavin de Becker）在他的《注意！有人在盯着你》（*The Gift of Fear*）一书中指出，保持安全的最佳方法是培养一种安全意识，即面对危险情况或危险人物时的直觉。贝克尔建议，当出现这样的直觉时，要相信它，而不是忽视它。即使很小的担忧或不适，也能表明一个人觉得他的日常生活不安全。

 爱情大数据

婚姻一旦建立在更积极的水平上，就很难偏离正轨。

如果伴侣不转向你，该怎么办

当你和伴侣转向彼此时，双方都会受益良多；而当伴侣反其道而行之时，你难免会觉得对方在伤害你、拒绝你。遇到这种情况，该采取什么措施呢？通常，夫妻彼此疏远并非出于恶意，而是源于无意识。疏远会使双方变得心烦意乱，并开始认为彼此这么做是理所当然的。此时，重视不起眼的某些瞬间，并多加留意，足以解决彼此存在的问题。但有时，夫妻之间的冷漠有更深层次的原因，如一方粗暴地拒绝了对方，根本原因可能是一些不断恶化的冲突引起的敌意。但我发现，若夫妻中的一方时常觉得自己与对方的联结不够紧密，常常是因为双方对亲密感和独立性的需求不同。

婚姻就好像是跳舞。有时，你觉得自己被所爱的人吸引；有时，你又需要抽身而退，恢复自主意识。双方的"正常"需求范围是很广阔的，有的人对彼此联结的需求很强烈、很频繁，有的人则渴求独立。**即便夫妻双方的需求相差很大，婚姻也能正常运行，只要他们能理解彼此产生这种感受的原因，并能尊重彼此的差异。**如果双方做不到这一点，受伤的感觉很可能越来越强烈。

如果你觉得伴侣在小事上冷落了你，或对方对亲密感的理解让你感到窒息，为了你们的婚姻，你能做的最好的事情就是把感受说出来。两人一起面对问题，会让你们更深入地了解彼此，并给予彼此真正需要的东西。可尝试以下练习。

说出你的感受

如果你最近感到伴侣冷落了你，或被对方对亲密的需求淹没，可以尝试以下练习，然后分享各自的答案。这些问题没有固定答案，只是供你与伴侣进行讨论的思考点。本练习的基本原则是，当你们在小事上彼此疏远时，原因往往不止一个，你们的观点都很合情合理。一旦你们理解并认识到这一点，就会发现，彼此重新建立联结不过是自然而然的事。

最近的感受	经常	有时	偶尔	从来没有
1. 我有防备心				
2. 我感觉受伤了				
3. 我感觉很生气				
4. 我感觉很悲伤				
5. 我感觉被误解了				
6. 我感觉被批评了				
7. 我很担心				
8. 我感到愤愤不平				

9. 我感觉未被赏识

10. 我感觉从来没有吸引力

11. 我产生了厌恶感

12. 我感觉未得到支持

13. 我想要离开

14. 我感觉我的观点似乎不重要

15. 我不知道我的感受

16. 我感到孤独

触发上述感受的因素	经常	有时	偶尔	从来没有

1. 我感到被排斥了

2. 我对伴侣来说不重要

3. 我觉得伴侣对我很冷淡

4. 我明确感到被拒绝了

5. 我被批评了

6. 我感受不到伴侣的爱

7. 我觉得伴侣不再吸引我了

8. 我的尊严受到了损害

9. 伴侣专横跋扈

10. 我根本说服不了伴侣

　　你已经知道是什么导致了你出现以上情绪反应，是时候弄清楚你的情绪反应是否源于你的过去了。查看你对前文"真正了解彼此"练习的回答，尝试找出你的早年创伤或行为与当前情况之间的联系，可以参考以下清单。

　　当伴侣远离我时，我想到了：

1. 小时候家人对待我的方式

2. 上一段婚姻关系

3. 过去我遭遇的伤害、艰难时刻或精神创伤

4. 我根深蒂固的恐惧和不安全感

5. 我还未解决或搁置一旁的事情

6. 我尚未实现的梦想

7. 过去他人对待我的方式

8. 我自己一直在琢磨的事

9. 我一直在担心的噩梦或灾祸

当你们知道了彼此对上述问题的回答后，各自简单描述一下自己的观点，再简单描述对方的观点。你们会了解到，你们之间的许多分歧与"事实"无关。因为人是复杂的生物，人的行动和反应会受到各种观点、想法、感受与记忆的支配。也就是说，姑且不论你们对事实的描述是对是错，事实都是主观的。这就是为什么你和伴侣的看法可能大不相同。你们都没有错。

认为出现疏远和孤单全是伴侣的错，有这样的想法是很自然的事情。事实上，谁都没有错。为了打破这种思维模式，你们必须承认各自都制造了问题，无论问题起初多么微不足道。要做到这一点，请阅读以下清单，然后圈出所有最近导致你们彼此疏远或感觉透不过气的事情。如果你仍然心烦意乱，那就不要尝试了，可以遵循法则 5 中的练习 2，包括放下让你感到痛苦的想法，如气愤或感觉自己是无辜受害者。

想法	是的	也许有一点儿

1. 我一直很紧张、很烦躁

2. 我没有经常表达对伴侣的欣赏

3. 我一直过于敏感

4. 我一直过分地批评伴侣

5. 我并未经常和伴侣谈论自己的感受

6. 我一直很沮丧

7. 我承认自己有点性急

8. 我对伴侣不够深情

9. 我不是个很好的倾听者

10. 我觉得自己有点像个无辜受害者

总的来说，我对现在的情况应负的责任是＿＿＿＿＿＿＿＿＿＿
我将来怎样才能让这种情况变好？＿＿＿＿＿＿＿＿＿＿＿＿
为了避免这个问题，伴侣可以做什么？＿＿＿＿＿＿＿＿＿＿

　　以上练习能让你更擅长转向伴侣，并增进你和伴侣之间的友谊。夫妻之间的深厚友谊会成为对抗冲突的有力屏障。它也许不能事先阻止你们的每一次争吵，但可以防止你们因意见不同而破坏彼此的关系。

前 3 个法则的力量

　　希望法则 1、法则 2 和法则 3 能帮你更新爱情地图、巩固喜爱和赞美系统，并增加你转向伴侣的机会，从而加强你们的夫妻友谊。正如前文已经提到的，友谊对于婚姻关系的长久至关重要，它是夫妻关系走向积极情感主导状态的关键。积极情感主导的强大力量能让你们保持信任，并在彼此产生冲突时，也能从中获益。如果你通过前 3 个法则进行了一些努力，建议你在阅读后面的章节之前进行以下测试。该测试将帮助你评估你当前的积极情感主导水平，确认它是否得到了重新激发，或者是否需要更多的关注和加强。

积极情感主导测试

　　根据你最近与伴侣的互动，当伴侣情绪低落时，对以下描述进行判断，然后选择"是"或"否"。

描述	是	否

1. 感觉自己会因为某个问题被指责
2. 想知道伴侣到底在想什么
3. 害怕消极情绪风暴即将袭来
4. 认为伴侣可能只是有点压力
5. 认为自己即将受到人身攻击
6. 相信自己能让伴侣感觉更好
7. 预测伴侣将要批评自己的性格
8. 如果可能的话，想安慰伴侣
9. 仅仅希望伴侣能更积极一些
10. 心想，一定有可怕的事情发生了

计分规则： 奇数项选"否"计1分，偶数项选"是"计1分，其他不计分。

解读：

6分及以上： 你们之间有着深厚的友谊，这对你们的夫妻关系很有好处。

6分以下： 你们至少在前3个法则上需要努力，多花点时间做做相关练习。希望你当前的得分能激励你，而不是让你感到沮丧。虽然掌握这些技巧可能需要些时间，但请记住，即使是小改变也能极大地改善你们的婚姻关系。这意味着你们每天都有机会推动双方关系向前发展。

夫妻友谊可以带来积极情感主导的方式之一，是平衡双方的权力，使双方都不会感觉到被轻视。当你们尊重彼此时，通常能欣赏彼此的观点，即使你们不同意彼此的观点。当权力失衡时，几乎不可避免地会出现大量的婚姻困扰。这与接下来要探讨的法则4有关，这一法则侧重于，当夫妻中的一方不愿与对方分享权力时会发生什么，以及如何克服这种问题。虽然攫取权力的情况更常出现在丈夫身上，但有些妻子也很难顺从丈夫的愿望，因此法则4适用于所有人。

07

法则 4　让伴侣影响你

"亲爱的，你说了算"

THE SEVEN
PRINCIPLES FOR MAKING
MARRIAGE WORK

在生活中，要想取胜，
通常需要先让步。

杰里米正考虑买辆二手车，这辆车似乎很划算，卖家菲尔只开了一个月，因为公司突然把他调去伦敦工作，他不得不卖了它。杰里米喜欢这辆车的操控性能和动力性能，但对它的新型音响系统并不感兴趣。在交易之前，杰里米说他想找个机修工来检查一下。

菲尔：为什么？这辆车真的是新的，只跑了 300 千米，我可以把保修单给你。

杰里米：你说得没错，但我答应过妻子，在没有检查之前，我是不会把车买下来的。

菲尔（咄咄逼人地瞪了杰里米一眼）：你让你妻子告诉你怎么买车？

杰里米：是的，难道你不是吗？

菲尔：哦，我不是。我不——我过去不会这样做。我离婚了。

杰里米（轻笑）：哦，也许这就是你为什么离婚了。

杰里米把车交给机修工去检查，结果机修工发现车的后保险杠需要更换，最终，杰里米决定不买了。更重要的是，对于菲尔对女性的态度，杰里米从来都不认同。杰里米把妻子看成自己的决策伙伴，他尊重妻子，也尊重她的意见和感受。他很清楚，为了让婚姻幸福美满，他需要与妻子分享决策权。

曾有一段时间，对丈夫来说，持有像菲尔那样的大男子主义观并不是缺点。目前，我们的数据表明，情况已经变了。在对130对新婚夫妻长达9年的研究中，我们发现，即使在婚后的最初几个月里，与那些抗拒妻子影响的男性相比，接受妻子影响的男性拥有更幸福的婚姻，他们离婚的可能性也较小。从统计数字上来看，当丈夫不愿同妻子分享权力时，两人婚姻破裂的概率为81%。

当然，婚姻的成败取决于夫妻两个人，因此，我们不能把责任全都推到男性身上。妻子应该尊重丈夫，这也很重要。事实上，我们的数据表明，绝大部分妻子，甚至包括那些婚姻不稳定的妻子，都做到了这一点。这并不意味着她们不会生气，甚至不会蔑视丈夫，而只是意味着，通过让丈夫为她们的意见和感受出谋划策，她们允许丈夫影响自己的决策，但丈夫常常做不到"礼尚往来"。

"亲爱的，你说了算"？

一些媒体错误地使用"亲爱的，你说了算"来概括我对接受伴侣影响的研究：《周六夜现场》（*Saturday Night Live*）拙劣地模仿过我们的研究，拉什·林堡（Rush Limbaugh）嘲弄过它，《政治不正确》（*Political Incorrect*）的主持人比尔·马厄（Bill Maher）发表过挑剔性言论。

我们的研究并未指出，男性应放弃所有的个人权力，以便让妻子来统治他。不过我们发现，从长远来看，**在最幸福且稳固的婚姻中，丈夫会尊重妻子，不反对分享权力，且会与妻子共同做决定**。当夫妻双方意见不一致时，丈夫会积极寻找双方的共同点，而非一味地固执己见。

在得出这些结论之前，我们仔细地观察了当这些新婚夫妻讨论某个可能引起冲突的话题时的情形，也观察了他们在讨论恋爱史时的情形。在分析数据时，我们发现了一个极具震撼力的明显的性别差异：尽管妻子有时会向丈夫表达愤怒或其他消极情绪，但她们很少会通过增强消极情绪来回应丈夫。通常，她们不是试着缓和自己的语气，就是配合丈夫。例如，如果丈夫说"你没有听我说话"，她们通常会说"对不起，我现在在听了"或"我发现很难听你说话"，前一种回答是一种缓和消极情绪的修复行为，而后一种回答表明她们和丈夫一样生气，但不会压过他们。

而 65% 的男性不会采取上述两种方法中的任何一种，他们的回应通常会加剧妻子的消极情绪，他们会表现出末日四骑士中的一种。如果妻子说"你没有听我说话"，他们不是无视妻子说的话（冷战），就是进行防御（如"我在听"），要么就是批评妻子（如"我不听你的是因为你说的都是废话"），再不然就是蔑视妻子（如"你这是在浪费我的时间"）。利用末日四骑士中的一种，从而让双方冲突升级，这是丈夫抗拒妻子影响的一种表现。

丈夫宁愿用末日四骑士盖过妻子的话、摧毁她的观点，也不愿关心她的感受，这会导致婚姻不稳定。**即使丈夫以这种方式回应妻子的频率并不高，也会使婚姻破裂的概率高达 81%。**

尽管在起冲突时，妻子和丈夫避开末日四骑士非常重要，但更重要的是，当丈夫利用末日四骑士中的任何一种来扩大冲突时，要意识到它对婚姻的危害。出于某种原因，当妻子以同样的方式利用末日四骑士时，婚姻稳定性通常不会下降。在这一点上，我认为这种差异可能有社会学层面的原因。因为如果妻子过度顺从，且感觉自己无权拒绝丈夫的影响，就很可能变得抑郁，这对她的健康和夫妻关系都不利。因此，对妻子而言，与其完全顺从丈夫，不如让冲突稍微升级，这样可能更好。这也许可以解释，为什么妻子偶尔利用末日四骑士中的一种（蔑视除外）来强调自己希望从丈夫那里得到某种东西时，并不会损害婚姻。也许这种力量的展示平衡了夫妻之间的权力动态，尤其是当丈夫专注于妻子表达的需求，而不是她的表达方式时。

无论导致这种性别差异的原因是什么，数据表明，丈夫更有可能利用末日四骑士，从而导致婚姻冲突升级。而且当他们这么做时，也更有可能将婚姻置于危险之中。因此，尽管这一结论能让夫妻双方意识到要避免使用末日四骑士，以免加剧冲突，但丈夫在接受妻子影响的过程中也应该适度把握分寸，因为虽然妻子使用末日四骑士对婚姻的危害较小，但也不能小觑。

拒绝接受影响的丈夫

我见过很多怒气冲冲的丈夫，也和很多愤怒的电台脱口秀主持人争辩过，我了解到，有些男性会明目张胆地拒绝与妻子分享权力。即使是在性别平等的时代，有些男性仍然会坚决拒绝考虑妻子的任何意见。当他们做决定时，从来不考虑妻子的感受或想法。

有些男性声称，他们的宗教信仰要求他们掌控婚姻，也要求他们支配妻子，但据我所知，没有任何宗教说男性应该恃强凌弱。我并不是在提倡某种关于两性角色的特定精神信仰体系。我们的研究包括那些认为男性应该成为家庭主心骨的夫妻，也包括那些持男女平等观念的夫妻。在这两种夫妻关系中，高情商的丈夫都明白一件大事：如何传达敬意与尊重。世界上所有与人生相关的论点都与爱伴侣、尊重伴侣的理念相协调，而这就是接受伴侣影响的内涵。你真的想做出一些让妻子感觉自己不受尊重的决定吗？这真的与你的宗教信仰一致吗？答案是否定的。

这让我想起一位同事，他信仰一种推崇父权制的宗教，认为家庭中的一切决定应该由丈夫来做。但他与妻子有着较高的婚姻情商，他认为自己的信仰与接受妻子影响之间不存在任何冲突。他告诉我："我不会做出她不同意的决定，那将对她很不尊重。我们会不停地交谈，直到我们俩都同意，然后我再做决定。"他凭直觉认识到，除非他们俩彼此尊重，不然婚姻不会幸福。无论你信仰哪种宗教，事实都是如此。

在许多情况下，我怀疑那些抗拒妻子影响的男性甚至没有意识到自己的这种倾向。有些男性自称是女权主义者，但他们与妻子的互动方式与这一标签很不相符。

查德是名勤奋的软件工程师，如果你抽象地问他对性别角色的看法，他会毅然站在男女平等这一边，但在他和妻子玛莎刚搬进新家时，情况可不是这样的。一天晚上，他宣布接下来的周四那天他要工作到很晚，玛莎提醒他，她母亲周五要过来看他们，她希望他能帮忙打扫房间，准备好客房。"你让我真的很不高兴！"玛莎直率地说，"难道你忘了我母亲要来吗？为什么不调整你的工作安排呢？"

"你怎么忘了我有个大项目要做呢？我没法改变我的工作安排，我必须工作，也许甚至整个周末都要工作。"查德说。他的回答可谓火上浇油。他并没有回应玛莎的抱怨，而是进行防御，反过来抱怨玛莎为什么不记得他的工作安排。然后，他暗示自己的工作时间会比一开始说的要长，借此来威胁她，这其实是种挑衅行为。

玛莎非常愤怒，她对查德说了很多偏激的话，然后跑出了房间。查德觉得自己被欺负了，毕竟他不得不工作。像往常一样，玛莎的愤怒似乎毫无征兆，查德则心在狂跳，头嗡嗡作响，他被情绪淹没了，很难清楚地思考问题或思考解决方案，他想的都是如何摆脱妻子的不公正和无理取闹，根本没心情思考妥协方案。查德觉得自己受了委屈，于是拿出一瓶啤酒，并打开了电视。当玛莎回到房间想和他谈谈时，他装作没看见。后来，玛莎开始哭泣，而查德宣称自己要早点睡，便离开了房间。

爱情大数据

如果丈夫接受妻子的影响，那么妻子在提出棘手的婚姻话题时，对丈夫苛刻的可能性要小得多。这会提高双方婚姻幸福的概率。

通常，当夫妻发生这样的争吵时，有太多可以指责与反击的地方，但往往很难找到根本原因。不过在玛莎与查德的案例中，显而易见，他们争吵的根本原因是查德不愿接受玛莎的影响。当玛莎变得消极时（"你让我真的很不高兴"——直截了当的抱怨），查德通过升级冲突来回应她，他表现得好战，并进行防御。玛莎火冒三丈，而查德觉得自己被情绪淹没，他开始冷战。他们的婚姻正如急转直下的瀑布，朝着离婚的方向而去。

接受伴侣的影响并不意味着从不向伴侣表达消极情绪。婚姻是能经受住大量的愤怒、抱怨甚至批评的。压抑自己对伴侣的消极情绪对婚姻不但没好处，对健康也没好处。当妻子只有小小的不满时，如果丈夫不是把话说得和缓些，或者至多以同等强度回应妻子的消极情绪，如吼回去、抱怨等，而是对妻子的不满报以接二连三的反击，那么事情肯定会恶化。

丈夫可以向妻子学习什么

丈夫接受妻子的影响，会巩固与妻子的友谊。这种情况的出现，不仅是因为没有频繁的权力争斗会使婚姻生活变得令人愉快，还因为这样的丈夫愿意向妻子学习。毫无疑问，女性能教给男性许多关于友谊的知识。作家戴夫·巴里（Dave Barry）在《男人大全》（*The Complete Book of Guys*）一书中写到，男性与女性存在巨大的差异。巴里详细地讲述了每年他和妻子同老友聚会的情形：女性一见面，立刻你一言我一语，展开一场热烈的关于内心感受的交谈，男性则一起看体育比赛。男性偶尔也会有点情绪化，通常是在决定订哪种口味的比萨时。聚会结束后，巴里的妻子会说这样的话："乔治已经很好地适应了截肢手术后的生活，真令人惊讶！"巴里则假装他也注意到乔治失去了一条腿。这个故事也许有些夸张，但很有趣，它揭示了一个基本道理：与男性相比，女性更倾向于谈论和理解他人的感受。

当然，并不是所有女性在情感方面都比男性高明、比男性更懂得人际技巧，也有许多女性对交际的微妙之处一无所知，对他人也不太敏感。不过，妻子的情商通常比丈夫更高，原因很简单：女性在获取这些技能方面有很大的领先优势。在观察任何游乐场里的儿童时，你会从他们的行动上看到这种差异。男孩在奔跑或玩追逐游戏时，关注的是游戏本身，而不是彼此的关系和感受；但对女孩来说，感受是首要的：如果有人哭着说"我不想跟你当朋友了"，游戏就会冷冷地收场，而游戏是否会重新开始，取决于她们是否言归于好。

即使男孩与女孩玩同样的玩具，他们表现出来的性别差异也很明显。4岁的内奥米和她最好的朋友埃里克分享了一个玩具娃娃，她想假装这个娃娃是她和埃里克的孩子，并把娃娃带给朋友们看（基于人际关系的游戏）。埃里克陪内奥米演了大概 10 分钟，就开始掌控游戏。"嘿，内奥米，孩子要死了！"埃里克叫道，"我们必须立刻送他去医院。"他爬上一辆想象出来的救护车，"呜呜呜"地狂奔向医院。"慢点，慢点！"内奥米劝他不要开得太快。突然，他们俩"变成"了外科医生，挽救了孩子的生命。事实上，埃里克本想让内奥米扮演护士，但她拒绝了，她认为女孩也可以成为外科医生。在孩子得救后，游戏继续按内奥米的想法进行，他们要把孩子带给朋友们看。

内奥米和埃里克的游戏风格都非常有趣，讨人喜欢，但一个明显的事实是，由内奥米主导的"女孩子气"的游戏由于更关注人与人之间的关系，所以为婚姻和家庭生活做了更好的准备。一般说来，男孩的游戏清单中甚至不包括以婚姻关系和家庭为主题的游戏。

男孩和女孩在游戏风格上的差异源自哪里呢？由于每种文化中几乎都存在这种现象，我怀疑主要原因是生物学因素而非社会因素。但无论是先天因素还是后天因素造成了这些差异，它们的影响都不可否认。由于女孩的游戏强调社交互动和情感，在童年结束前，女孩因此接受了大量的情感教育，而男孩学会了如何踢球。男孩在玩耍时与他人合作和迅速解决冲突的经历，会给他们将来在会议室或施工现场工作带来好处；但如果这种好处以牺牲理解妻子观点背后隐藏的情感为代价，那它就会成为婚姻的负担。

随着年龄的增长，男孩很少和女孩玩，因此他们错过了向女孩学习的机会，在个人发展上与女孩的差异也进一步扩大。斯坦福大学的心理学家埃莉诺·麦科比（Eleanor Maccoby）在一项具有里程碑意义的研究中发现，虽然约35%的学前期友谊存在于男孩和女孩之间，如前文提到的内奥米和埃里克，但在7岁的孩子中，这一比例几乎骤然跌为0。从这一阶段一直到青春期，男孩和女孩之间很少或几乎没有任何联系。这是一个世界性的现象，人们对这种男女之间的自愿隔离有很多解释。

麦科比提出了一个有趣的理论，这个理论与我关于接受伴侣影响的研究结果吻合。麦科比发现，即使是在很小的时候（1岁半），孩子们一起玩时，男孩也只接受其他男孩的影响，女孩却能平等地接受女孩和男孩的影响；到5～7岁时，女孩受够了这种状况，不想再和男孩玩了；从7岁一直到青春期，世界上所有文化都没能提供正式的机会来确保男孩和女孩继续接触。

随着内奥米和埃里克的长大，他们俩对家务的知识差异会愈发明显。而一旦某对情侣同居或订婚，准新郎可能会突然陷入一个令他非常陌生的世界。在百老汇戏剧《当亚当遇到夏娃》（*In Defense of the Cave Man*）中，一位男性说，他刚结婚时，看见妻子在打扫浴室，于是问她："我们要搬家吗？"在他单身时，只有要搬家了，他和室友才会费心打扫浴室。许多年轻的丈夫发现，他们要从妻子身上学习很多关于家的知识。

在很多家居店，你都可以看到年轻的未婚男性脸上典型的惊讶表情。他们既不知道也不关心塔夫绸与印花棉布之间的差别，所有的瓷器和银器样式对他们来说都非常相似。萦绕在他们脑海中的是：逛家居店真麻烦。最重要的是，如果他突然转身，将会造成巨大的损失，因为所有的货架都是用玻璃做的，货架间隔仅约半米；也许店家这么摆放就是为了吓唬他们这样的人。他们对此会如何反应呢？如果他们能很快听到自己说"嘿，这样的货架设置真好"，那么高情商的丈夫就诞生了。

高情商的丈夫

我们关于新婚夫妻的研究数据表明，很多丈夫是通过上文刚提到的方式做出改变的。在我们的研究对象中，约 35% 的男性都是高情商的。而在几十年前，这一比例要低得多。由于这样的丈夫尊重妻子，他们会愿意从妻子身上学习更多的情感知识。他们能了解妻子的世界，了解孩子及其朋友。他们可能不会像妻子那样，用同样的方式表达情感，但他们会学习如何在情感上与妻子更好地沟通。这么做时，他们会做出尊重妻子的选择。当他们在看球赛而妻子想说话时，他们会关掉电视，然后听妻子说话。他们把"我们"置于"我"之上。

我相信，高情商的丈夫是社会进化的未来，但这并不意味着他们在性格、教养或道德品行上比其他男性优秀，他们只是明白了一些对婚姻非常重要的问题，即如何尊敬妻子，如何向妻子表达尊重。就是这么简单。

由于改变了对成功人生的定义，这种新型丈夫会优先考虑家庭生活而非工作。与以往的丈夫不同的是，他们会很自然地将前3个法则融入日常生活中：绘制一份详细的关于妻子的爱情地图；保持对妻子的喜爱与赞美；通过在日常事件中转向妻子来表达喜爱与赞美。高情商的丈夫所做的事情不仅对婚姻有好处，孩子也会受益匪浅。**研究表明，能接受妻子影响的丈夫往往也是杰出的父亲，他们熟悉孩子的生活，知道孩子有哪些朋友以及害怕什么。**他们能正视自己的情感，因此会教孩子尊重自己的感受，尊重自我；他们也可以为孩子关掉自己想看的球赛，因为他们希望孩子记忆中的父亲是愿意陪他们玩的。

目前的一大趋势是，越来越多的父亲将理解并尊重自己和他人情感的处世态度传递给孩子，我们称这种育儿方法为"情感辅导"。当父母以这种方式教育孩子时，孩子会受益良多。家里有这样一位新型丈夫兼父亲，生活会变得更有意义，更丰富多彩。而家庭的美满幸福反过来能让男性更富有创造性，工作更有效率。由于丈夫和妻子紧密联结，当妻子感到困扰时，她会向丈夫求助，而当她高兴时，她会和丈夫分享快乐。冬天下雪时，孩子会跑到他身边，要求和他一起去赏雪。在他活着时，家人会关心他；当他去世以后，家人会为他的离去而悲痛不已。

另一种类型的丈夫兼父亲则比较悲惨。他们要么用愤怒来回应男性权力的损失；要么觉得自己是无辜受害者；要么变得更加专制；要么退回孤独中，保护他们仅剩的一点东西。他们不会给予他人多少尊重，因为他们忙着寻找自己应得的尊重；他们不会接受妻子的影响，因为他们害怕哪怕一丁点儿的权力损失。他们接受不了他人的影响，所以他们也没有太大的影响力。结果，在他们活着时，没人关心他们；当他们去世以后，没人为他们哀悼。

学会妥协

一些男性对丈夫角色的转变感到困惑是可以理解的。几个世纪以来，人们都期望男性掌管家庭。这种责任感和权力感通过许多微妙的方式从父亲传给儿子，因此即使已有 60% 的已婚女性在外工作，并常常从工作中获得经济实力和自尊心，重新定义丈夫的角色对许多男性来说仍然是个挑战。我们今天在夫妻关系中看到的一些核心问题与这种性别角色的变化有关。妻子经常抱怨丈夫没有做好家务，也没有很好地照顾孩子。这不仅是年轻夫妻才有的问题，我们在 40 岁和 60 岁的夫妻中也观察到了同样的问题。愿意接受妻子影响的丈夫婚姻幸福，而不愿接受妻子影响的丈夫则发现自己的婚姻变得不稳定。

也许接受妻子影响的丈夫和不接受妻子影响的丈夫之间最根本的区别在于，前者明白了一件事：**在生活中，要想取胜，通常需要先让步**。当穿梭在繁忙的城市中时，你可能会遇到令人沮丧的路障，阻挡你正常前行。这时候，你可以采取两种方法之一：一种是停下来，开始愤怒并坚持一定要把路障移开；另一种是绕道而行，我称之为"以退为进"。前一种方法最终很可能会让你心脏病发作，后一种方法则会让你顺利通过。

一个典型的例子是男性普遍会遇到的马桶座问题。妻子经常会因丈夫总是把马桶座掀起来而感到烦恼，即使她们只需要花一秒钟就能自己放下。对许多女性来说，掀起的马桶座象征着男性的特权感。因此，丈夫只要把马桶座放下来，就可以赢得妻子的好感。聪明的丈夫在放马桶座时会为自己的聪明感到得意。

接受影响是一种态度，也是一种技能。如果你留意自己与伴侣的关系，就可以磨炼这种技能。在日常生活中，你可以努力实践前 3 个法则并经常进行相关的练习。当你和伴侣发生冲突时，关键在于你要愿意妥协。要想做到这一点，你可以在伴侣的请求中发掘你认同的事情。例如，前文提到的查德也许无法减少工作时间，但他可以改变时间安排，比如把晚上的工作推迟到周五，以便帮助玛莎为她母亲的来访做准备。也许玛莎、奶奶或弟弟可以在周六带女儿练习踢足球（通常是查德的任务），这样查德就可以在当天完成一些工作。

　　如果一位男性尽了很大的努力，仍然无法在某个问题上接受妻子的影响，这就意味着，一个无法得到承认、无法解决的问题正在阻碍他的努力。在这种情况下，关键是要学会应对僵局，具体可参见法则6的建议。我们研究过的一对夫妻——蒂姆和卡拉就面临着这样的问题。蒂姆儿时的朋友巴迪失业了，他们经常为了巴迪而争吵，卡拉认为巴迪根本不算朋友。巴迪经常和女友吵架，最后烂醉如泥地睡在蒂姆家客厅的沙发上。卡拉担心巴迪会对蒂姆产生不良影响，认为巴迪经常来他们家是一种入侵和威胁。但每当卡拉试图和蒂姆谈论这个问题时，蒂姆就坚持说这是他家，他可以邀请任何人来。当卡拉不同意蒂姆的看法时，蒂姆会沉默不语，这让卡拉非常生气，并开始大声喊叫。然后，蒂姆会指责有问题的是卡拉，而不是巴迪。卡拉对蒂姆的态度感到非常愤怒，在她看来，是否让客人来访必须由他们俩一起决定，而蒂姆拒绝承认她也是家庭中的一员。

💗　**爱情大数据**

　　在80％以上的情况下，提出棘手婚姻问题的是妻子，而丈夫则试图回避讨论问题。这种状态不是不幸的婚姻所特有的，大多数幸福的婚姻也存在。

　　蒂姆不愿接受卡拉的影响似乎是他们婚姻的核心矛盾，尤其是因为他承认在这一点上没有妥协的可能。但当我问他和巴迪的友谊对他意味着什么以后，我发现，他们的友谊背后有很多不为人知的故事。蒂姆念高中时，他的父母正闹离婚，他的家庭生活被"撕裂"了，他在巴迪家里度过了很多个晚上。蒂姆认为现在是他帮助巴迪的时候了，因为巴迪曾多次帮助过他。他对卡拉试图让他抛弃巴迪感到愤怒，因为这会让他觉得自己不是一个知恩图报的人。他并不担心巴迪会对自己造成不良影响。他认为自己是个稳重的已婚男人，能帮助巴迪让他感觉很自豪。

当蒂姆谈论巴迪时，他和卡拉的关系中一直存在的问题变得更加清晰了，实际上，他们的根本问题在于彼此对友谊和忠诚的看法不同。认识到这一差异并能共同解决问题，他们就能改变彼此的关系。蒂姆不再将问题看作是他在自己家里想做什么的权力问题；卡拉则承认，令她愤怒的不仅仅是巴迪的存在，还有蒂姆的自私态度。卡拉告诉蒂姆，她真的很钦佩他对友谊的忠诚，这也是她非常喜欢的他的一个特质。她只是担心巴迪在利用他。蒂姆也承认巴迪可能是个爱占便宜的人。蒂姆认识到，这是他和卡拉之间的一个永恒的冲突，他同意与卡拉共同解决它，并诚心地接受了她的影响。蒂姆和卡拉也都更能理解对方的想法了。最后，他们同意让巴迪继续在他们的客厅过夜，但不能像以前那样频繁。

蒂姆能接受卡拉的影响，是因为他们终于找到了永恒的冲突的核心所在。**在许多情况下，丈夫只有敞开心扉，分享权力，并经常练习，才能接受妻子的影响。**丈夫可以通过以下测试来评估自己在当前的夫妻关系中受妻子影响的水平。妻子也应该进行测试，因为夫妻双方越愿意接受对方的影响，婚姻就越幸福。接下来，夫妻双方可以通过后面的练习来锻炼分享权力的能力。

接受伴侣影响测试

阅读以下每个描述，然后根据自己的实际情况选择"是"或"否"。

描述	是	否

1. 在一些基本问题上，伴侣对我的意见很感兴趣

2. 即使我们意见不一致，伴侣也能从我身上学到很多

3. 伴侣希望我觉得自己说的话很重要

4. 伴侣希望我能感觉到自己在婚姻中很有影响力

5. 伴侣能听取我的意见，但有一定限度

6. 伴侣认为我懂得许多基本常识

7. 即便我们有分歧，伴侣也会试着传达对我的尊重

8. 如果伴侣努力说服我，他最终会成功

9. 伴侣不会立刻拒绝我的意见

10. 讨论问题时，伴侣认为我不理性，不值得认真对待

11. 伴侣相信我们在讨论中从彼此身上学到了很多

12. 伴侣的话很有说服力，常常能在争论中获胜

13. 在做决定时，伴侣希望我有很大的发言权

14. 伴侣经常认为我有好点子

15. 在解决冲突方面，伴侣认为我能提供很大的帮助

16. 即便我们意见不一，伴侣也会尊重地倾听

17. 伴侣经常认为自己的解决方案比我的好

18. 伴侣通常能站在我的立场上赞同某些想法

19. 伴侣常常认为我太过情绪化

20. 在婚姻生活中，重大决定需要由伴侣来做

计分原则： 第 5、8、10、12、17、19、20 题，选"是"扣 1 分，其余各题选"是"计 1 分，选"否"不计分。

解读：

6 分及以上： 你们的婚姻很稳固，你的伴侣愿意与你分享权力，你们的婚姻情商都很高。

　　6 分以下： 你们的婚姻有待改善，你的伴侣很难接受你的影响，这会导致婚姻变得非常不稳定。如果你的伴侣仍然不明白分享权力的重要性，那他应该仔细重读本章。可参考本章的练习 1。

以退为进

　　设想你和伴侣在经历以下冲突。在进行这项练习时，尽可能生动地想象自己身处每个情境中，这样效果更好。无论伴侣说话的语气在这些情境中多么消极，尝试将其态度视为在强调问题的重要性，而不是攻击。换句话说，尝试回应伴侣的信息，而不是其语气。假设信息中包含合理的请求，你可以愉快地接受，然后用一句话描述出来。接着要留意，你会说些什么来表达你的合作意愿。每个情境都没有所谓唯一正确的答案，可以参考后续的示例答案。

　　示例： 假设你是做销售工作的，下班回家后，你通常会因为一整天都需要保持"高能"而感到疲劳。这时，你只想玩游戏。但你的妻子的工作不太需要与人互动，而是常常对着电脑，因此她渴望与你建立联结。一天晚上，当她试图与你交谈而你没有停下游戏时，她非常生气。你告诉她你已经厌倦了聊天。她大喊："那我呢？如果不谈论一下我的一天，我会疯的！"

　　妻子的合理要求：想谈论她的一天。

　　你的回答：对不起。给我半小时让我休息一下，然后我们一起聊聊天，怎么样？

　　情境 1： 你自认为是个不太会流露感情的人，并为此感到自豪。然而，你的妻子希望你在很多时候为她做些事情，比如在她的生日那天、情人节、你们的结婚纪念日等。在她生日那天，她表示自己很伤心，因为你没有为她策划生日派对，而她不得不自己安排。你对她说庆祝生日是小孩子才做的事情，她问你："你为什么不能给我想要的？这有什么大不了的？"

　　妻子的合理要求＿＿＿＿＿＿＿＿＿＿＿＿＿＿＿＿＿＿

　　你的回答＿＿＿＿＿＿＿＿＿＿＿＿＿＿＿＿＿＿＿＿＿

情境2： 你没有征得妻子的同意就接受了你们的朋友马特和莎莉的晚餐邀请，妻子对此很生气。她受不了在马特和莎莉家吃饭，因为她认为莎莉过分关注健康食品和膳食补充剂。"告诉他们我们不能去。"你的妻子坚持说。

妻子的合理要求_____

你的回答_____

情境3： 妻子想花钱维修房屋。你告诉她，除非她在其他方面削减开支，否则你们无法负担这笔开支。她说你很不公平，并问你："为什么在你认为重要的事上一直有钱花？"

妻子的合理要求_____

你的回答_____

情境4： 下班回家后，你有时候会把客厅弄得有点儿乱，但吃完晚餐缓过劲儿后，你会主动收拾。一天晚上，你忘了收拾客厅，你的妻子说："你把东西到处乱放，真的让我很生气。我也很累，我希望我不必替你收拾。为什么你不能在晚餐前收拾一下呢？"

妻子的合理要求_____

你的回答_____

情境5： 你刚下班回家，感到疲倦，但你还要去趟商店。你的妻子是位全职妈妈，她说她一整天都在照顾孩子，感到非常疲倦。她希望你带孩子一起出门，这样她就可以有一些独处的时间了。

妻子的合理要求_____

你的回答_____

示例答案

情境1： 妻子的合理要求：希望在一些特殊时刻感到自己很特别。

你的回答：我可以理解你希望自己在这些时刻是特别的。我们可以找个时间做一些大的庆祝活动，怎么样？

情境2： 妻子的合理要求：希望你认同莎莉确实会不停地谈论食物，这让她难以忍受。

你的回答：我理解你对莎莉的感受。但当我们刚搬到这个社区时，她真的很慷慨，而我也很喜欢马特。我确保不会把你单独留给莎莉讨论食物，怎么样？

我保证在为我们 4 个人做任何计划之前与你商量。

　　情境 3：妻子的合理要求：希望你认同房子确实需要维修了。

　　你的回答：好的，也许你是对的。你认为我们需要做哪些维修？

　　情境 4：妻子的合理要求：希望你在晚餐前收拾客厅。

　　你的回答：对不起。好的，我会打扫的。（然后遵守承诺，打扫干净）

　　情境 5：妻子的合理要求：希望从照顾孩子的繁重工作中抽身休息一会儿。

　　你的回答：好的。（转向孩子）孩子们，我们去兜兜风，路上买冰激凌给你们吃。

　　通过以上练习，你应该可以更好地理解一般关系中"付出"的含义了，下一步是习惯于在婚姻中和伴侣分享权力。以下练习有助于你们一起做决定。记住，本练习的目的是让你们俩都具有影响力并接受彼此的影响。

戈特曼荒岛求生游戏

　　想象一下，你们正乘坐游轮在加勒比海上，突然，游轮沉没了；后来，你和伴侣在一座荒岛上醒来。你们俩是唯二的幸存者，但一方受伤了。你们不知道自己身处何方，不确定有没有人知道游轮遇难的情况，而且一场风暴似乎即将来临。你们决定做好在荒岛上生存和确保被救援队找到的准备。海滩上有一些从游轮上留下的物品可以帮助你们，但你们只能携带 10 件。

　　你们的任务如下。

　　首先，为了生存下去，双方分别在纸上写下自认为必须保留的 10 件最重要的物品，然后根据重要性对这些物品进行排序：最重要的物品标为 1，次重要的物品标为 2，以此类推。本题的答案并没有正误之分。

游轮物资清单

1. 2 套衣服
2. 1 台收音机
3. 约 40 升水
4. 1 套锅具

5. 1 盒火柴
6. 1 把铲子
7. 1 个背包
8. 1 卷卫生纸

9. 2 个帐篷

10. 2 个睡袋

11. 1 把刀

12. 1 个带帆的小救生筏

13. 1 瓶防晒霜

14. 1 套炊具和灯笼

15. 1 条长绳

16. 2 台对讲机发射 / 接收装置

17. 能维持 7 天的冷冻干食

18. 1 套可换洗的衣服

19. 1/5 瓶威士忌

20. 一些信号弹

21. 1 个指南针

22. 1 张区域航空地图

23. 带有 6 发子弹的枪支

24. 50 包安全套

25. 1 个装有青霉素的急救箱

26. 1 个氧气罐

其次，彼此分享排序清单。然后一起讨论，并定出一个共识列表，即需要一起解决问题并作为团队共同进行决策。双方都需要在讨论问题时和最后的决定中发挥影响力。当你们完成以后，是时候评估游戏的进展了。双方都要回答以下问题：

1. 你认为自己对伴侣的影响力如何？

A. 无效

B. 既不有效也不无效

C. 有一定效果

D. 非常有效

2. 你认为伴侣对你的影响有多大？

A. 无效

B. 既不有效也不无效

C. 有一定效果

D. 非常有效

3. 你们中是否有人试图支配对方，或者彼此存在竞争？

A. 经常

B. 有时

C. 偶尔

D. 没有

4. 你是否沮丧或退缩了？

A. 经常

B. 有时

C. 偶尔

D. 没有

5. 你的伴侣是否沮丧或退缩了？

A. 经常

B. 有时

C. 偶尔

D. 没有

6. 你觉得这个游戏好玩吗？

A. 一点儿也不　　　　　　　　B. 有一点儿

C. 还可以　　　　　　　　　　D. 非常好玩

7. 你们作为一个团队是否合作得很好？

A. 没有　　　　　　　　　　　B. 有一点儿

C. 还可以　　　　　　　　　　D. 非常好

8. 你有多少烦躁或愤怒的感觉？

A. 很多　　　　　　　　　　　B. 一些

C. 很少　　　　　　　　　　　D. 没有

9. 你的伴侣有多少烦躁或愤怒的感觉？

A. 很多　　　　　　　　　　　B. 一些

C. 很少　　　　　　　　　　　D. 没有

10. 你们俩是否都感觉到平等地参与到练习中了？

A. 完全没有　　　　　　　　　B. 有一点儿

C. 比较多　　　　　　　　　　D. 非常多

计分原则： 选 A 得 1 分，选 B 得 2 分，选 C 得 3 分，选 D 得 4 分，然后将得分相加。

解读：

24 分以上： 说明你们在接受对方影响和团队合作方面做得很好。

24 分及以下： 说明你们在接受对方影响和团队合作方面需要进一步努力。

如果你在接受伴侣的影响方面存在困难，那么向伴侣承认这一点并与其进行交谈，将对你们的婚姻十分有益。没有人能在一夜之间完全改变旧习惯。如果你能主动为自己的习惯负责，那将是重大的飞跃。你的伴侣很可能会感到巨大的宽慰，并重新激发你们对婚姻的乐观态度。接下来就是让伴侣成为你的盟友，请对方温和地指出你无意中支配、防御或不尊重对方的情况。

幸福婚姻的 7 大法则是相互关联的，当你掌握了其他法则时，就更容易接受伴侣的影响。同样，你越擅长接受伴侣的影响，你在遵守其他法则时就越容易。愿意分享权力并尊重伴侣的观点是学会妥协的先决条件。因此，接受伴侣影响的能力对于更好地应对婚姻冲突尤其重要，这也是法则 5 和法则 6 的重点。正如后文将提到的，几乎所有夫妻都会面临两种类型的婚姻冲突。但无论你面临的是哪种类型的婚姻冲突，接受伴侣影响的能力都是婚姻幸福的基石。

08

两种婚姻冲突

无休止的争吵说明你们之间
存在深刻的分歧，在解决冲突之前，
要先解决这些分歧。

　　每桩婚姻都是夫妻双方的观点、个性、怪癖和价值观的结合，因此，婚姻幸福的夫妻同样需要应对大量的冲突，这并不奇怪。一些冲突只是因芝麻小事而起，对婚姻影响不大，另一些冲突似乎极度复杂，对婚姻的影响非常大。很多夫妻常常陷入冲突，或者为了保护自己而彼此疏远。

　　你也许觉得自己的情况独一无二，但我们发现，从世俗的烦恼到家庭大战，所有的婚姻冲突都可以分为两类：永恒的冲突和可解决的冲突。前者意味着，它们会以这样或那样的形式永恒地出现在你们的生活中。一旦你们能辨别并确定各种分歧，你们就可以根据冲突类型来制定相应的应对策略了。

永恒的冲突

　　事实上，婚姻生活中的绝大部分冲突都是永恒的。准确地说，这个比例是 69%。我们对一些夫妻进行了长达 4 年的追踪调查，发现他们仍然在为同样的问题争论不休，好像过去的不是 4 年，而是 4 分钟。他们虽然换了新衣服、改了发型、胖了或瘦了几斤、多了或少了几条皱纹，但仍然在进行同样的争论。下面是一些婚姻幸福的夫妻生活中常见的永恒的冲突：

- 梅格想要一个孩子，但丈夫唐纳德说他还没准备好——他也不知道何时能准备好。
- 瓦尔特希望经常做爱，妻子丹娜却不这么想。
- 克里斯干家务活很马虎，而且经常忘记完成他应做的那份，除非妻子苏珊不断地唠叨他。但只要苏珊一唠叨，他就很生气。
- 托尼想把孩子培养成天主教徒，而妻子杰西卡是犹太人，她想让孩子信仰犹太教。
- 安吉认为丈夫罗恩对儿子太严厉了，但罗恩认为他的做法是正确的，应该教导儿子用正确的方法做事。

尽管以上提到的这些夫妻存在分歧，但他们仍然对婚姻感到满意，因为他们已经想出办法来应对这些无法改变的冲突，这些冲突无法打败他们。他们学会了把冲突悬而不论，还能幽默地调侃。

梅琳达和安迪这对夫妻是我们的研究对象之一，因为安迪不愿与家人一起出去郊游，二人经常为此起冲突。但在和我谈论这个问题时，他们俩并没有生气，只是友好地讲述发生的事。安迪说在他们争吵结束时，他总爱说一句话。梅琳达知道他要说什么，她过来插话，模仿安迪的腔调说："好吧，我会去。"安迪添了一句他的口头禅："你说了算，亲爱的。"

"我们仍然会继续这样做。"梅琳达解释说。安迪低声轻笑，补充了一句："我们还是认同好的方面的，对吗？"梅琳达和安迪没有解决他们的冲突，但他们学会了与之共存并能轻松地谈论它。

无论婚姻治疗师怎么说，你都不必为了婚姻美满而解决主要冲突。

另一对幸福的夫妻卡门和比尔面临的永恒的冲突是，他们对井井有条的程度有不同看法。卡门很有纪律性，比尔经常心不在焉。为了卡门，比尔会努力回想他把东西放哪儿了；为了比尔，当东西不见时，卡门尽量不唠叨他。比如，当卡门在回收箱的一叠半米高的报纸下找到上个月的电话账单时，她会温和地取笑比尔的漫不经心，除非她那天压力很大，那她可能会大发脾气。等她发完脾气之后，比尔会给她按摩背以示悔过，然后他们继续快乐地过日子。也就是说，他们在不断地解决这个冲突，且大部分时间里都做得很好，有时冲突会得到缓解，有时会变得更糟。但是，因为他们注意到了这个冲突并能就此进行沟通，所以他们之间的爱不会被破坏。

这些夫妻从直觉上懂得这些冲突是婚姻生活中不可避免的一部分，就像人上了年纪，无法避免患上一些慢性病一样。这些问题就像关节炎、颈椎病、胃肠病等，也许会让我们苦恼，但总有办法避免它们恶化，还可以想出一些策略和惯常程序来对付它们。心理学家丹·怀尔（Dan Wile）在《蜜月之后》（After the Honeymoon）一书中很好地说明了这一点："当你选择了一位长期生活伴侣时……你同时也不可避免地选择了一系列特殊的无法解决的冲突，你会同这些冲突斗上 10 年、20 年或 50 年。"

婚姻成功与否取决于你选择了多少能应对的冲突。怀尔写道："保罗和爱丽丝结婚了，爱丽丝喜欢在晚会上纵情玩乐，保罗则很腼腆，他讨厌这样。但如果保罗和苏珊结婚，甚至在他们参加晚会之前，他就会和苏珊打起来，因为保罗总迟到，而苏珊讨厌等人。苏珊觉得男人等女人是理所当然的，她对这个问题非常敏感；而保罗会把苏珊的抱怨看作是她试图支配他，他对这一点非常敏感。如果保罗和盖尔结婚，他们甚至不会参加晚会，因为他们仍然会被前一天关于保罗不帮忙干家务的争吵搅得心烦意乱。对盖尔来说，当保罗不帮忙干家务时，她觉得自己被抛弃了，这正是她敏感的地方；对保罗来说，盖尔的抱怨其实是她企图支配他，他对这一点很敏感。"

在不稳定的婚姻中，像这样永恒的冲突最终会终结婚姻关系。因为夫妻双方没能有效地解决冲突，而是陷入了僵局。他们虽然一再谈论某个冲突，但只是挑起争执而已，却没能解决它。因为事情毫无进展，他们愈发感到受伤、失望，彼此不信任。当他们争吵时，末日四骑士出现的次数会增多，而幽默与爱意会减少，他们会变得更加固执己见。渐渐地，他们会觉得疲惫不堪，开始慢慢把冲突涉及的内容都隔离开或封闭起来，如都默认不去注意或讨论它。双方可能会说："让我们搁置争议。"然后，他们会把冲突搁置起来。不过，他们会一再地在这个冲突上产生争执。

逃避在永恒的冲突上发生矛盾，会导致情感疏离。夫妻双方对彼此的信任和关系都会衰退，因为他们越来越陷入伴侣捕鼠器的消极情绪中。随着僵局的恶化，双方都觉得对方很自私，只关心自己。他们可能仍然住在一起，但各过各的，且都不可避免地感到孤独——这是婚姻的丧钟。

陷入僵局的迹象

如果你不确定你和伴侣在某个永恒的冲突上是陷入了僵局还是处理得很好，可参考以下清单，它会帮助你核实情况。陷入僵局的特征有：

- 冲突让你觉得自己被伴侣拒绝。
- 你们不停地谈论它，却毫无进展。
- 你们变得固执己见而不愿退让。
- 当你们讨论某个话题时，你最终会觉得自己更加沮丧和受伤。
- 你们在谈论某个问题时，都缺乏幽默感或没有感情。
- 随着时间的推移，你们变得越来越顽固，在交谈时会诋毁对方。
- 这种诋毁会让你们更加固执己见，且更加偏激，观点越来越极端，越来越不愿妥协。
- 最终，你们在情感上疏远彼此。

不过，无论你们在某个冲突上的僵局多么严重，总有办法可以让你们摆脱这种局面。就像后文提到的，根据法则 6，你们需要有动力和意愿去探索这些隐藏的冲突。**摆脱僵局的关键，是发现并与对方分享你生活中重要的个人梦想**。得不到回应的梦想是陷入僵局的冲突的核心，也就是说，无休止的争吵说明你们之间存在深刻的分歧，在你们解决冲突之前，要先解决这些分歧。

可解决的冲突

与永恒的冲突相比，可解决的冲突或许听起来相对简单，但它们同样能让夫妻双方痛苦不堪，因为冲突可以解决并不意味着它们得到了解决。可解决的冲突导致夫妻关系过度紧张，是因为他们没有学会用有效的方法来战胜它们。幸福婚姻的法则 5 能直接解决这些冲突，它基于我们对高情商夫妻正确处理分歧的研究，提供了一种解决冲突的替代方法。以下是 5 点建议：

- 确保你们的讨论以温和的开场白开始，而不是苛刻的开场白。
- 学会有效地使用感情修复尝试。
- 在紧张的讨论中，监测你的生理变化，以便知道你在情绪淹没时身体发出的警示信号。
- 学会妥协。
- 容忍伴侣的缺点。

依照以上方法，你将发现，可解决的冲突已经不再干扰你的幸福婚姻了。

辨别冲突

如果你和伴侣的冲突是根深蒂固的，那你们的分歧是属于陷入僵局型还是可解决型，可能很难分辨。辨别冲突属于可解决的冲突的方法是，与导致双方陷入僵局的永恒的冲突相比，它们似乎不那么棘手，给人精神上的痛苦也不那么强烈。因为当你和伴侣讨论可解决的冲突时，你注意的只是特殊的两难之境或状况，没有潜在的冲突来激发你们争吵。

埃莉诺和蕾切尔两人都抱怨丈夫车开得太快，但应对方式很不一样。

埃莉诺就这个问题同丈夫米格尔争论了很多年。米格尔总说她反应过度，他提醒说，他开车从未出过事故，他不是一个胆大妄为的司机，而是一个自信的司机。后来，埃莉诺大声控诉米格尔很自私，说他不关心他的超速令她感到害怕。米格尔则说，真正的问题是埃莉诺不信任他。每次发生争吵时，他们都会更加沮丧、受伤并固执己见，甚至互相诋毁。

对埃莉诺和米格尔来说，超速驾驶成了他们可能永远无法完全解决的永恒的冲突，因为他们在这个冲突上的分歧表明他们之间存在着更深层的冲突，他们实际上是在讨论信任、安全、自私等大问题。为了避免持续不断的争论破坏婚姻，他们需要弄清楚这种争论对双方真正意味着什么，只有弄清楚了冲突背后的矛盾，他们才能有效地处理。

对蕾切尔和丈夫贾森来说，在超速驾驶上的分歧是个可解决的冲突。工作日早上，他们一起从郊区开车到市中心上班。蕾切尔认为贾森车开得太快，贾森说他必须开快点，因为蕾切尔早上要花很长时间准备，如果他不开快点，他们上班就会迟到。蕾切尔说她早上要花很长时间是因为贾森先洗澡，而且要洗很长时间。另外，贾森还总是不收拾早餐盘子，任由它们散在桌上，当蕾切尔忙着洗盘子时，他就在车上按喇叭催她。每个工作日的早上，他们都会为洗澡时间和家务进行一番争论。当贾森把蕾切尔送到她的办公室时，贾森已经开始冷战，蕾切尔则在强忍着泪水。

这对夫妻的驾驶问题是个可解决的冲突，因为对开车的人来说，这是依情况而定的，只有在他们去上班时才会发生这种情况，而不会影响他们生活的其他方面。与埃莉诺和米格尔不同，蕾切尔和贾森没有互相诋毁，他们讨论的不是贾森的自私或蕾切尔的不信任，而仅仅是在讨论开车以及他们早上的日常生活惯例。通过学会用更有效的方式来同对方谈论这个冲突，他们就能迅速达成妥协。比如，他们可以把闹钟调早 15 分钟，或者要么蕾切尔先洗澡，要么贾森记得洗盘子。但是，如果蕾切尔和贾森在这个冲突上无法达成妥协，他们很可能会更加憎恨对方，更加固执己见。他们的冲突可能会加剧，且冲突本身也会承担更多的象征意义，换句话说，这个冲突会发展成令他们陷入僵局的永恒的冲突。

下面是几种婚姻冲突，判断它们是可解决的冲突还是永恒的冲突，并圈出可解决冲突的序码，不圈永恒的冲突的序码。

1. 克里夫和妻子琳恩商定，每天晚饭后由克里夫把厨房垃圾拿出去倒掉。但最近，克里夫让工作中的一项迫在眉睫的重要任务搅得心烦意乱，他忘记清理厨房垃圾了。于是变成要么最终琳恩自己倒垃圾，要么任由垃圾放在那儿。到了第二天早上，屋子闻起来像个垃圾场，琳恩很生气。

2. 爱丽丝希望少花点儿时间和丈夫乔尔在一起，多花点儿时间与朋友在一起。乔尔说这让他觉得自己被抛弃了，爱丽丝则说她需要自己的时间。乔尔似乎非常需要爱丽丝，爱丽丝却被他的这种需求弄得喘不过气来。

3. 英格丽希望丈夫盖瑞能把困扰他的事情说出来而不是生闷气，但当盖瑞告诉她，他是因她做的一些事而不快时，她开始数落盖瑞一下子提出太多问题。盖瑞说既然讨论这些事情对他来说很艰难，那么当他谈论这些事情时，他希望得到"奖赏"，即他希望英格丽能向他道歉，而不是批评他的交流方式。

4. 每周一晚上，赫莲娜都会和朋友聚在一起，丈夫乔纳森希望她能和他一起参加交际舞培训课。但培训课只在周一晚上开课，而赫莲娜不想放弃与朋友一起玩乐的夜晚。

5. 佩妮抱怨丈夫罗杰希望她把照顾刚出生的孩子的任务揽下来。罗杰说他也想做更多，但他白天要工作，而且在给孩子换尿布、洗澡等问题上不像她那样有经验，所以他希望她多做一点儿。而且不论何时，当罗杰试着帮忙时，比如在孩子哭了，他把孩子抱起来时，佩妮总是告诉他抱孩子的方式不对，这让他很生气。最终，罗杰告诉佩妮，照看孩子的事情她一个人干好了。

6. 吉姆希望妻子西娅在操持家务上能更有条理，比如多做清洁，更好地利用早晨的时间，这样孩子们就能按时上学，等等。吉姆在提建议时表现得扬扬自得，高人一等，这让西娅觉得家里的混乱无序是由她的性格缺陷造成的。无论吉姆何时提起这个话题，西娅总觉得自己受到了攻击，于是为自己辩护。她说这是一个家，不是一座军营，他应该对这些问题放低要求，因为他的要求不合理。对于这个问题，他们已经争论4年了。

7. 无论布莱恩与妻子艾丽莎何时有分歧，布莱恩总会迅速提高嗓门。当他冲艾丽莎吼叫时，艾丽莎感到压力巨大，她要求他停止叫喊。布莱恩说当他感到不安时，他不觉得大喊大叫有什么错。艾丽莎开始哭泣，并告诉布莱恩她受不了。他们最终发现，他们是在为布莱恩的大喊大叫而争吵，而不是就某个问题有分歧而争吵。

8. 自从孩子出生以来，安东尼觉得妻子伊莎贝尔把他从她的生活中挤出去了。伊莎贝尔坚持一个人看孩子，而且似乎没时间陪他。在伊莎贝尔两岁时，她的父母离婚了，她被父母安排在两边的亲戚家住了很多年。她告诉安东尼，她不希望他们的孩子觉得自己被父母遗弃了。但是，安东尼觉得伊莎贝尔背叛了自己，因为他一直爱着她的原因之一，就是伊莎贝尔是那样柔情地爱着他。现在，伊莎贝尔把所有的爱都给了孩子，安东尼觉得自己被骗了。

9. 奥斯卡从他的祖母那里继承了5 000美元，他想用这笔钱买一套家庭健身器材，但妻子玛丽认为应该把这笔钱存起来付房子的首付。奥斯卡说这笔钱用来付首付差太多了，还不如用它来买他们马上就能用的东西。但玛丽认为钱要一点一滴地积累，而且他们必须一直努力地存钱。

10. 萨拉认为丈夫莱恩在给服务生、出租车司机小费时太小气了，她为此感到不快。在她的想象中，一个强壮、性感的男人应该慷慨大方。当她在这点上对莱恩感到失望时，她非常看不起他。而莱恩认为萨拉出手太大方了，这让他感到不安。对莱恩来说，金钱代表安全感，代表他对生活的控制，因此，放弃任何钱财对他来说都是件很难的事。

以下是参考答案。

1. **可解决的冲突**。克里夫仅仅是这两天没有清理厨房垃圾，而且他这么做是有特殊原因的。他最近工作压力很大，因此才忘记倒垃圾，这个原因不会在更深的层次上影响他和琳恩的关系。解决这个冲突的方法有很多，如可以写张纸条贴在冰箱门上提醒他倒垃圾，还可以暂时调整家务安排，由琳恩倒垃圾，直到克里夫完成工作任务。

2. **永恒的冲突**。爱丽丝和乔尔在性格上存在根本性差异，对亲密感和联结感的需求也存在很大差异，这种差异是不可改变的，他们需要相互适应。

3. **永恒的冲突**。英格丽与盖瑞在谈论某一问题时并不存在冲突，他们的冲突是如何进行交流。这与具体状况无关，而是只要他们有分歧，这个冲突就会出现。

4. **可解决的冲突**。赫莲娜和乔纳森能够用许多方法来解决这个冲突：他们可以一周去上交际舞培训课，一周让赫莲娜与朋友出去玩；也许赫莲娜的朋友愿意改天出去玩；或者乔纳森另找一家在其他时间开课的舞蹈课；也可能他们中的一方会爽快地同意不给对方施加压力。

5. 可解决的冲突。罗杰只要多花时间与孩子在一起，就能学会更好地照顾孩子。佩妮需要退一步，让罗杰以他自己的方式来照顾孩子。这个冲突与他们中任何一方的深层需求无关，因此通过协商，可以很容易得到解决。

6. 永恒的冲突。这个冲突开始可能仅仅与打扫房间和条理化有关。也许吉姆和西娅对凌乱、污垢及如何安排生活有不同的容忍度，但由于他们在持家问题上未找到妥协方案，因此会继续为这些分歧争论。西娅会觉得吉姆不重视或不尊重她，而吉姆觉得西娅作为女主人没有承担起让家里井井有条的责任。这场争论演变成他们彼此发泄憎恨，而不是讨论家务。

7. 永恒的冲突。布莱恩和艾丽莎有不同的情绪模式。布莱恩的情绪往往是不稳定的，容易激动，且会在产生分歧时发泄情绪。艾丽莎则喜欢冷静、理性地讨论问题。当布莱恩开始冲她喊叫时，她感到不知所措，而且她很快觉得自己被情绪淹没了。情绪模式是一个人性格的一部分，他们俩谁都不可能改变自己的情绪模式，但通过意识到并尊重彼此的情绪模式，他们能找到一种双方都感到满意的解决冲突的方式。

8. 永恒的冲突。核心冲突是伊莎贝尔和安东尼有着截然不同的情感需求，孩子的出生使他们之间的差异凸显出来。安东尼应该试着理解伊莎贝尔的想法，即害怕孩子会重蹈她悲伤童年的覆辙，他可以和她一起努力，确保她会是一个称职的母亲。而安东尼正经历巨大的"损失"，因为伊莎贝尔远离了他，全身心地投在孩子身上。除非伊莎贝尔能明白这对安东尼意味着什么，否则安东尼会离开她。

9. 可解决的冲突。奥斯卡和玛丽在存钱问题上有不同的观点，但他们因金钱而起的冲突还没有泛化，这仅仅是关于奥斯卡要如何处理遗产的简单的意见分歧。因此，他们可能会找到一个直截了当的妥协方法，比如可以用一半的钱来买健身器材，把另一半的钱存起来。

10. 永恒的冲突。金钱对莱恩和萨拉而言有着截然不同的意义。由于金钱的象征意义通常根植于一个人的童年经历，因此，莱恩不可能自然而然地变成一个给很多小费的人，而萨拉也不会突然就学会使用优惠券。但如果他们一起努力解决这个永恒的冲突（尤其是萨拉因此而看不起莱恩），它将不再是他们关系中的主要痛点。

婚姻冲突评估测试

你已经充分了解了可解决的冲突和永恒的冲突之间的区别，现在是时候给你们的婚姻冲突分类了。这样做是为了让你知道，你可以用哪些方法来应对这些冲突。下面列出了 17 种常见的导致婚姻冲突的情况，对于每种情况，你要指出它在你的婚姻中是属于永恒的冲突、可解决的冲突，还是目前不成问题，并在相应的框中打钩。如果属于可解决的冲突或永恒的冲突，请阅读后文对相应问题的描述，看看你们的冲突主要出现在哪些方面。

1. 我们在情感上互相疏远
□ 永恒的冲突　　　□ 可解决的冲突　　　□ 目前不成问题
以下是这种情况的几个具体方面，看看你们是否存在相应的冲突：
我们仅仅在互相讨论时存在困难
我们彼此的情感联结较少
我觉得自己受到了怠慢
我觉得伴侣目前理解不了我，伴侣（或自己）心不在焉
我们很少在一起
评论＿＿＿＿＿＿＿＿＿＿＿＿＿＿＿＿＿＿
2. 非婚内压力（如工作紧张）给我们的婚姻带来了影响
□ 永恒的冲突　　　□ 可解决的冲突　　　□ 目前不成问题
以下是这种情况的几个具体方面，看看你们是否存在相应的冲突：

我们没能一直互相帮助来减轻日常压力

我们没有共同谈论过这些压力

我们没能以有益的态度一起讨论压力

对于我的压力与焦虑，伴侣不会以理解的态度倾听

伴侣把工作或其他方面的压力发泄在我身上

伴侣把工作或其他方面的压力发泄在孩子或其他事物上

评论＿＿＿＿＿＿＿＿＿＿＿＿＿＿＿

3. 我们的婚姻越来越不浪漫，越来越没激情，爱的火焰正在熄灭

□ 永恒的冲突　　　□ 可解决的冲突　　　□ 目前不成问题

以下是这种情况的几个具体方面，看看你们是否存在相应的冲突：

伴侣不再对我说甜言蜜语

伴侣很少向我表达爱意或赞赏

我们很少抚摸对方

伴侣（或自己）感受不到浪漫

我们很少拥抱

我们很少有温柔或激情的时刻

评论＿＿＿＿＿＿＿＿＿＿＿＿＿＿＿

4. 我们的性生活有问题

□ 永恒的冲突　　　□ 可解决的冲突　　　□ 目前不成问题

以下是这种情况的几个具体方面，看看你们是否存在相应的冲突：

我们做爱的次数比较少

我或伴侣对性生活不太满意

我们在讨论性方面的问题上存在困难

我们在性事上有不同的需要

我们做爱的欲望降低了

我们的性爱没有多少浓情蜜意

评论＿＿＿＿＿＿＿＿＿＿＿＿＿＿＿

5. 我们不能很好地处理生活中的重大变化，如孩子出生、失业、搬家、生病或亲人去世

□ 永恒的冲突　　　□ 可解决的冲突　　　□ 目前不成问题

以下是这种情况的几个具体方面，看看你们是否存在相应的冲突：

我们在如何处理事情上有着截然不同的观点

事情会导致伴侣疏远我

事情会使我们变得急躁

事情会导致我们产生很多争吵

我关心的是事情会如何结束

我们现在的立场大不相同

评论＿＿＿＿＿＿＿＿＿＿＿＿＿＿＿＿＿

6. 我们不能很好地处理有关孩子的重大问题，包括是否要孩子

□ 永恒的冲突　　　□ 可解决的冲突　　　□ 目前不成问题

以下是这种情况的几个具体方面，看看你们是否存在相应的冲突：

我们对孩子有着不同的期望

我们对教育孩子有不同的看法

我们对如何培养孩子有不同的看法

我们在如何亲近孩子方面存在分歧

我们不能很好地谈论以上这些问题

我们的分歧中充满紧张与愤怒

评论＿＿＿＿＿＿＿＿＿＿＿＿＿＿＿＿＿

7. 我们不能很好地处理涉及双方家人或亲戚的重大问题或事件

□ 永恒的冲突　　　□ 可解决的冲突　　　□ 目前不成问题

以下是这种情况的几个具体方面，看看你们是否存在相应的冲突：

我觉得自己不被伴侣的家庭所接受

我有时会想，伴侣的心究竟在哪个家庭

我觉得我不被自己的家庭所接受

对于可能发生的事，我们都很紧张

这个冲突导致了很多让人恼怒的事

我关心的是事情会如何结束

评论＿＿＿＿＿＿＿＿＿＿＿＿＿＿＿＿＿

8. 我们中的一方在外与人调情，或者有了外遇之类的事

☐ 永恒的冲突　　　☐ 可解决的冲突　　　☐ 目前不成问题

以下是这种情况的几个具体方面，看看你们是否存在相应的冲突：

这个冲突导致了许多痛苦

这方面的冲突会带来不安全感

我应对不了谎言

重新建立信任是很难的事

我有一种被背叛的感觉

我不知道如何处理这件事

评论_____

9. 我们之间发生了不愉快的争吵

☐ 永恒的冲突　　　☐ 可解决的冲突　　　☐ 目前不成问题

以下是这种情况的几个具体方面，看看你们是否存在相应的冲突：

我们现在争吵的次数更多了

我们似乎会没缘由地争吵

生气与易怒已经悄悄地进入我们的婚姻

我们已经陷入互相伤害的泥沼

我最近觉得不被伴侣尊重

我觉得伴侣在批评我

评论_____

10. 我们在基本目标、价值观或期望的生活方式上存在分歧

☐ 永恒的冲突　　　☐ 可解决的冲突　　　☐ 目前不成问题

以下是这种情况的几个具体方面，看看你们是否存在相应的冲突：

我们在生活目标上出现了分歧

我们在一些重要的信念上出现了分歧

我们在闲暇时的兴趣爱好上出现了分歧

我们似乎想从生活中得到不同的东西

我们在朝不同的方向发展

我不太喜欢与伴侣在一起时的我

评论_____

11. 我们的婚姻中发生了许多令人非常不安的事件，如暴力、酗酒或外遇

☐ 永恒的冲突　　☐ 可解决的冲突　　☐ 目前不成问题

以下是这种情况的几个具体方面，看看你们是否存在相应的冲突：

我们开始互相伤害

我们有酗酒问题

我们的婚姻变得出乎我的最初设想

我们的婚姻"协议"正在发生改变

我发现伴侣的一些要求令我不安或令我感到恶心

我现在对这段婚姻有点失望

评论_____

12. 我们不能很好地作为一个团队来做事

☐ 永恒的冲突　　☐ 可解决的冲突　　☐ 目前不成问题

以下是这种情况的几个具体方面，看看你们是否存在相应的冲突：

我们不再常常互相分担家务

我们似乎背道而驰了

在干家务和照顾孩子方面，伴侣没有公平地分担相应的任务

伴侣没有家庭财政大权

我觉得自己一个人在管理这个家

伴侣不是很体贴

评论_____

13. 我们在分享权力和接受彼此的影响方面存在困难

☐ 永恒的冲突　　☐ 可解决的冲突　　☐ 目前不成问题

以下是这种情况的几个具体方面，看看你们是否存在相应的冲突：

在一起做决定时，我显得无足轻重

伴侣变得越来越盛气凌人

我的要求越来越多

伴侣变得很被动

伴侣有点稀里糊涂，在婚姻中没有发挥作用

我开始更加关心是谁在管家里的事

评论_____

14. 我们不能很好地处理家庭财务方面的问题

☐ 永恒的冲突　　　☐ 可解决的冲突　　　☐ 目前不成问题

以下是这种情况的几个具体方面，看看你们是否存在相应的冲突：

我们中的一方赚钱不多

我们在如何花钱和存钱上存在分歧

我们有财务压力

在花钱时，伴侣更关心自己，而不是"我们"

我们没能共同处理好财务问题

我们没有详细的财务计划

评论_____

15. 这些天来，我们在一起时不怎么愉快

☐ 永恒的冲突　　　☐ 可解决的冲突　　　☐ 目前不成问题

以下是这种情况的几个具体方面，看看你们是否存在相应的冲突：

我们似乎没有多少时间来娱乐

我们试着享受在一起的时光，但似乎并未享受到多少乐趣

我们太过关注乐趣了

这些天，工作占据了我们大部分的时间

我们的兴趣大不相同，没有什么有趣的事情是我们喜欢一起做的

我们计划做一些有趣的事情，但从来没有实操过

评论_____

16. 这些天以来，我们在宗教问题上的意见不一致

☐ 永恒的冲突　　　☐ 可解决的冲突　　　☐ 目前不成问题

以下是这种情况的几个具体方面，看看你们是否存在相应的冲突：

我们的信仰不一致

我们对宗教问题与宗教价值的看法不一致

我们对特定的教堂有不同的看法

我们关于宗教问题未能很好地交流过

我们在精神世界的成长和转变方面存在问题

我们有涉及家庭和孩子方面的宗教问题

评论_____

17. 我们在成为社区的一分子和共同建设社区上存在冲突

☐ 永恒的冲突   ☐ 可解决的冲突   ☐ 目前不成问题

以下是这种情况的几个具体方面，看看你们是否存在相应的冲突：

我们对加入朋友圈或其他团体有不同看法

我们对社区各个机构的关注度不一样

我们对把时间花在社区各个机构上有不同看法

我们对参加某些项目或为慈善组织工作有不同看法

我们在为他人服务的事情上有不同看法

我们对是否该在社区服务中担任领导角色有不同看法

评论_____

　　以上 17 种情况涵盖了婚姻冲突不同的方面，统计一下每种情况你所选取的具体冲突的数目。对于每种情况，如果你选择的冲突数超过两个，说明你们在这方面存在重大的冲突。对于可解决的冲突，可以参考本章相关的建议。如果你们的一些冲突属于永恒的冲突，可以参考法则 6 的建议。你会发现，你们的婚姻和大多数婚姻一样，要同时处理这两种类型的冲突。

冲突管理的关键

　　在后面的章节中，我们会介绍针对婚姻冲突的具体解决技巧，无论它们是永恒的冲突还是可解决的冲突。在此之前，我们有一些总体的建议：

　　消极情绪很重要。虽然听伴侣表达消极情绪可能会让你感到有压力，但请记住，成功关系的座右铭是："当你痛苦时，世界停止，而我倾听。"即使是伴侣对你产生愤怒、悲伤、失望或恐惧的情绪，你也要倾听。消极情绪包含了关于如何更好地相爱的重要信息。要做到真正地倾听伴侣在沮丧时所说的话，需要深入的理解和良好的技能。本书的一个目标是指导夫妻在不互相攻击的情况下倾听彼此的消极情绪，以便传达信息、使关系逐渐改善，而不是造成更多的伤害。对夫妻双方来说，这样的讨论很艰难。如果双方都能认识到这一点并记得彼此温柔以待，那么这将有所帮助。

没有人永远正确。 在婚姻冲突中，不存在绝对的现实，只有夫妻双方各自看到的主观现实。无论是可解决的冲突还是永恒的冲突，都是真实的。正如我的朋友丹·西格尔（Dan Siegel）所说："不存在完美的感知。"记住这个基本的真理有助于你们解决彼此的冲突。

接纳至关重要。 很多人都不听伴侣的建议，除非他们相信对方了解、尊重和接纳他们的本来面目。当人们感觉受到批评、不待见或未受到赏识时，他们是无法改变的。相反，他们只会感到受到了攻击，于是会更加固执。因此，有效应对夫妻冲突的基础，是表达对双方个性的基本接纳，无论是可解决的冲突还是永恒的冲突。在要求伴侣改变开车方式、饮食习惯、清洁方式或做爱方式之前，你必须确保对方感到被理解和尊重，而不是被批评或贬低，就像"天啊，你开得太快了！开慢点儿，不然你会害死我们的！"和"我知道你喜欢开快车，但我真的很紧张。你能开慢点儿吗？"是有很大区别的。也许后一种说法需要花更多的时间练习，却是值得的，因为这是唯一有效的方法。

在这方面，成年人可以从儿童发展研究中学到一些东西。如果我们表达对孩子情感的理解和尊重，比如对他们说"那只小狗吓到你了""你哭是因为你现在很难过""你听起来很生气，我们谈一谈"，而不是贬低或嘲笑他们的感受，如对他们说"害怕小狗的人很没出息""男孩子不该哭""回你的房间去冷静一下"，孩子就会有更好的心理状态。当你告诉孩子，任何情绪，包括消极情绪都是可以被接纳的，你也是在告诉他们，即使他们感到难过、暴躁或害怕，他们也是值得被接纳的。这有助于孩子对自己产生积极的感受，从而更好地成长和改变。成年人也是如此。为了改善关系，夫妻双方需要表达对彼此的接纳。

专注于喜爱和赞美。如果你或伴侣发现很难接受彼此的观点，那么经常做前文关于培养喜爱和赞美的练习可能会有帮助。我们发现，强大的喜爱和赞美系统是保持幸福婚姻的核心，包括喜爱和赞美彼此的缺点和独特之处。我和同事鲍勃·利文森（Bob Levenson）及劳拉·卡斯滕森（Laura Carstensen）在旧金山湾区研究了许多老年夫妻，他们都是这方面的好手。他们都已经结婚很多年了，有些甚至超过40年。在这个过程中，他们学会了把彼此的缺点和怪癖看作有趣的部分。

例如，有位妻子欣然接受了丈夫因永远会拖延、永远会迟到而慌乱这一事实。她想出了解决方法，比如每当他们去机场时，她会告诉他飞机起飞的时间比实际时间早30分钟。他知道她在骗他，但他们都笑了起来。另一位丈夫对妻子每周的购物行为感到既滑稽又害怕，因为她的退货率高达50%，这也把他们的账单弄得很混乱。

但不知怎么回事，这些夫妻学会了包容彼此的缺点。因此，尽管他们彼此会产生愤怒、烦躁、失望和受伤等情绪，但他们也同时传达了对彼此的喜爱和尊重。无论讨论哪种问题，他们都会向彼此传递这样的信息：无论好坏，我都爱你并接纳你。

如果夫妻无法做到这一点，问题可能在于他们无法原谅彼此过去的分歧。怀恨在心是非常容易的。但为了快乐前行，夫妻双方需要彼此宽恕，放下过去的怨恨。虽然这可能很难做到，却很值得。当彼此原谅以后，双方都会受益。愤怒是一项沉重的负担。正如莎士比亚在《威尼斯商人》中所写的，仁慈是"两次祝福，它不但给幸福于受施的人，也同样给幸福于施与的人"。

09

法则 5　解决可解决的冲突

以温和开场，用妥协收场

THE SEVEN
PRINCIPLES FOR MAKING
MARRIAGE WORK

解决婚姻冲突的
唯一方法是相互妥协。

 The Seven Principles for
Making Marriage Work

夫妻之间理应互相尊重，接受彼此的意见，这是解决双方分歧的良好基础。然而，很多夫妻在设法说服对方或解决分歧时，都没有这么做，原本可以富有成效的对话最终不得不以大呼小叫或愤怒的沉默而告终。如果这与你和伴侣的情形相似，而且你们确定你们希望解决的是可解决的冲突，那么解决冲突的关键，是要学会一种新的解决冲突的方法。本章提供的建议在一定程度上有助于你们解决冲突，但还不够。要想解决婚姻中永恒的冲突，可参考下一章中的相关内容。

许多婚姻治疗师提倡的一种流行的解决冲突的方法，是一边专心倾听伴侣在说什么，一边站在对方的角度想问题，然后把自己认识到的两难之境和对方交谈。如果你能做到，这倒是个不错的方法。但事实上，很多夫妻都做不到这一点，包括许多婚姻幸福的夫妻。我们的研究发现，很多拥有令人艳羡的、充满爱意的婚姻的夫妻在争论时，并没有按照婚姻治疗师提出的这种方法进行交流，但他们仍然能解决冲突。

通过研究这些夫妻如何解决彼此的冲突，我们提出了一种解决婚姻冲突的新模型，即法则 5。而法则 5 要想起作用，离不开以下几个步骤：

- 以温和的开场白开始。

- 学会提出和接受感情修复尝试。
- 自我安抚和互相安抚。
- 妥协。
- 处理不满情绪，避免累积。

　　对于以上这几个步骤中的行为，几乎无须训练，因为我们差不多已经都会了，只是不习惯在婚姻中实践而已。从某种程度上看，法则5可以归结为"态度要好"，也就是说，要像尊敬好友一样尊敬伴侣。如果某个好友忘了拿伞，我们会提醒他："嘿，你忘了拿伞。"我们永远不会这样说："你是怎么回事？老是忘记拿东西。做事带着脑子行不行？我算什么，你的奴隶吗？"我们对好友的感受很敏感，如果对方把酒洒了，我们会说："没事儿，你要不要再来一杯？"而不会对对方说："我最好的桌布让你给毁了，真是不能指望你做好任何事！你以后别再来我家了。"

　　还记得前文提到的罗里医生吗？他讨厌妻子在圣诞节那天把饭带到医院，而当住院医师打电话给他时，他的态度却立刻变得非常友善。这并不是偶然的现象。例如，当夫妻双方在激烈地争吵时，电话铃突然响起，一方一拿起电话就立刻笑容满面："噢，是的，能和你一起吃午饭实在是太好了。没问题，我们就定在周二。你没能得到那份工作一定很失望，很抱歉……"原本愤怒、严厉的伴侣突然转变成了一个温柔、理性、善解人意、富有同情心的人，但一挂上电话，对方立即又变成一个怒容满面、斤斤计较的人。事情并非一定要弄成这样。记住，当你努力完成以上几个步骤时，真正对你提出的要求并不比你与熟人打交道时多，更不用说发誓要与你一起生活的伴侣了。

　　接下来，我们具体来探讨以上几个步骤。

第1步，以温和的开场白开始

如果说幸福的婚姻与不幸的婚姻之间有什么相似之处，那就是，在这两种婚姻中，妻子都比丈夫更有可能提出棘手的问题，并努力尝试解决问题，丈夫则更多的是与难以应对的问题保持距离。这种性别差异是由生理原因引起的。丈夫往往更容易被情绪淹没，因为他们对情绪压力的反应比妻子更敏感，所以他们更倾向于避免冲突。

但在以上两种婚姻中，妻子提出问题的方式有很大的区别。还记得前文提到的达拉吗？在一开始讨论家务问题时，她就痛斥丈夫奥利弗。一分钟不到，达拉就开始讥讽并批判奥利弗提出的每一条建议，如"你以为有了这份清单，你就会好好干家务了？""你干得很不错嘛，一到家就躺下，要不就是躲在浴室里不出来"。这是一种苛刻的开场白。

我们把达拉苛刻的开场白与贾丝廷的开场白做个比较。贾丝廷和迈克尔过得很幸福，但她面临着与达拉相同的问题：迈克尔不做他应做的家务。最让贾丝廷感到烦心的是，最后总是她自己叠衣服，她讨厌这样。以下是她和迈克尔在爱情实验室对这个话题的讨论。

　　贾丝廷：好吧（深呼吸），我们聊聊家务。
　　迈克尔：每次干家务，我都肯定会清理厨房的柜子和桌子。（防御）
　　贾丝廷：嗯，你是干了。（感情修复尝试）
　　迈克尔：嗯。（开始放松，贾丝廷的感情修复尝试很成功）
　　贾丝廷：我觉得，有时候你好像正好留下那么一点儿东西，衣服堆成一堆……（温和的开场白）
　　迈克尔：是的，我甚至没想到洗衣服的事情（笑）。我是说，我根本没有注意到这一点。（没有防御）
　　贾丝廷：（笑）真可爱，你认为是谁在做这些，才让你有干净衣服穿？

迈克尔：好吧。

贾丝廷：也许这对你来说无所谓，但总是让我做……

迈克尔：好吧，我甚至没想到这一层，比如我们必须洗衣服（笑）。

贾丝廷：其实，蒂姆一直在洗衣服（蒂姆是他们的邻居，在公共洗衣房负责洗衣、晾衣）。我在洗衣房留下一篮子衣物，当我从那里经过的时候，被褥已经叠好了。

迈克尔：也许我们可以把盛脏衣服的大篮子放在他的房间里？

贾丝廷：（被迈克尔逗乐了，紧张感降低，心跳慢了下来）

迈克尔：那好吧。如果哪天我先下班回家，我会尝试做些事……

贾丝廷：嗯，你可以整理东西，尤其是毛巾、内衣和床单……

迈克尔：好，我会看看篮子里有什么。（接受对方的影响）

贾丝廷：好的。

在以上这段对话中，最重要的特征可能是缺少末日四骑士。末日四骑士没有出现，因为贾丝廷是以一种温和的开场白开始他们的对话的。相反，苛刻的开场白常常引来末日四骑士一再出现，从而导致夫妻双方被情绪淹没，加剧彼此的情感疏离和孤独感，继而导致婚姻逐渐破裂。这时候，有40%的夫妻会离婚，因为他们之间的争吵太频繁，太具破坏性。婚姻破裂常常是因为夫妻双方为了避免持续不断的冲突而彼此疏远，以致丧失了友谊和联结。

所以这个情景很重要：当迈克尔承认他甚至从未想过洗衣服这件事时，贾丝廷没有批评或蔑视他，而是笑着说她认为他的这个说法"真可爱"。由于贾丝廷对迈克尔很温和，他们的谈话实际上产生了以下效果：他们想出了一个解决彼此冲突的计划。既然他们能做到这一点，那争论只会让他们对自己和婚姻更有信心。对任何夫妻来说，这种感觉都是一笔不菲的情感银行存款，它能激发双方产生乐观的态度，而这种态度会帮助他们解决冲突。

在另一种幸福的婚姻中，主要的问题出在妻子身上，比如安德丽亚和戴夫这对夫妻。安德丽亚希望丈夫戴夫多去教堂，但她很难使他信奉《圣经》。她换了一种说法："我不需要每天都去教堂，但去教堂对我来说是一种安慰。"然后她告诉戴夫："我不希望你去教堂仅仅是为了我。"有时候，安德丽亚会直截了当地告诉戴夫："我希望你不只是在复活节、圣诞节和母亲节才去教堂。"戴夫开始妥协："好吧，我会在重大的日子里去教堂……也许某些周末也会去。"

我以前的学生贾尼·德里弗（Jani Driver）和安伯·塔贝尔斯（Amber Tabares）对感情修复尝试进行了一项为期 7 年的研究，他们发现，为问题承担责任是温和的开场白非常重要的部分。因此，当妻子因为丈夫忘了去学校接孩子而感到不安时，如下的开场白会很有用："我发现我今天早上没有提醒你时间表。不过，我还是想谈谈你忘了该轮到你去接孩子的事。"如果不愿意承担某些责任，可以试着说句简单的话，比如"我知道这不全是你的错。我在这个问题上也有责任"。**无论和谁说话，承担责任都是温和的开场白的关键组成部分**。但对妻子来说，把这一点融入表达方式中尤为重要。对许多男性来说，听到妻子承认这是他们共同的责任就像在沙漠中获得甘露，可以防止紧张局势升级。

最佳的温和的开场白包含 4 部分："对……我也有责任"；"我感觉……"；"关于某些情况和……"；"我需要……"（表达积极需要，而非不需要的东西）。你不是在指向伴侣，而是在指向自己。要将消极需求转化为积极需求，就要关注你的消极情绪，并寻找其背后隐藏的渴望：如果你能挥动魔杖，你想要什么？你的伴侣现在能和你在一起，成功的秘诀是什么？

有效的温和的开场白不一定非常圆滑，但必须不带任何批评或蔑视。在一段健康但不稳定的婚姻中，夫妻之间可能充满对抗性，妻子可能会说："嘿，我知道我自己有时候也很邋遢，但你昨天晚上从洗衣篮旁边走过，竟然没有停下来叠床单，我真的很生气。我不希望一直是由我自己来叠。"或者说："我强烈地感觉到，我们经常一起去教堂对我来说非常重要。"这些都是温和的开场白，虽有抱怨，但没有批评或轻蔑的指责。

苛刻的开场白测试

测试 1

为了弄清楚苛刻的开场白是否已成为你婚姻中的一大问题，请进行以下测试。阅读每个关于你们在讨论冲突时可能出现的状况的描述，然后根据自己的实际情况选择"是"或"否"。

描述	是	否
1. 伴侣经常批评我		
2. 我讨厌伴侣提问题的方式		
3. 我们似乎会突然开始争论		
4. 在我明白问题是什么之前，我们已经吵开了		
5. 如果伴侣抱怨，我会觉得对方在找碴儿		
6. 我似乎总会为某些问题受责备		
7. 伴侣的消极情绪已经过头了		
8. 我不得不避开伴侣的人身攻击		
9. 我常常不得不否认伴侣对我的指控		
10. 伴侣的感情很容易受到伤害		
11. 一般情况下，局面变糟糕的原因不在我		
12. 伴侣会批评我的人格		
13. 我们会以粗野无礼的方式提问题		
14. 伴侣有时会以自以为是或高高在上的姿态抱怨		

15. 我立即就能感受到我们之间所有的消极情绪

16. 如果伴侣抱怨，我会觉得对方基本上不尊重我

17. 如果伴侣开始抱怨，我只想逃离

18. 我们会突然变得不冷静

19. 我会觉得伴侣的消极情绪使我感到气馁和不安

20. 我认为伴侣完全失去了理性

计分原则： 选"是"计 1 分，选"否"不计分。

解读：

5 分以下： 表明你们的婚姻很稳固。你和伴侣在开始艰难的讨论时都很温和，不会彼此批评或蔑视。由于你们不会以苛刻的开场白开始讨论，你们共同解决或学会处理冲突的成功率会迅速提升。

5 分及以上： 表明你们的婚姻在展开讨论方面有待改进。当你和伴侣开始讨论分歧时，一方往往会变得苛刻，这意味着末日四骑士至少出现了一个，继而影响了冲突的解决。

尽管苛刻的开场白常常是由妻子开启的，但避免这种情况的秘诀是夫妻双方共同运用前 4 个法则。只要做到这一点，妻子自然会以温和的开场白开始讨论。因此，如果你的伴侣倾向于以苛刻的开场白提问，对此最好的建议是，一定要让对方感到你理解对方的感受，尊重对方，爱对方，且愿意接受对方的影响。当妻子觉得丈夫未回应自己轻度的抱怨或愤怒时，苛刻的开场白就会出现。因此，如果你能说"轮到你倒垃圾了"，而不说"你到底怎么回事儿？你聋了吗？赶紧把垃圾给我倒了！"，就能避免情形恶化。

在婚姻生活中，如果你是苛刻的开场白的主要责任人，那你必须明白温和的开场白对婚姻多么重要。记住，如果你直奔最尖锐的问题，就容易引发

大的冲突，那么你们不会进行有意义的、富有成效的讨论，而是会引发一场争论。如果你正生伴侣的气，在急着讨论之前，最好深呼吸，想一想如何提出问题。如果你不断地提醒自己要温和一点儿，那你很容易就能做到以温和的开场白开始交谈，你们的冲突很有可能得到解决。如果你觉得自己太气愤，不能和和气气地讨论问题，最好等到自己平静下来以后，再和伴侣讨论。

以下建议能确保你以温和的开场白开始讨论问题。

抱怨但不责备。假设你非常生气，因为伴侣不顾你的反对坚决要求买一只狗。他信誓旦旦地说买了狗之后，他会清理狗粪便，但现在，每当你倒垃圾时，就会发现院子里到处都是狗粪便。对此，你当然可以抱怨。你可以这样说："嘿，院子里到处都是狗粪便，我们说好了由你清理的，我真的烦透了。"尽管话里带点儿挑衅，但并没有攻击性，你只是在抱怨一个特殊的情境，而没有攻击伴侣的人格或品质。

但你不能这样说："嘿，院子里到处都是狗粪便，这全是你的错，你对狗不负责任，从一开始我就不该相信你。"无论你觉得责备伴侣多么正当，这种做法都对解决冲突没有任何助益。即便你这么说能让伴侣主动清理院子，你们的关系也会变得紧张，你们的不满和防御也会增多。

说话时以"我"开头而不要以"你"开头。自20世纪60年代中期以来，第一人称陈述一直是人际关系心理学的研究主题。托马斯·戈登（Thomas Gordon）注意到，以"我"开头的短语通常不太可能是批评性的。而且，与以"你"开头的句子相比，以"我"开头的句子不太可能让倾听者开启防御姿态。如：

"你没有听我说。"与"我希望你能听我说。"

"你不在乎钱。"与"我希望我们能多存些钱。"

"你根本不关心我。"与"我觉得你忽视了我。"

显然，以"我"开头的句子比以"你"开头的句子更温和。当然，你也可以举出一些例子，反对这个常规，提出一些以"我"开头的语气生硬的句子，如"我认为你很自私"等。无论如何，不要用生硬的语言来和你的伴侣开启对话就对了。因此，如果你主要是在陈述你的感受，而不是指责伴侣，你们的讨论就会非常成功。

只描述事实，不做评价或判断。不要谴责或责备伴侣，只描述你看到的事实就好。不要对伴侣说"你从来不照看孩子"，而要说"今天似乎只有我在照顾孩子"。这么说有助于防止伴侣产生被攻击的感觉，对方也就不会进行防御，而会认真考虑你的意见。

明确表达观点。不要期望伴侣能读懂你的心思，不要说"你把厨房弄得一塌糊涂"，而要说"如果你能把你留在餐桌上的东西清理干净，我会很感激的"；不要问伴侣"你能不能照看下孩子？"，而要说"请你给孩子换下尿不湿，再让她喝杯牛奶"。

礼貌待人。多用"请"或"我会很感激的，如果你……"之类的措辞。

赞赏。用赞赏的口气表达你的请求，请求伴侣做他过去做得很好而现在你很怀念的那些事。例如，不要说"你从来都没有花时间陪过我"，而要说"你还记得我们过去每周六晚上是怎么度过的吗？我喜欢花很多时间和你单独相处。知道你愿意和我在一起，这种感觉真的再好不过了，让我们重新过那种日子吧"。

不要闷声不响。当你准备指责伴侣时，你很难做到和声细语。因此，不要在心里憋好长一段时间才把问题提出来，不然问题只会在你的心里不断升级，就像老话说的："不可含怒到日落。"

比较一下艾丽斯在接下来的两段对话中各说了些什么，你就明白如何将以上所有这些步骤联合起来，以温和的开场白开始对话了。

苛刻的开场白

艾丽斯：又是周六，我又把空闲时间花在给你收拾烂摊子上了。理查德，你有毛病……（批评、责备）

理查德：又来了，"理查德，你有毛病；理查德，你有毛病"，我一点儿毛病都没有！

艾丽斯：那为什么我总要告诉你你该做什么呢？算了，我已经把你的东西收拾好了。你又因为忙着看报纸没有注意到，是不是？（蔑视）

理查德：你知道吗？我讨厌打扫，我也知道你会做，我一直在想我们该怎么解决这个问题。（感情修复尝试）

艾丽斯：这话你说过无数次了。（再次蔑视）

理查德：好吧，我在想我们可以去度个假。让别人服务我们，岂不是很美妙？（再次感情修复尝试）

艾丽斯：得了吧，我们连清洁工都请不起，更别说度假了。

温和的开场白

艾丽斯：这房子乱得不像话，我们今晚一起收拾一下吧。（只描述事实）我一个人周六做所有的清洁活，真的让我心烦。（第一人称陈述）也许我应该早点问你，（承担责任）你能帮帮我吗？也许你能用吸尘器给地毯除尘？（明确地表达观点）

理查德：好的。我讨厌打扫，但我猜除尘可能是这些活中最好干的，我还可以把浴室打扫干净。

艾丽斯：那真是帮了我的大忙了。（赞赏）谢谢你，亲爱的。（礼貌待人）

理查德：等我们把活干完以后，应该给自己一点儿奖励。咱们一起出去吃午饭吧。

　　艾丽斯：好啊。

　　为了进一步说明苛刻的开场白与温和的开场白之间的区别，我们再举以下几个例子。

　　苛刻的开场白：你从来没有抚摸过我。

　　温和的开场白：那天在厨房你亲我，感觉真好，你是个天生的接吻高手，让我们多做几次吧。

　　苛刻的开场白：你又把车撞坏了，你要到什么时候才不这么粗心大意？

　　温和的开场白：我看见车上有个新的凹痕，出什么事啦？你的开车方式真的让我很担心，我希望你能注意安全。我们能谈谈这件事吗？

　　苛刻的开场白：你总是忽视我！

　　温和的开场白：我最近很想你，我感觉有点儿孤单。

温和的开场白

　　针对以下每种情形，请你给出一个温和的开场白表达方式。后文有参考答案，做完练习之前先不要看。

　　1. 你的岳母今晚来访。你准备告诉妻子，当岳母批评你养育孩子的方法时，你很反感。你的妻子总是护着她母亲，而这次你希望她能支持你。

　　苛刻的开场白：你母亲一来，我就无法忍受。

　　温和的开场白：

2. 你希望伴侣明晚能做饭或带你出去吃。

苛刻的开场白：你从来没带我出去吃过饭，我讨厌一直做饭。

温和的开场白：

3. 当你们参加派对时，你认为伴侣花了太多时间在别人身上而没有关注你。今晚，你希望伴侣只关注你。

苛刻的开场白：我知道，你今晚又要在派对上不知羞耻地和别人调情了。

温和的开场白：

4. 你已经有段时间没和伴侣做爱了，你感到很不安，你不确定伴侣是否还会被你吸引，你希望今晚你们能做一次爱。

苛刻的开场白：你总是对我这么冷淡。

温和的开场白：

5. 你希望伴侣能向老板要求加薪。

苛刻的开场白：你真是软弱无能，你就不能为了家人着想要求加薪吗？

温和的开场白：

6. 你希望和伴侣在周末一起做些有趣的事情。

苛刻的开场白：你根本不会玩儿，你就是个工作狂。

温和的开场白：

7. 你希望你们俩能多存钱。

苛刻的开场白：你对理财一无所知。

温和的开场白：

8. 你希望伴侣能多花些钱给你买礼物，给你惊喜。

苛刻的开场白：上次你给我买礼物是什么时候的事了？

温和的开场白：

参考答案

1. 我很担心你母亲今晚又批评我，而你总不支持我。

2. 我做饭做得厌烦了，如果你能带我出去吃，那就太好了。

3. 今晚我会觉得羞怯，和我待在一块儿，好吗？让我能从容地与他人交谈，这一点你最擅长了。

4. 我最近真的很想你，你知道你让我多么兴奋吗？我们来做爱吧。

5. 如果你马上能加薪就好了，我们来谈谈加薪计划吧，你说呢？

6. 我真希望这个周末能和你度过一段快乐的时光。放下手头的工作，我们一起做些有趣的事情，怎么样？有部很棒的电影我想去看。

7. 我担心我们的存款不够用，我们做个理财计划，好吗？

8. 我最近感到很失落，如果我们能出其不意地给对方一份惊喜，我想会很不错，你觉得呢？

第 2 步，提出和接受感情修复尝试

当你参加驾驶培训时，教练教给你的第一件事就是如何刹车。而在婚姻中，"刹车"也是一项重要的技能。当你和伴侣的争论一开始就令人不愉快，或者当你发现自己处在无休止的指责循环中时，如果你懂得如何"刹车"，你就能阻止一场灾难。这就是感情修复尝试。

就像前文提到的迈克尔，当他进行防御并说"每次干家务，我都肯定会清理厨房的柜子和桌子"时，他的妻子贾丝廷没有立刻驳斥他的观点，而是说："嗯，你是干了。"这就是感情修复尝试，它能缓解紧张气氛，因此，迈克尔更容易做出让步。情商高且婚姻稳定的夫妻与其他夫妻的区别，不在于他们掌握感情修复尝试技能或想出更好的点子，而在于他们能理解彼此所做的感情修复尝试。他们婚姻的那片天空没有被太多阴云笼罩，所以能接收到对方发出的感情修复尝试。

感情修复尝试测试

接下来，评估一下你和伴侣之间的感情修复尝试的有效性。阅读以下每个描述，然后根据你们在解决冲突时的表现，选择"是"或"否"。

描述	是	否

1. 我们很擅长在需要时休息而不再争论

2. 伴侣通常会接受我的道歉

3. 我可以承认自己的错误

4. 我很擅长让自己冷静下来

5. 我们可以保持幽默感

6. 当伴侣提议用不同的方式交流时，通常很有道理

7. 当讨论变得消极时，我会进行调整，通常很有效

8. 即使在某些事情上有不同意见，我们也会倾听对方

9. 如果事情变得激烈，我们通常可以摆脱并改变局面

10. 伴侣很擅长在我心情不好时安抚我

11. 对于解决我们之间的大多数冲突，我很有信心

12. 当我谈论如何更好地沟通时，伴侣会听取我的意见

13. 即使有时事情变得困难，我也知道我们可以克服分歧

14. 即使意见不合，我们也能表现出亲昵

15. 开玩笑和幽默通常可以帮伴侣克服消极情绪

16. 当有需要时，我们可以重新开始并改进讨论方式

17. 当我情绪激动时，表达我的不安会使情况有所好转

18. 我们可以讨论我们之间的重大分歧

19. 伴侣会对我做的好事表示赞赏

20. 如果我继续尝试沟通，最终会很有用

计分原则：选"是"计1分，选"否"不计分。

解读：

13分及以上：说明你们的婚姻在这方面存在优势。当你们的讨论逐渐失控时，你们能及时刹车，并能有效地平息对方的情绪。

13 分以下：说明你们的婚姻在这方面需要改善。通过学习如何修复互动关系，你们可以极大地提高解决冲突的效率，并对彼此和婚姻产生更积极的态度。

领会伴侣发出的信息

感情修复尝试是否有效，关键在于婚姻状况。在幸福的婚姻中，夫妻双方很容易发送和接收感情修复尝试的信息；而在不幸的婚姻中，即使感情修复尝试很明显，夫妻双方也不会理会。现在，既然你知道了这一点，你就可以行动起来，不用等到婚姻关系改善之后才变得善于接收伴侣的感情修复尝试信息。从现在开始，把精力集中在"刹车"和训练自己识别伴侣发送的感情修复尝试消息的能力上。做到了这一点，你就能把自己从消极情绪的旋涡中拉出来。即使你们的分歧常常非常消极，未来也会是光明的。秘诀在于，要学习正确控制彼此伤害的方法。

有些夫妻没能领会彼此的感情修复尝试，原因是他们的感情修复尝试并没有以甜言蜜语的形式出现。伴侣冲你大声嚷嚷"你离题了！"或发牢骚问"我们可以休息一会儿吗？"，其实也是一种感情修复尝试，尽管它们是以消极的方式表达出来的。如果只注意伴侣说话的腔调而不是说话的内容，你就会忽略对方传达的真正信息。

如果你们的夫妻关系被消极情绪吞没，那么感情修复尝试将很难被彼此察觉，因此，最好的办法是让感情修复尝试在形式上变得更明显。下文有一份长清单，列举了一些很特别的话，你可以通过对伴侣说这些话来降低你们之间的紧张感。当你们的讨论变得过于消极时，这些话能避免你们的讨论失控。可以把这个清单抄下来，贴在冰箱门上，方便平时参考。通过这些照本宣科的话来进行感情修复尝试，可以从两方面帮你们化解争论。首先，这个清单能确保你们选择合适的话来"刹车"，防止谈话失控；其次，这些话就像扩音器一样，有助于你们关注彼此的感情修复尝试信息。

对你而言，这些话听起来可能很虚伪、不自然。这是因为当你感到不快时，这些话为你提供的交谈方式对你来说太难了。尽管如此，你也不该拒绝使用它们。这就好比打网球，在学会一种更好、更有效的击球方法之前，你可能会觉得它"不对"或"不自然"，实际上仅仅是因为你还没有习惯它。以下这些感情修复尝试的话也是如此。随着时间的推移，说出这些话对你来说将不再是一件难事。当然，你可以适当地调整这些话，以便更符合你的说话风格和个性。

感觉层面

1. 我很害怕
2. 请说得更温柔一点儿
3. 我做错什么了吗
4. 这伤害了我的感情
5. 我感觉这像是一种侮辱
6. 我很伤心
7. 我觉得被蔑视了，你能改改你的措辞吗
8. 我觉得没有得到欣赏
9. 我觉得我对你有了防御心，你能改改你的措辞吗
10. 请不要教训我
11. 我觉得你现在不理解我
12. 我开始觉得被情绪淹没了
13. 我觉得被批评了，你能改改你的措辞吗
14. 我很担心

需要冷静

1. 你能为我做些让我觉得更有安全感的事吗

2. 我现在需要做的是冷静下来

3. 我现在需要你的支持

4. 现在只要听我说并试着理解我就行

5. 告诉我你爱我

6. 能吻我一下吗

7. 我可不可以收回那句话

8. 请对我温柔一点儿

9. 请帮助我冷静下来

10. 请你安静下来听我说

11. 这对我很重要，请听我说

12. 我要把我想说的话说完

13. 我开始觉得被情绪淹没了

14. 我觉得受到了攻击，你能改改你的措辞吗

15. 我们能不能休息一下

感到抱歉

1. 对不起，我的反应过激了

2. 我真的把事情搞砸了

3. 让我再试一次

4. 现在我想对你温柔点儿，但我不知道该怎么做

5. 告诉我，你听到我说了些什么

6. 对于这件事情，我觉得自己也有责任

7. 我怎么能让事情变得好一点儿呢

8. 让我们再试一次吧

9. 你说的是……

10. 让我们以温和的开场白重新开始讨论吧

11. 对不起，请你原谅我

有成效的谈判

1. 你开始相信我了

2. 我同意你的部分看法

3. 我们在这个问题上互相妥协吧

4. 让我们找出彼此的共同点

5. 我从来没想到事情会是这个样子

6. 从大的方面来看，这个问题并不是很严重

7. 我觉得你的观点有道理

8. 在寻求解决方法时，应该考虑我们两个人的意见

9. 感谢你……

10. 我佩服你的一点是……

11. 我明白你的意思

停止行动

1. 我也许在这方面做错了

2. 让我们停一下

3. 让我们休息一会儿

4. 给我一分钟，我会回来的

5. 我觉得被情绪淹没了

6. 请停下来

7. 让我们在这一点上搁置争议

8. 让我们从头再来

9. 保持这种状态，不要放弃

10. 我想换个话题

11. 我们跑题了

表达欣赏

1. 我知道这不是你的错

2. 对于这个问题，我的责任是……

3. 我明白你的意思

4. 谢谢你

5. 这是个好主意

6. 我们都认为……

7. 我理解

8. 我爱你

9. 感谢你……

10. 我佩服你的一点是……

11. 这不是你一个人的问题，而是我们俩的问题

现在，是时候利用上面的清单来帮助你解决婚姻冲突了。选一个不太激烈的冲突来讨论，双方各讲 15 分钟。谈话期间，每个人要确保自己至少使用了清单中的一句话。提前告诉伴侣你打算进行感情修复尝试，你甚至可以提及你用了哪一句话，比如"我会用'感觉层面'下的第 6 句'我很伤心'来表达我的感情修复尝试"。

当伴侣说自己进行感情修复尝试以后，你的任务只是接受它。有时"中断"可以让事情变得更好，试着从情感上接受那些本意良好的感情修复尝试，这能强化你接受伴侣影响的能力。例如，如果伴侣说"我要把我正在说的话说完"，你应该认可对方的这种需求，并鼓励对方继续和你交谈。

由于你不断在谈话中采用上面的话，最终你可能会考虑采用其他方式来代替这些话，如举手，直截了当地宣布"这是一次感情修复尝试"。当然，

你也许可以想出其他更有效、更适合你个性和婚姻的感情修复尝试。我们认识这样一对夫妻，如果一方在讨论时遭遇了末日四骑士，他们就会发出"哒哒"声来互相提醒。这种幽默的感情修复尝试能有效消除他们之间的消极情绪。

第 3 步，自我安抚和互相安抚

当贾丝廷和迈克尔关于家务问题的讨论进行到一半时，迈克尔打了个哈欠。这似乎是个不经意的动作，但它实际上对他们讨论的愉快前景非常重要。家务并不是引人入胜的话题，很容易让人觉得无聊，但迈克尔并不是因为和贾丝廷讨论家务问题让他感到无聊而打哈欠的，他打哈欠是因为他很放松。当一个人觉得愤怒或焦虑时，他最不可能出现的生理反应就是打哈欠。迈克尔的哈欠就像一种宣言，他觉得贾丝廷让他感到很舒服，即使他们正在讨论冲突。迈克尔的身体（或内心）没有发出任何警报，因此他能轻松地同贾丝廷讨论家务并相互妥协。

🥨　**爱情大数据**

　　争吵后，男性通常比女性更难平静下来。

然而，在不稳定的婚姻中，有关冲突的讨论会导致相反的反应，它能引发情绪淹没。当这种情况出现时，无论是在情感上还是在生理上，夫妻双方都会产生挫败感。通常，他们会觉得义愤填膺（如"我再也受不了了"），或觉得自己是个无辜受害者（如"为什么她总是指责我"）。同时，他们的生理反应也会很强烈，如心跳加速、出汗、呼吸不畅。

在绝大多数案例中，夫妻中的一方没有接收到对方的感情修复尝试，原因在于接收的一方被情绪淹没了，因此不知道对方在说什么。当一个人处在这种状况时，即使最周到的感情修复尝试也无法给婚姻带来任何助益。

情绪淹没测试

为了弄清楚情绪淹没是不是你婚姻中的重大问题，请阅读以下每个描述，然后根据自己的实际情况选择"是"或"否"。

描述	是	否

1. 我们的讨论太激烈了
2. 我很难平静下来
3. 我们都会说一些让自己感到后悔的话
4. 伴侣很不安
5. 在争吵过后，我想与伴侣保持距离
6. 伴侣没必要大喊大叫
7. 我们的讨论让我有种挫败感
8. 当伴侣不友善时，我也会失去理智
9. 我们不能很好地谈论问题
10. 伴侣的消极情绪常常没有来由
11. 伴侣发起火来就停不下来
12. 我觉得我们的争吵离题了
13. 我们之间的小问题突然变成了大问题
14. 在讨论期间，我很难冷静下来
15. 伴侣有一大堆不合理的要求

计分原则：选"是"计1分，选"否"不计分。

解读：

6 分以下：说明你们的婚姻很稳固。当你和伴侣意见不一致时，你不会觉得不知所措，你没有感到被伴侣批评或敌视。你们在沟通时能控制自己的消极情绪，因此你们能很好地解决冲突，避免在不可解决的冲突上陷入僵局。

6 分及以上：说明你们的婚姻需要改善。你和伴侣讨论时，有情绪淹没倾向。当这种情况发生时，你容易激动，很难听清楚伴侣说的话，且无法有效地解决冲突。

自我安抚

如何应对情绪淹没呢？首先要停止讨论，否则你会朝伴侣发火或开始冷战，这两种情形除了让你在离婚之路上更进一步，不会给你带来任何益处。不要认为等你表达完观点以后，你会休息，因为你根本不会。因此，此时唯一的做法就是让伴侣知道你被情绪淹没了，你需要休息一会儿。

如果想让身体平静下来，你至少应该休息 20 分钟。休息期间，你要避免义愤填膺或产生自己是无辜受害者的想法。你可以花点儿时间做些能安抚自己或分散注意力的事情，比如听音乐、散步或阅读，锻炼也是一种很好的选择，但不要把锻炼的时间花在发泄愤怒和悲伤上，也不要练习你在休息后可能会对伴侣说的伤人的话。

许多人发现，自我安抚的最佳方法是通过沉思，全神贯注地让身体平静下来。以下步骤值得一试：

1. 坐在一把舒适的椅子上或仰面躺在床上。

2. 注意控制呼吸。通常，当你感到被情绪淹没时，你要么屏住呼吸，要么呼吸急促。因此，你应该闭上眼睛，把注意力集中在有规律的深呼吸上。

3. 放松肌肉。一次一个部位，用力按压紧张的肌肉组织，通常是额头、下巴、脖子、肩膀、手臂和背部。紧压两秒钟，然后松开。

4. 消除每个肌肉组织的紧张感，然后通过想象，让每个肌肉组织感到踏实。

5. 让每个肌肉组织感到温暖。一种办法是，闭上眼睛，全神贯注于一个宁静的幻象或想法。许多人发现，想象类似森林、湖泊或海滩这样的宁静之地是个很有效的消解紧张的方法。尽可能栩栩如生地想象，让自己的注意力集中 30 秒左右。

找一个能抚慰你情绪的图像。例如，华盛顿州的奥卡斯岛就是一个好地方，那里最大的声响就是风吹过树林时，树叶发出的沙沙声，而同时，附近的小鹰在展翅翱翔。想象这种图像不但能让你放松下来，还能自动触发你进行其他所有的自我安抚步骤。

练习3

互相安抚

一旦你冷静下来，且随后能花时间让对方冷静下来，就能给婚姻带来巨大的好处，很值得尝试。不过，如果你非常愤怒或觉得自己受到了伤害，就很难做到这一点。记住，只有在你花了至少 20 分钟让自己冷静下来之后，你才能去安抚伴侣。

安抚伴侣能给婚姻带来极大的好处，因为这种安抚实际上是一种逆向调节形式。也就是说，如果伴侣经常安抚你，让你保持冷静，你就不会再把伴侣看作生活的压力源，而是把对方与放松感联系起来，这自然会提高你们关系的积极性。

为了做到互相安抚，首先你们要坦诚地谈论情绪淹没，并回答以下问题：

1. 是什么让你们觉得被情绪淹没了？

2. 你们一般是怎样提问题的？又是怎样表达愤怒或抱怨的？

3. 你们有没有把事情憋在心里？

4. 一方可以做些什么来安慰对方？

5. 当你们被情绪淹没时，可以用什么信号让彼此知道？你们能休息一下吗？

如果你的心率超过每分钟 100 次（运动员为每分钟 80 次），那么无论多么努力，你都听不进伴侣试图对你说的话。休息 20 分钟，然后再继续。

许多方法可以让你的伴侣冷静下来。最重要的是，要让伴侣来决定用哪种方法，并且对方也乐意接受。有些人发现，按摩是缓解紧张的绝佳方法。另一种有用的方法是轮流引导对方进行冥想，就像前文描述的那样。把冥想看作一种"口头按摩"。你甚至可以编写一个详细的脚本，让伴侣收紧和放松不同的肌肉群，然后想象一个平静而优美的场景，带给对方愉悦。你可以考虑将你的演绎录下来以备将来使用，或者将其作为一份特别的礼物送给伴侣。你不用非得等到紧张情况出现以后才进行这项练习。夫妻双方定期互相安抚是预防未来情绪淹没和让婚姻更美满的一种绝佳方式。

　　还有一种对抗情绪淹没的方法是尝试使用血氧仪。血氧仪很便宜，可以夹在食指上，来评估心率和其他应激指标。选择一款得到权威认证的血氧仪，设置警报：如果你们的心率超过一定水平（比如每分钟 100 次，而身体状态良好时一般为每分钟 80 次），它会发出提醒。一旦警报响起，你们俩都要休息至少 30 分钟，然后再继续讨论。

第 4 步，妥协

　　解决婚姻冲突的唯一方法是夫妻相互妥协。假设你处在一段亲密且充满爱意的婚姻冲突中，即使你和伴侣都坚信自己是对的，你们中的任何一方也都不能完全按自己的方式来处理事情，因为这种做法会导致不公，从而破坏你们的婚姻。

　　通常，尽管你们可能都努力地想就某些冲突达成妥协，但最终还是失败了，因为你们妥协的方式不对。只有遵循前文提到的步骤，你们才有可能进行协商，并创造积极的氛围。记住，妥协不仅仅是一方改变，而是关于协商和寻找相互适应的方法。为了达成妥协，你要接受伴侣的缺点和不足，而不是无情地改变伴侣。很多婚姻常常陷入假设的困境中：如果伴侣更高一点儿、更有钱一点儿、更聪明一点儿、更整洁一点儿或更性感一点儿就好了，这样所有的问题都会消失。这种假设与珍视不同：珍视会培养人对所拥有的事物的感激，而假设会导致对未拥有的事物的怨憎。只要夫妻之间一直存在这种假设的态度，那么双方的冲突就很难解决。

在解决冲突之前，要记住，妥协的基础是接受伴侣的影响。这意味着，要想达成妥协，你不能对伴侣的意见和愿望抱持封闭的心态。你不必认同伴侣所说或所相信的所有事情，但必须敞开心扉，考虑对方的立场。这是接受伴侣影响的真正含义。当你和伴侣讨论某个问题时，如果你发现自己在手臂环抱或摇头反对，又或只是一味地思考而不表态，那么你们的讨论不会有任何进展。

就像我曾说过的，比起妻子接受丈夫的影响，丈夫接受妻子的影响要难得多。但无论是妻子还是丈夫，如果无法虚心接受对方的影响，对解决冲突来说无疑是种阻碍。因此，如果你还做不到接受伴侣的影响，就再做做相应的练习。摆脱这种倾向需要花些时间，你要不断提醒自己注意这种倾向，并提醒自己，伴侣能帮助自己从不同的角度看问题。不过，记得留意伴侣的观点中客观且合理的部分。

一旦你们准备好协商了，那找到双方都能接受的解决之道就不再是问题了。通常，仅仅通过系统性地谈论你们的分歧和偏好，你们就能达成妥协。只要你们继续按照上述步骤去做，避免讨论变得过于消极就不是难事。

寻找共同点

共同选定一个双方都希望解决的可解决的冲突，然后各自坐到一旁思考。在纸上画一大一小两个同心圆，小圆套在大圆里面。在小圆里列出你对这个冲突的无法让步之处，在大圆里列出你可以妥协的方面。日本合气道原则告诉我们，要向胜利让步。你越善于妥协，就越有可能说服伴侣。因此，努力使大圆里的内容尽可能地多，使小圆里的内容尽可能地少。

雷蒙德和卡罗尔这对夫妻对性生活不太满意，以下是他们分别在小圆和大圆里各自列出的内容。

雷蒙德	卡罗尔
小圆　我希望我们的性生活更有激情 我希望你能穿着性感内衣跟我做些情趣游戏	我希望我们的性生活充满更多感情 我希望你能多抱我、多抚摸我，前戏更长一些
大圆　即便当我很疲惫时，在早上做爱还是晚上做爱，我都能和你商量 我可以在做爱时多说点话	我喜欢在晚上做爱，因为我喜欢在欢爱后枕着你的胳膊睡，当然早上也行 做爱期间，我们俩说说话是件不错的事，不过我也可以不说

　　根据你们的实际情况，填完两个圆的内容后，互相讨论各自填写的内容，并寻找你们的共同点。记住，如果出现情绪淹没，你们在讨论时就要利用本章提到的策略来解决冲突，即温和的开场白、自我安抚和互相安抚。

　　在雷蒙德和卡罗尔的例子中，他们小圆中的内容虽然截然不同，但并非不可兼容。一旦他们接受并尊重彼此对做爱的不同看法，就能展开关于做爱问题的讨论，这些讨论能把雷蒙德的性幻想和卡罗尔对亲密行为和更多触摸的渴望融合起来。

　　尽管他们大圆中的内容也是互相对立的，但他们愿意在这些方面做出让步，因此他们很容易就能达成妥协。根据雷蒙德的疲惫程度，也许他们会灵活地决定是在早上做爱还是在晚上做爱，也能调整做爱时说话的多少。

　　本练习的目的是让你们发展出一种共同的思考问题的方式，从而一起想出一个双方都能接受的方案。当你和伴侣讨论圆中的内容时，要问以下问题：

　　1. 我们赞成的是什么？

　　2. 在这个问题上，我们共同的感受或最重要的感受是什么？

　　3. 在这个问题上，我们共同的目标是什么？

　　4. 我们如何理解这个问题？

　　5. 我们应该怎样实现这些目标？

　　如果你们正在和某个可解决的冲突搏斗，按照这些步骤去做，很可能会让你们找到合理的折中方法。一旦你们找到了，先试用一段时间，然后再确定它是否起作用。如果没有找到，继续尝试，然后共同解决冲突。

第 5 步，抚平情绪创伤

当你们能以一种让双方都满意的方式在可解决的冲突上妥协时，你们就可以防止这个冲突演变成具有破坏性的、导致僵局的冲突。但即使解决了引发争论的冲突，你们的争论仍然会给你们带来伤害。我称这种伤害为"情绪创伤"。威廉·福克纳（William Faulkner）在小说《修女安魂曲》中说得很好："过去从未死过。事实上，它甚至还没有过去。"我们可以重温过去，因为它现在仍然存在于我们的身体中。如果情绪创伤得不到抚平，它们往往会成为持续的刺激物，就像你在走路时鞋子里有块小石头一样。有些人往往会反复思考这些事件，随着时间的推移，情绪疏离的情况会越来越严重。过去的情绪创伤需要谈论或"处理"，这是完全正常的。

如果你们在有不同观点或互相伤害时出现了这种情况，罪魁祸首不是你们在为什么事情争论，而是你们是如何争论的。以下练习可以通过检查你们在产生分歧期间的倾向来弄清真相。双方共同分析会让你们更深入地了解彼此是如何经历争吵的，这有助于减少你们未来可能出现的冲突。

练习5

处理过去的情绪创伤

在进行本练习的过程中，请记住，所有经验都是主观的。不会有摄像机记录下你们之间发生的事实。你们俩的感知都同样有效。因此，你们的目标不是说服对方或和对方争论谁的感知更准确，而是更深入地理解彼此的主观现实和处理冲突的方式。这就是处理过去的情绪创伤的方式。

第 1 步，选择一个具体的事件来练习。选择一个你们俩都感觉现在可以保持情绪距离来讨论的冲突。为了进行这项练习，想象一下你们坐在某剧院的阳台上，在中场休息期间讨论第一幕发生的事情。不同的是，第一幕是不幸的事件，而你们是台上的演员。

第 2 步，决定谁先发言。在练习时，你们要轮流扮演发言者和倾听者的角色。在发言者讲完之前，不要切换角色。倾听者的任务是坐下来听对方说话，不要打断对方。

第 3 步，大声说出当时的感受。当你是发言者时，大声说出你在争吵或不幸事件中体会到的所有感觉，可参考以下清单。不要讨论你为什么有这些情绪。当你是倾听者时，不要评论对方的情绪。

在那场争论中，我感觉_____。

1. 被抛弃了
2. 害怕
3. 被疏远了
4. 很生气
5. 羞耻
6. 我们俩都有一定的正确性
7. 受到了批评
8. 沮丧
9. 防御心强
10. 自己不赞成对方
11. 厌烦
12. 被背叛
13. 精疲力竭
14. 过分激动
15. 自己很愚蠢
16. 有挫败感
17. 内疚
18. 绝望
19. 饥饿
20. 受伤
21. 不知所措
22. 自己没有影响力
23. 自己是对的，对方是错的
24. 自己像个无辜受害者

25. 自己想离开
26. 自己的观点并不重要
27. 对方甚至不喜欢我
28. 孤独
29. 被误解了
30. 自己在道德上是正当的
31. 失去了控制
32. 情绪被压倒了
33. 无力
34. 懊悔
35. 义愤填膺
36. 悲伤
37. 震惊
38. 固执
39. 滑稽
40. 被羞辱了
41. 紧张
42. 疲倦
43. 丢人
44. 不被欣赏
45. 不被爱
46. 没有安全感
47. 忧虑
48. 其他_____

第 4 步，分享你的主观体验和需求。 现在，告诉伴侣你当时为什么会有那些感受。在谈论你的体验时，要像记者那样客观地描述，避免攻击、指责或批评对方。不要以任何方式将意图或动机归咎于伴侣。只讨论你自己。以"我"开始描述，如"我听到你说……"，而不是以"你"开始描述，如"你说……"。另外，告诉伴侣你认为在事件发生时你可能需要什么。例如，如果你在第 1 步中说你感到自己的观点没有被重视，也许你需要的是伴侣对你所提观点的价值的肯定。再比如，如果你感到悲伤，也许你需要的是伴侣的安慰。

以下是夫妻双方在练习的过程中可能表达的常见的需求示例：

回想起来，我需要_____。

1. 你听我说话

2. 你对我很有耐心

3. 你不会反应过度

4. 你告诉我你爱我

5. 休息一下，不说话

6. 你认可我的观点

7. 你尊重我

8. 你支持我并有同理心

第 5 步，确定并探索你的触发点。 人在争论中产生消极反应往往源于那些"持久的脆弱性"，这也许是因为人对某些问题或反应过于敏感。例如，一些人特别害怕被所爱的人抛弃，因为在他们的童年时期，父母很不可靠。通过深入了解你和伴侣的触发点，你们就能在发生分歧时更好地避免过度激怒对方。告诉伴侣关于持久的脆弱性的故事非常重要，这样他们就能理解为什么你会有特定的触发点。

另外，你们俩可以分别圈出对以下问题的回答：

在那次争论中，我感觉_____。

1. 自己被排除在外

2. 自己不重要

3. 对方很冷漠（没有情感）

4. 明显被拒绝了

5. 被批评了

6. 自己对对方没有任何感情

7. 对方好像对我没有吸引力

8. 自己的尊严受到了损害

9. 自己好像被欺负了

10. 自己无法说服对方

11. 其他_____

在你告诉伴侣这些触发点的历史之后，请进行更多的自我探索。回顾一下你在前文"真正了解彼此"练习中的答案，看看你能否从中找到早期创伤与你们当下的争论之间的联系，可以使用以下清单：

我的反应源于＿＿＿＿＿＿。（勾选所有符合你情况的选项）

1. 我在家庭成长中受到的对待方式

6. 我未实现的愿望

2. 以前的恋爱关系

7. 过去其他人对待我的方式

3. 我经历过的旧伤、挫折或创伤

8. 我一直对自己的态度

4. 我最大的恐惧和不安全感

9. 我一直担心的曾经的噩梦或

5. 我还没有解决或搁置了的事情

灾难

在这次事件中，我特别敏感的触发点可能包括＿＿＿＿＿＿。

1. 我感觉被评判了

7. 我感觉被贬低了

2. 我感觉被排除在外

8. 我感觉没有得到尊重

3. 我感觉被批评了

9. 我感觉无力

4. 我感觉被情绪淹没了

10. 我感觉失控了

5. 我感觉羞耻

11. 我感觉没有希望

6. 我感觉孤独

当你是倾听者时，你要用理解和同理心回应伴侣。用一句话总结你听到的内容，比如："我理解为什么这对你是个很大的触发点。听到关于这个触发点的故事让我更好地了解了你。我也理解为什么这些是你持久的脆弱性。"

第 6 步，承认你在事件中的角色。 讨论完各自的答案之后，你们可能已经认识到，人是种非常复杂的生物，行动和反应受到各种感知、思想、情感和记忆的支配。自然而然地，你可能认为伴侣应完全对争论负责，但这种想法是错误的。为了打破这种思维模式，你们俩都需要承认彼此在制造冲突方面负有责任，即使一方在开始时责任很小。

首先，也是最简单的，是描述事件发生时你的心理状态，即是什么导致了你的反应。回想一下，以下哪些描述符合你的情况，然后勾选出来：

1. 我一直很有压力，很烦躁

7. 我不是个很好的倾听者

2. 我没有向伴侣表达太多的感

8. 我有点儿像个乞怜者

激之情

9. 我需要独处

3. 我一直过于敏感

10. 我一直心事重重

4. 我一直过于挑剔

11. 我不想照顾任何人

5. 我没有分享太多内心世界

12. 我没有太多的自信

6. 我感到沮丧

13. 我一直疲于奔命

14. 我感到被羞辱了

15. 我没有任何情感

16. 我对伴侣进行了羞辱

17. 我没有为我们之间的好事留出时间

18. 其他＿＿＿＿＿＿＿

其次，告诉伴侣你想要表示道歉的事情。先告诉伴侣你具体的遗憾之事以及你的责任，然后明确地向伴侣道歉。对夫妻来说，道歉的魔力是无穷的。以下是一些例子：

我想向你道歉，而且我也很抱歉，因为＿＿＿＿＿＿＿。

1. 我反应过激了

2. 我的脾气非常不好

3. 我进行了防御

4. 我很消极

5. 我攻击了你

6. 我没有听你说话

7. 我没有尊重你

8. 我很不理智

9. 其他＿＿＿＿＿＿＿

最后，伴侣可能会接受你的道歉，你可以说声"谢谢"。如果伴侣很难完全接受你的道歉，那就表明你们还需要多做练习。

第 7 步，展望未来，提出建设性计划。 双方轮流回答以下两个问题：

1. 我可以做什么来避免再次发生类似的事件或争论？

2. 对方可以做什么来避免再次发生类似的事件或争论？（尽可能同意对方提出的计划）

掌握了本章概述的一般冲突解决技巧以后，你们会发现，许多冲突会迎刃而解。一旦你们克服了沟通障碍，冲突就更容易解决了。在下一章中，我们将介绍一些具有创造性且易于施行的解决方法，用于解决夫妻遇到的一些常见冲突，如金钱、家务、为人父母和性等方面的冲突。但请记住，这些解决方法仅适用于可解决的冲突。如果相互妥协对你们来说仍然很难，那么你们正努力解决的问题可能根本没有解决方法。对此，可以参考法则 6，学习如何解决永恒的冲突。

10

可解决的冲突有哪些

THE SEVEN
PRINCIPLES FOR MAKING
MARRIAGE WORK

安排正式的抱怨时间，
以防日常压力波及婚姻生活。

 The Seven Principles for
Making Marriage Work

网络干扰、工作压力、姻亲关系、金钱、家务、为人父母以及性等，最容易导致婚姻冲突。即使在非常幸福且稳定的婚姻中，这些问题引发的冲突也很常见。虽然每段关系都是不同的，但冲突是普遍存在的，因为以上这些问题关系到婚姻中最重要的议题。

许多夫妻都认同"幸福的婚姻需要努力"这个观念，但"努力"是什么意思呢？每段婚姻关系都面临着某些情感任务，需要夫妻双方共同完成，以使婚姻更幸福。这些任务可以帮助夫妻双方深入理解彼此，使双方在关系中感到安全和稳定。如果这些任务未能完成，那么婚姻不是生活的避风港，而会变成一场风暴。

当夫妻双方在以上 7 个方面中任何一个方面存在冲突时，通常是因为他们对相应的任务有不同的看法，而且对这些任务的重要性或完成方式有不同的意见。如果冲突是永恒的，那么再好的解决技巧也毫无用武之地。

只有当夫妻双方都坦然地接受彼此的差异时，紧张情绪才会得到缓解。但当冲突可以解决时，双方面临的挑战在于如何找到解决冲突的正确策略。接下来，我们将讨论刚提到的 7 个方面的问题及其分别代表的婚姻中的不同任务，并针对这些问题给出具体的建议。

网络干扰

任务：即便有网络干扰，彼此也要保持联结和亲密关系。

你认为大多数夫妻会花多少时间或应该花多少时间进行对话？在洛杉矶，研究人员对一些年轻夫妻被试进行了 24 小时监测，结果发现，这些夫妻实际对话的平均时长仅为每周 35 分钟。更糟糕的是，他们的大部分对话实际上是所谓的"杂务对话"，比如谁去倒垃圾或谁送孩子上学。这令人感到非常悲哀。夫妻缺乏交流有很多原因，其中很重要的一点就是电子设备和网络的无休止干扰。对许多人来说，网络、短视频、短信、社交媒体和电子游戏等提供的即时信息和娱乐使分心成了一种根深蒂固的习惯，这可能会妨碍人们建立真正的联结。

解决方案：如果伴侣抱怨你更关注社交媒体而不是你们的婚姻，那么即使你不认同伴侣的观点，也要认真对待这个问题。我们建议所有夫妻都制定适合自己的礼仪规则，至少应该包括在用餐时、约会之夜或任何一方需要交谈时禁止发短信、查看电子邮件或看短视频等。毕竟，大多数人在教堂或剧院很容易自觉关闭电子设备。我们需要将同样的尊重和礼貌呈现给伴侣。

为了了解网络干扰是不是你们关系中需要重点关注的重大问题，请进行以下测试。

测试 1	网络干扰测试			
描述		很少	有时	通常	经常
1. 我担心伴侣花太多时间处理电子邮件或其他在线任务				

2. 当我想和伴侣谈话时，他经常忙着发短信或上网

3. 我很难感受到伴侣把我放在第一位

4. 我感觉伴侣花在电视或社交媒体上的时间太长了

5. 当我走进房间，发现伴侣正沉浸在社交媒体中而没注意到我，我会伤心

6. 伴侣沉浸在社交媒体中，没有真正地关注我

7. 社交媒体似乎占用了我们所有的时间

8. 伴侣被网络和社交媒体分心了，无法全心地关注我

9. 社交媒体或注意力分散已成为我们之间的真正困扰

10. 我希望伴侣多关注我而不是网络

计分原则： "很少"不计分，"有时"计1分，"通常"计2分，"经常"计3分，然后把得分加起来。

解读：

0～10分： 说明网络干扰对你们来说不是大问题。

11～20分： 使用一些问题解决技巧可能会对你们的关系有益。可以利用前文提到的协商建议（关于可解决的冲突）来解决造成冲突的问题，如对于何时何地发短信、接电话、回复电子邮件、玩电子游戏等，可以设置一些原则。在讨论需求时，一定要坦率并尽可能地关爱彼此，防止这些问题影响你们的关系。

21～30分： 过度关注社交媒体和其他干扰可能会影响你们的关系。试着与伴侣协商并制订一个具体的每日使用网络的时间方案，在遵循该方案一周后，重新评估双方对这个问题的感受。有时，夫妻双方会利用消遣来回避交流和联系。如果你们需要在这方面得到其他帮助，可参考法则3关于转向而非远离的内容，一定要完成相应的练习。如果冲突仍然无法解决，可参考法则6关于打破婚姻僵局的建议。

谈到网络干扰，不得不提色情内容的普遍化。据估计，网络上有约5

亿页的性爱色情内容，它们迎合了人们的各种好奇心。美国婚姻与家庭治疗协会的一份报告显示，在美国，20%～33%的网络用户会上网进行与性有关的活动，包括观看色情影片及参与某种性行为，其中大多数人为已婚男性。我认为，色情本质上是反浪漫的，是不人性化的。此外，许多色情网站都有贬低女性的色情内容，或将对女性的暴力行为与性释放结合起来。

研究表明，习惯性地观看色情影片会损害情侣关系中性爱的本质和质量，尤其是当一方独自观看而非作为情侣互相享受性爱的一部分时。习惯性地观看色情影片的影响包括：

性爱频率降低。一般而言，当一方习惯于观看色情影片时，性爱频率会降低。但如果自慰的过程不涉及色情影片，那么夫妻之间的性生活有可能变得更加频繁。

性交流减少。因为观看色情影片不需要与伴侣互动，也不需要了解或讨论彼此的欲望，所以双方不需要交流。这种倾向会导致在性爱期间与伴侣的交流减少。

相互满意的性生活减少。如果你经常从某个特定形象或幻想中获得性高潮，你就会发生一种条件反射，导致你在现实生活中去寻找同样的刺激。在某种程度上，这种条件反射得益于催产素和多巴胺这两种"亲密激素"。人在获得性高潮时，会释放这两种激素。因此，观看色情影片的人可能会被特定的性幻想过度吸引，以至于除非伴侣愿意参与性幻想中的行为，否则性生活并不令人满意。但是，伴侣可能不喜欢这种做法或感觉不适。结果就是，没有人获得性愉悦。

背叛的风险提高。观看色情影片可能是导致出轨的第一步，之后由在线聊天转变成现实的出轨。尽管色情影片的潜在危险不容忽视，但它的普及和吸引力也不可否认。因此，对夫妻来说，讨论色情影片的问题以及它对夫妻关系产生的消极影响是明智的选择。如果双方没有明确的约定，那么观看色情影片实际上就是一种关系背叛行为。

有时候，观看色情影片的问题会变得很严重，最终成为一种强迫症或成瘾行为。如果你们的关系正面临这样的问题，那就需要为成瘾的一方寻求心理治疗师的帮助。和酗酒、物质滥用等其他形式的成瘾行为一样，色情影片依赖对夫妻关系也会产生巨大的负担，需要寻求专业人士的帮助。

工作压力

任务：让你们的婚姻和和美美。

大多数时候，斯蒂芬妮和托德这对夫妻下班后会相继回到家。通常，他们不是把团聚变成一场情意绵绵的相会，而是开始拌嘴。托德一整天都在受难以相处的老板的气，当他回到家，找不到自己的信件时（斯蒂芬妮已经多次把信件从桌子上拿开了），他开始生气。斯蒂芬妮手头有个任务要赶着完成，她晚上要加班加点，当她打开冰箱时，却发现冰箱里除了饮料什么也没有，她变得很生气。"什么吃的都没有！"她吼道，"你说过要去超市买吃的，你居然没去，你怎么回事儿啊？"

斯蒂芬妮和托德之间的问题到底出在哪里呢？答案是他们把工作压力带回了家，继而对他们的婚姻造成了破坏。而如果他们安排正式的抱怨时间，就可以防止日常压力波及婚姻生活。

如今，工作压力越来越成为夫妻彼此不满的主要因素。与30年前相比，现在的夫妻平均每年要工作1 000小时。他们交流的时间少了，放松的时间少了，吃饭和睡觉的时间也少了，难怪对许多家庭来说，欢呼"亲爱的，我回来了"的日子已成为历史。现在最有可能的是，回家也要加班，带一叠文案资料回家，并准备第二天向客户做展示。

解决方案：当漫长的、充满压力的一天即将结束时，在和伴侣互相交流之前，你需要一些时间来缓解自己的压力。如果你因为伴侣做的某些事突然发怒，你要知道，这可能是由于你压力太大，使你把小事过分夸大了。同理，如果伴侣沉着脸回到家，对你的询问"怎么了"回以怒吼，不要认为对方是在针对你，对方只是今天过得很糟，你要做的就是让事情过去，而不是抨击对方，避免让局势恶化。

安排一段放松时间。无论是通过躺在床上还是阅读杂志、慢跑或冥想等方式来放松，你都要让它成为惯例。有人发现，最简单的放松方式是寻求伴侣的帮助，对此可参考前文提到的互相安抚的技巧。当你们都相对冷静时，再一起谈论彼此一天的生活。把这段时间当成是双方都认同的抱怨时间，每个人都可以抱怨一天遭遇的任何麻烦，同时对方也能给予理解和支持。

姻亲关系

任务：夫妻双方要建立"我们"意识或共同体意识。

尽管男性讲岳母的笑话是传统喜剧的主题套路，但真正的家庭关系矛盾经常发生在儿媳和婆婆之间。婆媳在观点、个性和生活观念上的分歧通常很难改变，因此她们相处的时间越久，分歧的不可改变性就越明显。例如，外出就餐的决定会在一些细枝末节上产生纠纷，如到哪里吃饭、什么时候去吃、吃什么、要花多少钱、谁付钱等。当然，还有更深层次的争论，如价值观、工作、居住地、生活方式等。

爱情大数据

　　尽管这些冲突通常在新婚初期就显现出来了，但婆媳冲突在其他时刻也会爆发，如孩子出生或经历重大事件时，或父母年龄越来越大，越来越依赖儿子和儿媳时。

　　婆媳冲突的核心，可以说是两个女人为了得到一个男人的爱而发动的"地盘争夺战"。妻子想看丈夫是支持自己还是支持婆婆，她觉得奇怪："你到底属于哪个家庭？"而婆婆也常常问同样的问题。对这个男人来说，他希望这两个女人能和谐相处，他既爱母亲又爱妻子，他不希望在她俩之间做选择。做选择对他来说太荒谬了，毕竟他忠于她们每个人，也必须尊重她们俩。而他的这种心态常常让他成为和事佬，这无疑会让局势更加恶化。

　　解决方案：摆脱这种困境的唯一方法是，丈夫要和妻子一起反对母亲。尽管这听起来也许有点冒犯之意，但请记住，婚姻的基本任务之一是夫妻双方建立"我们"意识。因此，丈夫必须让母亲知道自己的妻子是排在第一位的，比如，他的房子是他和妻子的，不是他母亲的；他首先是一个丈夫，其次才是一个儿子。这样的立场虽然会让人不愉快，使母亲的感情受到伤害，但她最终会接受这个现实：在儿子的家里，他首先是一个丈夫。这对婚姻来说非常关键。丈夫要固守这种立场，即使觉得不公平或母亲无法接受。

　　当然这并不是说，当一个丈夫觉得自己的父母被贬低、羞辱或基本价值观受到挑战时，他什么也不能做。我所强调的是，他不应该在自己的家庭身份问题上妥协，他必须站在妻子一边，而不是保持中立。他和妻子要建立自己的家庭仪式、价值观和生活方式，并坚持要求父母尊重他们。

　　出于这个目的，创造或更新你和伴侣之间的共同体意识可能会让你与原来的家庭出现疏离。这就是戴维面临的挑战。他的父母在某个周末拜访了他的新家，他和妻子简妮称这次拜访为"严重的炖小牛腿危机"。

简妮一直都很害怕公公婆婆的来访，因为她觉得在婆婆眼里，自己只是可爱，没什么能力，婆婆才是"救世主"，能把家里安排得井井有条。尽管简妮对婆婆总是彬彬有礼，但她私下会向戴维唠叨婆婆，说婆婆是个控制狂，还说婆婆对自己的工作态度很鄙夷。而戴维则坚持认为，简妮在小题大做，简妮对此更加生气。

为了公公婆婆的来访，简妮在她最喜欢的意大利餐厅预订了晚餐。可以向公公婆婆炫耀这家餐厅，让简妮非常兴奋，她知道他们对美食非常了解。但当天下午，当她和戴维回家时，她发现婆婆买了食材回来，正在为戴维做他最喜欢吃的一道菜——炖小牛腿。婆婆还说，她认为儿子喜欢家常菜。

简妮很生气，戴维则左右为难。小牛腿闻起来很美味，戴维知道如果他不吃，母亲一定会很伤心。他很想让简妮取消订餐。尽管这种情形听起来并不像是什么重大危机，但它能导致戴维和简妮的婚姻出现拐点。现在，简妮屏住呼吸，看戴维如何抉择。戴维清了清嗓子，搂住母亲，并对她做了一顿美味的晚餐表示感谢，然后他说要把饭菜放到冰箱里留到第二天吃。戴维解释说，他和简妮非常希望和爸爸妈妈在他们小夫妻喜爱的餐厅共享周末家庭晚餐，这对他们来说很重要。

戴维的母亲非常生气，眼中泛泪，发了顿小脾气。后来，戴维让父亲去劝母亲。当他看到简妮很高兴和得意扬扬时，他觉得自己这么做是值得的。戴维的意思非常清楚：简妮是排在第一位的，母亲要习惯这一点。

"当他让母亲知道，我现在在他心中排第一位的时候，"简妮回忆说，"我们的婚姻才真正开始。"

把伴侣放在第一位并建立共同体意识，是婚姻中很重要的一部分，你不

能容忍父母对伴侣有任何蔑视之情。诺埃尔和伊芙琳这对夫妻是个很好的例子。在吸取这个教训之前，诺埃尔和伊芙琳的婚姻正走向破裂。在女儿出生后，他们决定让诺埃尔作为女儿的主要照顾者，因为伊芙琳的工作要求、薪水和个人回报都更高。但伊芙琳的父母对这个决定并不满意，他们不信任诺埃尔的育儿能力。每隔一个周末，伊芙琳就会带着女儿去拜访住在相邻小镇的父母，好让诺埃尔休息一下。

诺埃尔通常会在周日晚上去伊芙琳父母家。但从他进门的那一刻起，他就觉得自己像个局外人。伊芙琳的父母不把他放在眼里，他们会就奶瓶喂养、儿童防护、汽车座椅等问题训斥他。他们会不断地批评他，同时称赞伊芙琳是个多么伟大的母亲。

某个周日，伊芙琳的父亲开了一个玩笑，他问诺埃尔知不知道奶瓶和啤酒瓶的区别。诺埃尔非常愤怒，因为他意识到伊芙琳一定跟她父母说了他们最近为伊芙琳在冰箱发现了 6 瓶啤酒而争吵的事情，伊芙琳当时警告诺埃尔在照顾孩子时不要喝酒。诺埃尔觉得自己受到了侮辱。诺埃尔知道，他在全职照顾女儿，这让他的岳父很不舒服。他也知道伊芙琳很看重父母对她的认可，所以他怀疑她是为了赢得他们的好感而贬低他。

在爱情实验室，我们帮助这对夫妻讨论了这个问题，结果证明诺埃尔是对的。伊芙琳在对父母讲啤酒事件时说了诺埃尔的坏话，并破坏了他们之间的"我们"意识。

伊芙琳认识到自己的行为及其对诺埃尔和婚姻的影响后，她改变了之前的行为。她减少了带女儿去父母家的次数，所以她父母大部分时间都是在诺埃尔的家里看望他们的外孙女。当伊芙琳的母亲担心外孙女没有吃饱时，伊芙琳会说："诺埃尔刚刚带孩子去看过儿科医生，医生说孩子的体重和健康状况都很理想。"而当她的父亲建议外孙女要穿厚一点的防雪衣时，伊芙琳告诉父亲，诺埃尔是女儿的父亲，他比任何人都了解什么东西对女儿最好。

起初，伊芙琳的父母对她的新态度很恼火，但随着时间的推移，他们接受了伊芙琳的改变。诺埃尔和伊芙琳发现，他们的婚姻更美满了。最终，他们发展出了的共同体意识，漂亮地完成了建立"我们"意识的任务。

解决姻亲问题

如果你们的婚姻正遭遇姻亲方面的问题，以下练习会对你们有所帮助。本练习能让你们关注自己与伴侣方亲戚的关系，以便你们确定，当提到特定的亲戚时，你们的"我们"意识是否需要加强。请根据自己的情况选择相应的答案。

1. 思考你和伴侣家庭各个成员之间的关系，如果你觉得伴侣在你和这些亲戚之间不一定站在你这边，或者你觉得你正和伴侣的某个家庭成员起争执，请在相应的方框中打钩。

□伴侣的母亲

□伴侣的继母

□伴侣的父亲

□伴侣的继父

□伴侣的兄弟

□伴侣的姐妹

□伴侣的其他亲属

描述一下迄今为止保持的良好关系＿＿＿＿＿＿＿＿＿＿＿＿＿＿

描述一下依然存在的冲突＿＿＿＿＿＿＿＿＿＿＿＿＿＿＿＿

2. 想一想伴侣和你的家庭成员的关系，如果你觉得在伴侣和这些亲戚之间，你不一定站在伴侣那边，或者伴侣正和你的某个家庭成员起争执，请在相应的方框中打钩。

□你的母亲

□你的继母

□你的父亲

□你的继父

□你的兄弟

□你的姐妹

□你的其他亲属

描述一下迄今为止保持的良好关系＿＿＿＿＿＿＿＿＿＿＿＿＿＿＿＿

描述一下依然存在的冲突＿＿＿＿＿＿＿＿＿＿＿＿＿＿＿＿＿＿＿＿

互相查看彼此的答案，然后讨论可以做些什么来增加从对方身上得到的支持感和共同感。如果伴侣察觉到了某个问题而你没有察觉到，不要进行防御。实际上，很多关系都与人的感知有关。举例来说，如果你的伴侣认为你站在你母亲那边反对他，那么即使你不同意他的看法，你也该为你们的婚姻做点什么。

金　钱

任务：在金钱代表的自由和赋权与金钱象征的安全感和信任之间做出平衡。

无论银行存款是有余还是不足，许多夫妻都会遭遇重大的金钱冲突。这说明，金钱是一个永恒的冲突，因为金钱象征着许多情感需求，如安全感和权力——我们个人价值系统的核心。

当出现比较简单的、可解决的财务问题时，解决的关键在于，首先要理解夫妻双方在该问题上的责任。金钱可以买到快乐，也可以买到安全感。既然人们对金钱及其价值的看法不同，那么任何夫妻都要平衡这两种经济现实。

我们发现，可解决的财务问题常出现在新婚夫妻身上。因为随着婚姻生活的推进，这一冲突要么成功得到解决，要么发展成永恒的冲突。然而，当婚姻环境发生变化时，结婚已久的夫妻或许也会发现，他们面临着可解决的财务问题。在工作变动、孩子的教育费用、退休计划以及照顾年迈的父母等问题上的分歧，通常是人到中年时常遇到的摩擦因素。

解决方案：做详细的财务预算。以下措施有助于你处理你想要花多少钱和你想在哪些东西上花钱等问题。不过，处理复杂的财务问题不在本书的讨论范围内。如果你在财务计划和投资方面需要帮助，可以在相关网站、图书馆或书店找到丰富的资料。

就婚姻而言，最重要的是夫妻双方要像一个团队那样共同处理财务问题，而且在提出某个计划之前，要互相表达自己的担忧、需求和想象。确保最终的预算不是以牺牲任何一方为代价而达成的，否则只会积累怨气。如果双方在某些问题上都坚持己见，那就没得商量了。

第1步，列出你们最近的开销

找个合适的时间，用与以下开销单类似的格式来记录你们上个月、上半年或这一年共花了多少钱。

开销单

1. 饮食：杂货、外出就餐或外卖
2. 按揭款或租金：度假租金、房子翻修、财产税、公寓维修等
3. 家庭办公用品
4. 公用设施：用电、煤气、暖气、用水
5. 打电话
6. 网络
7. 家庭维护：房屋清洁、洗衣、干洗、设备器材（吸尘器、浴室清洁剂等）
8. 衣服
9. 个人护理：理发、修指甲等
10. 车：买汽油、保养和维修、换驾照、保险、停车费、违规罚款等
11. 其他交通费用：公交、火车、渡轮等
12. 外出：生意上的走动、拜访亲人、假期出游等

13. 消遣：找人看孩子、约会（看电影、玩游戏、听音乐会、看球赛等）、家庭娱乐（付费视频、音乐等）等

14. 健康：医疗保险、就医、健康俱乐部会费、其他（配眼镜、按摩、咨询等）

15. 电器：电视、电脑、平板电脑、手机等维修或更换

16. 买礼物

17. 慈善捐款

18. 借款利息、银行手续费、信用卡

19. 人寿保险

20. 投资和存款（股票等）

第 2 步，管理每天的开支

1. 从上面的清单中，写下每一笔你们认为能让你们感到快乐和幸福的必需开销。

2. 仔细查看你们的收入和财产，试着创建一份预算，以便你们能根据自己的收入管理每天的财务和其他必需开销。

3. 想出一个定期支付账单的计划，并确定由谁付钱、何时付钱以及由谁来平衡收支。

4. 互相讨论各自的清单和计划，然后寻找共同点，并拟定一个满足双方"必不可少"的需求的方案。为了确保这个计划对你们俩都起作用，你们在几个月后需要再次进行讨论。

第 3 步，为你们将来的财务做打算

1. 想象 5 年后、10 年后、20 年后或 30 年后的生活，你们理想的状况是怎样的？想想你们想要的东西、想过的理想生活，并认真思考你们最想避免的财务问题。有些人最害怕退休后没有足够的钱生活，另一些人则害怕付不起孩子的大学费用。

2.列出你们的长期财务目标，要把你们最想要的和最害怕的东西都考虑进去，如你们的目标可能包括买房子、拥有充裕的退休金等。

3.彼此分享各自的财务目标，寻找双方的相似之处，并讨论各自的看法。

4.列出一个长远的能帮助你们实现目标的财务计划。为了确保你们仍然意见一致，要经常（如一年一次）完善这个计划。

如果你和伴侣存在各种财务分歧，那么按照以上步骤去做，就可以得出有效的解决方案。琳达和德文这对夫妻就是很好的例子。

琳达爱穿时髦的衣服，喜欢在办公室附近的健身俱乐部健身。德文认为这是在浪费钱，他更喜欢把钱花在和朋友吃饭及每年两次的滑雪上，而对琳达来说，德文在过度放纵他的爱好。后来，他们完成以上练习，共同讨论了财务问题并达成了一个临时的折中预算协议。由于他们俩都不想放弃各自喜欢的消遣活动，因此他们决定开通3个存款账户：每人一个，再加上一个共同账户。他们同意把各自的部分薪水存到共同账户里，以备孩子将来上学用或为其他重要开支做准备，然后各自存钱付健身费用和滑雪费用。他们决定6个月后再讨论这个安排，看看新的预算方案是否有用。

蒂娜和吉恩这对夫妻面临的困境则与琳达和德文不同，他们的儿子布莱恩再过两年就要上大学了。尽管他们为布莱恩存够了上本地社区大学的钱，但蒂娜希望送儿子去上更严格、学费更贵的州立大学，因为这些大学开设了更多科学课程。布莱恩一直以来都很优秀，想成为一名航天工程师，这个梦想仿佛是可行的。但为了付布莱恩的学费，吉恩不得不暂时放弃在乡下买栋小木屋的梦想。尽管吉恩非常关心儿子受教育的问题，但他也担心如果他们现在不买栋房子，等到房价涨起来以后，他的梦想就永远实现不了了。

吉恩希望蒂娜重返职场，这样他们才能负担得起布莱恩上大学的费用以及在乡下买房子的费用，但蒂娜表示反对，因为她年老的母亲和他们住在一起，蒂娜要照顾她。吉恩和蒂娜差不多每天都要就这个问题吵架，吉恩认为现在是时候让蒂娜的姐姐来接替照顾母亲的任务了，但蒂娜的姐姐做的是全职工作，无法照顾母亲。他们也可以把蒂娜的母亲送去疗养院，但蒂娜坚决反对。

后来，蒂娜和吉恩填好了一份预算表格，表格本身并没有提供简单的解决方法，但他们俩共同检查开支的过程让他们的情绪发生了很大的改变：他们觉得彼此是一个团队，不该为这些问题争论。接着，他们把所需的各种信息做成了表格，希望从表格中找出有关学生贷款和奖学金的信息。最后，吉恩同意把他的梦想推迟几年，蒂娜又开始工作了，不过是兼职。由于吉恩的工作时间可以调整，因此，当蒂娜出去工作时，他会在家里照顾岳母。而布莱恩先是在本地社区大学上了两年，后来转学到了州立大学。

当然，上面提到的两对夫妻的冲突以及想到的解决方法可能不完全适合你们。解决冲突的关键在于，无论双方在财务问题上的分歧是什么，身为团队的一员，双方要设法缓和彼此的紧张感，想出一个双方都能接受的方案，即使这个方案不能立刻满足彼此的需要。

家　　务

任务：营造一种公平感和协同作业感。

乔安娜感到厌倦了。几个月来，她一直叫丈夫格雷格不要把脏衣服扔在浴室地板上，但格雷格总是把她的叮嘱忘到九霄云外，就像他总是忘记自己答应清洁地毯、每晚洗碗碟一样。乔安娜和格雷格都是全职工作者，通常，乔安娜是下班后第一个回到家的。当她开始清扫房间，或清洗仍然泡在水池里的碗碟时，她就会怒火中烧。格雷格一回到家，她要么沉默以对，要么对他说些自己是个女佣之类的挖苦话。格雷格坚持认为乔安娜太过唠叨，他告诉她："如果你让我自己干，我可能会把事情做得更好。"

格雷格并没有认识到他对家务的态度给婚姻带来了多大的伤害，直到有一天，他回到家后，听到卧室传来"砰砰"的响声。他走进卧室，发现乔安娜仍然穿着职业装，正把他的脏短裤往地板上钉。"它们已经放了3天了，"她说道，"我估计你想让它们和地板融为一体。"后来，他们离婚了。

我们不建议大家像乔安娜这样解决家务冲突。男性常常认识不到女性非常关心房间的整洁有序。当然，这种性别差异也有例外，但关于清洁的一个基本事实是，女性更加挑剔，男性比较不修边幅。

当丈夫没有做他答应要做的家务时，妻子通常会觉得丈夫不尊重她、不支持她，因此不可避免地会产生怨恨，继而导致婚姻不如意。许多丈夫只是理解不了为什么家务对妻子来说那么重要，他们也并非故意偷懒。许多人都是在传统的家庭长大的，在那种家庭里，他们的父亲根本不做家务。丈夫可能会在口头上承认时代变了，认同让妻子回到家后继续干活儿而丈夫喝酒享受不公平。但旧的生活方式很难消除，在某种程度上，男性仍然认为家务是女性的事。当丈夫帮忙干家务时，他们会觉得自己应受到褒奖；如果他们没有得到褒奖，妻子反而要求他们做更多家务，他们会反抗，且有可能少做家务。

出现这种现象的主要原因在于，大多数男性往往会高估他们干家务的量，比如刚提到的格雷格。英国社会学家安·奥克利（Ann Oakley）已经证实了这一点。我家也是这样，当我向朱莉抱怨所有的家务都是我做的时候，朱莉会说："不错！"她知道，我实际上只做了一半的家务。

解决方案：其实很明了，男性必须多做家务。由于完全缺乏动力，男性有时会推卸他们在这方面的责任。也许以下这个事实能激发丈夫做家务的热情：很多女性发现男性在做家务时非常性感。与妻子认为丈夫没做家务的婚姻相比，在丈夫分担家务的婚姻中，夫妻双方对性生活的满意度都比较高。这种婚姻的好处已经延伸到床笫之外了：在发生争论时，妻子的心率明显偏低。这说明她们不太可能以苛刻的开场白开始讨论，这样就避免招来末日四骑士和情绪淹没，从而避免离婚。

当然，我们并不主张，如果丈夫希望挽救婚姻以及改善性生活，就必须做一半的家务。问题的关键不在于丈夫做家务的实际分量，而在于妻子主观上是否认为丈夫做的家务足够多。对有些夫妻来说，分担足够多的家务其实意味着平摊家务；但对另一些夫妻来说，如果丈夫做了妻子不愿意做的家务，如清洗浴室或房屋除尘，或者丈夫出钱请人打扫屋子，以减轻双方的负担，那么妻子也许会很满意。

计算丈夫需要做多少家务的最佳方法是，夫妻双方针对表 10-1 中的家务清单展开讨论，并把每个人要做的家务详细列出来，最后得出客观的依据，以便决定谁该做什么。

表 10-1　家务清单检查表

家务清单	现在由谁负责	理应由谁负责
汽车保养		
汽车维护（更换机油、登记等）		
加油		
汽车保险		
照顾家庭		
翻新房屋		
家居维护		
购买家具		
购买家电		
给绿植浇水		

续表

家务清单	现在由谁负责	理应由谁负责
照顾孩子		
准备饭菜和午餐		
监督孩子做作业		
帮孩子洗澡		
进行睡前活动		
纪律要求（制定和实施）		
孩子生病时的照料		
处理孩子的情绪问题		
与学校交流		
策划孩子的生日		
给孩子买东西		
孩子的日程安排和交通安排		
预约就医		
接送孩子看医生		
接送孩子去学校 / 托儿所		
陪孩子去玩伴家里 / 参加课外活动		
参加家长会		
沟通		
与家人和朋友保持联系		
接听电话留言		
回电话、短信或电子邮件		
娱乐		
计划与朋友聚会		
预订晚餐		
计划约会之夜		
为派对收拾家里		
选择旅游目的地		

续表

家务清单	现在由谁负责	理应由谁负责
预订旅游机票		
规划浪漫假期		
规划家庭度假		
规划浪漫周末		

财务

理财规划		
管理投资		
支付账单		
纳税		
处理法律事务（如遗嘱、生前信托等）		

饮食

计划菜单		
买菜		
烹饪		
洗碗		
清理洗碗机		

健康

协调医疗保健		
管理健康保险		

日常家庭清洁

一般的清洁整理		
整理床铺		
厨房清洁		
吸尘		
扫地		
洗地板		

续表

家务清单	现在由谁负责	理应由谁负责
清理浴室		
倒垃圾		
物品回收		
洗衣服		
折叠衣服		
把干净衣服收好		
换洁净毛巾		
其他家庭清洁工作		
家居维修		
清洗或打蜡地板		
擦窗户		
更换灯泡		
家电维修		
清理冰箱		
清理院子		
……		

根据以上清单，首先各自说说自己目前做了多少事，然后说说自己打算怎么做。这个清单实际上把家务延伸到了其他方面，如家庭财政和孩子抚养等。如果分配不公，这些家务也能导致冲突。

但就像前文刚提到的，男性常常认为他们做的家务量比实际情况要多。在许多婚姻中，丈夫多是做一些体力活，如洗车或修理，或者做一些财务规划等脑力工作。这些工作不必每天都做，或者不必按严格的时间表来做。而妻子做了很多分外的不用动脑思考的日常苦活，如做清洁、收拾屋子等，这些工作常常令她们感到不满。

现在，你应该很清楚你最近分担了哪些家务，伴侣分担了哪些家务。根据你们认为的相应家务的理想人选，也许你们是时候重新分配家务了，这样更公平。记住，丈夫干的家务量不一定是两性平等的决定性因素，还有其他两个变量：首先，丈夫是否不用妻子要求就会干家务。**如果丈夫主动干家务，他就在情感银行账户上添了一笔可观的存款**。其次，丈夫是否会针对妻子的需求灵活变更任务。例如，当丈夫看见妻子在某个晚上特别疲惫时，他会愿意替她洗盘子，即使本该是她洗。丈夫能这么做，表明他非常尊重妻子，用这种方式帮助妻子比睡前的爱抚更能让她兴奋。

为人父母

任务：把"我们"意识拓展到孩子身上。

诺拉·埃夫龙（Nora Ephron）在《心痛》（*Heartburn*）这部小说中写道："孩子就是一颗手榴弹，当你们有了孩子，你们就在婚姻中引发了一场爆炸。当骚乱平息以后，你们的婚姻已经不是原来的样子了，它不一定会更好，也不一定会更差，但绝对和原来不一样了。"这是一本以真人真事为基础撰写的小说，讲的是埃夫龙前一段婚姻的破裂。实际上，每种审视人们如何从夫妻角色过渡到父母角色的研究都证实了她的看法，即孩子会让婚姻生活发生巨大的变化。不幸的是，在大多数时候，这些变化都是不利的。在第一个孩子出生的那一年里，70%的妻子对婚姻满意度急剧下降。丈夫的不满通常在妻子的不满之后出现，他们的不满通常是对妻子情绪的一种反应。导致这种不满的缘由五花八门，如缺乏充足的睡眠、不知所措、不被对方欣赏、照料孩子的沉重责任、辗转于抚养孩子和工作之间等。

最让人迷惑不解的，不是为什么67%初为人母的女性会觉得自己无比悲惨，而是其余33%的人为什么会毫发无伤地完成母亲身份的过渡。事实上，有些女性说她们的婚姻生活从未像现在这么好过。我们对130对夫妻进行了为期8年的研究，从他们新婚伊始就一直在关注他们。现在，即使在埃夫龙所谓的"婚姻手榴弹"爆炸之后，我们也知道如何让婚姻保持稳定和幸福。幸福的妻子和不幸的妻子的区别不在于孩子是否腹痛、是否睡得好、是母乳喂养还是牛奶喂养，以及妻子是去工作还是当家庭主妇等，而与丈夫和妻子是一起经历父母身份的转换还是跟不上变化的节奏有关。

孩子的出生总是不可避免地会导致初为人母的女性发生性格上的变化，她们从未感受到一种爱是如此深沉、无私，就像她们在童年时感觉到的一样。几乎每个初为人母的女性都会感到生活意义有了重大改变，她们发现自己情愿为孩子做出巨大的牺牲。面对脆弱的婴儿，她们感到深深的敬畏与惊奇。这个经历大大改变了她们的生活，如果丈夫没有与她们共同经历过，他们之间就会产生疏离感。

当妻子接受了包括孩子在内的新"我们"意识时，丈夫可能仍然抱着旧"我们"意识，因此，他非但不帮忙，反而对妻子很不满。妻子现在很少花时间陪他，一直围着孩子转。他可能对他们俩再也不能骑自行车去海边玩了而怨恨，因为孩子太小，不能坐在车后面的托架上。他当然也爱孩子，但总想让妻子回到原来的样子。面对这样的情形，丈夫应该做些什么呢？

解决方案：丈夫不能让妻子回到原来的样子，必须紧跟妻子的步伐，这样婚姻才能继续。丈夫做到这一点后，就不会怨恨孩子，而会觉得自己不再只是一个丈夫，还是一个父亲，并对孩子感到自豪、亲切、有保护欲。

那么，如何保证丈夫和妻子一同改变呢？首先，夫妻双方要无视一些流行的不良建议。许多好心的专家建议夫妻在婚姻与家庭之间取得平衡，好像他们的生活是跷跷板，孩子在这一头，婚姻在另一头。他们还建议夫妻不要把时间都花在孩子身上，而应该关注他们的婚姻和业余爱好，如谈谈自己的婚姻、工作、天气，谈什么都可以，就是不能一直和孩子待在一起。但是，婚姻和家庭并不是完全对立的，相反，它们是一体的。

的确，夫妻应该偶尔离开孩子，单独相处。但如果他们共同完成了这种身份的转变，他们会发现，他们无法停止谈论孩子，也无法抛下孩子去做他们想做的事情。在绝大多数情况下，这些夫妻会感觉他们好像做了错事，因为他们把为人父母看得比夫妻关系更重要，结果，他们觉得压力更大，也更困惑。但是，他们实际上做了一件非常正确的事，他们处于"我们"的状态。为了扩大"我们"意识，丈夫和妻子都要改变自己的生活哲学，这样双方与孩子的关系才能同他们的婚姻一起茁壮成长。

当夫妻双方向父母角色转变时，以下提示可以帮助双方保持联结。

1. 关注夫妻之间的友谊。在孩子出生之前，夫妻双方要相互了解，彼此紧密相连。夫妻俩越像一个团队，向父母角色的转变就越容易。如果丈夫了解妻子，当妻子开始母亲身份之旅时，他也能及时跟上她的步伐。

2. 不要把丈夫从照顾孩子的任务中排挤出去。由于精力旺盛，初为人母的妻子有时会在丈夫面前表现得好像自己是个万事通。虽然她会口头上说他们应该一起分担照顾孩子的重任，但她无意中会把自己塑造成一个监工，不断地指挥甚至命令初为人父的丈夫。如果丈夫没有完全按照她的方法做事，她甚至会谴责他，如"不要这样抱孩子！""你拍背的时间太短了！""洗澡水太凉了！"等。面对这种"狂轰滥炸"，一些丈夫更希望退出，把"育儿专家"的角色让给妻子，并乐意接受自己的无能。这种结果的坏处是，丈夫做得越来越少，在照顾孩子的事情上越来越不熟练，越来越不自信，最后不可避免地觉得自己被妻子排除在外。

解决方法非常简单，即妻子需要让步。妻子要明白，育儿的方法有很多种，还应该记住，这个孩子也是丈夫的孩子，用不同的方式照顾孩子对孩子有好处。有那么几次在给孩子洗澡时水温不够热而让孩子"受苦"，是让丈夫继续献身家庭而让孩子付出的小小代价。如果妻子觉得丈夫的育儿方法实在不安全，可以带他去找儿科医生或看育婴指南。妻子可以向丈夫提出适当的建议，但要以温和的开场白开始谈话；不要训斥和批评丈夫，否则会适得其反。

在妻子给孩子喂奶的这段时间，初为人父的丈夫可能感觉特别难熬。女性的阴茎妒忌心理可能是一个弗洛伊德神话，但乳房妒忌则是活生生的，它几乎存在于每个妻子养育婴儿的家庭里。当丈夫看到妻子和孩子之间那条无形的纽带时，他不可能不嫉妒，这就像妻子和孩子形成了一个小圈子，只有丈夫无法进入。为了回应这种需要，一些婴儿护理手册推荐了一些装置，可以让男性获得一种近似于母亲给孩子喂奶的体验。例如，有一种让男性可以穿在胸部的装置，可以通过塑料乳房向婴儿提供热牛奶。

不过在大多数家庭中，妻子无须求助其他装置来帮助初为人父的丈夫，也能让丈夫觉自己被这个小圈子所接纳。在妻子进行母乳喂养的过程中，丈夫也能发挥作用。例如，到了该喂奶时，把孩子抱到妻子身边的工作可以由丈夫来做。丈夫也可以帮孩子拍嗝，还可以在妻子给孩子喂奶时，安静地坐在一旁，温柔地抚摸孩子的头或唱歌给孩子听。

3. **让丈夫成为孩子的玩伴**。有些男性承认，在孩子长得更大一点儿，能走路、能说话、能自己玩耍之前，他们觉得自己和孩子的联系并不紧密。不幸的是，到那个时候，他们可能在一定程度上已经脱离了家庭生活，婚姻也出现了裂痕。许多研究证实，男性可能要花很长的时间才能和孩子建立联系，因为女性更倾向于抚养孩子，而男性更倾向于和孩子玩耍。由于大多数男性认为他们不能和一个无助的婴儿真正地玩耍，在孩子出生后的关键的第一年里，他们自然会觉得自己和孩子没有联系。

但是，花时间和孩子玩耍的父亲们会发现，孩子不是除了哭、吃奶、拉撒和睡觉，其他什么都不会的"傻子"。即便是新生儿，也能成为很好的玩伴。仅仅3周大的新生儿就开始微笑了，甚至在这之前，他们就能用眼睛追踪令他们感兴趣的东西。很快，他们就能哈哈大笑，高兴了就会踢踢腿。通过给孩子洗澡、换尿布、喂奶来了解孩子的父亲必然会发现，孩子喜欢和他们玩耍，他们在孩子的生活中扮演着重要角色。

4. 留出属于夫妻俩的时间。 在夫妻双方向为人父母过渡的过程中，婚姻本身是最重要的，尽管它通常被排在第二位。因此，夫妻双方要请保姆、亲戚或朋友来照看孩子，这样双方才有单独相处的时间。但请记住，如果双方在相处中花了很多时间讨论孩子，那么这样的相处不但没有失败，反而很成功。随着新生儿成长为蹒跚学步的幼儿，之后又成长为学龄儿童，夫妻双方会发现，当双方单独在一起时，会渐渐不再仅谈论孩子以及自己作为家长的职责。

5. 关注丈夫的需要。 即使丈夫是个很好的团队伙伴，能改变自己的生活哲学，也能和妻子一起向父母身份转变，他仍然会觉得，孩子对妻子势不可当的、似乎无穷无尽的需求剥夺了某些东西。即使丈夫明白，孩子的需求比自己的需求更重要，他也会怀念妻子从前的模样。妻子越是认识到丈夫放弃的是什么，越是让丈夫知道他仍然是她生活中最重要的，丈夫就越能理解她、支持她。如果妻子没有时间顾及婚姻，丈夫会倾向于从婚姻中退出。

6. 让妻子休息一下。 在孩子出生以后，妻子会经历许多生活琐事，甚至会筋疲力尽，无论她是身处职场还是全职照顾孩子。如果丈夫能调整工作时间，分担照顾孩子的重任，妻子就可以休息、重新接触外界环境，这样做能给婚姻带来很大的好处。

性

任务：在性关系方面彼此欣赏和接纳。

在夫妻关系中，没有什么比性关系更容易引起尴尬、伤害及受到拒绝了。近年来，因为很多夫妻抱怨彼此激情下降，性满足成了我们的研究重点。通常来说，丈夫比妻子更频繁地渴望性生活。在一项针对家中有孩子的夫妻的研究中，我们发现，丈夫想过性生活的频率平均比妻子高出 6 倍，无论他们的性生活质量如何。换句话说，即使夫妻双方对现在的性生活感到满意，丈夫也想要更多的性生活。

在一段长期关系中，性满足的关键是什么呢？我们对家中有年幼孩子（对大多数夫妻来说，这是一段高压期）的夫妻进行研究后发现，那些性生活良好或极佳的夫妻都把性作为优先事项，而不是将其视为待办清单上的最后一项任务。这些夫妻会讨论他们的性生活，确保有双方独处的时间。他们将彼此的关系放在首位，尽管工作和孩子的要求在不断地争夺他们的注意力。他们还通过多种方法获得了性满足，而不仅仅是性行为本身。简言之，他们对彼此具有高度的信任，在卧室内外彼此关注。这些结果表明，重视和支持夫妻之间的友谊是长期获得关系满足感的关键，也是性生活和谐的关键。因此，将幸福婚姻的 7 大法则融入日常生活中，你们的性生活可能会得到改善。

夫妻双方获得和谐性生活的一个重要障碍是，双方难以清晰地对该话题进行沟通。通常情况下，双方会含糊其词，以致难以解读彼此实际想要传达的内容。以下是我们在爱情实验室记录的一对夫妻的一段经典对话：

艾米莉：回想一下你两年半前和 3 年前的感受，我们是怎样处理这个问题的，我们当时的感受是怎样的。在我看来，这个问题在当时比现在更加严重。

　　诺亚：我觉得我们现在的关系更稳固了。我说不清楚。我认为我们从那时起没有以不同的方式处理过这个问题。我不知道我们是否真正改变了。

　　艾米莉：你对这个问题的感受有变化吗？

　　诺亚：你呢？

　　艾米莉：嗯，我觉得在两年半前和3年前，这问题可能会毁掉我们的婚姻。我当时真的很担心我们无法挺过去。但我现在不担心了。

　　诺亚：我从来都不认为它会威胁到我们的婚姻。我知道你担心过，但我从来没有担心过。

　　艾米莉：好吧，也许我现在感觉更有安全感了，所以不担心了。

　　在这段对话中，艾米莉和诺亚这对夫妻正在讨论诺亚的性需求比艾米莉更加旺盛的问题。艾米莉试图让诺亚同意这不再是个问题了，她想要他的保证。虽然诺亚认为这个问题仍然存在，但他没有直接告诉她这一点。

　　夫妻之间关于性需求的对话常常是间接的、不精确的，甚至没有结果。双方通常都急于结束讨论，希望彼此在尽可能少交流的情况下神奇地理解对方的欲望。他们很少说"我喜欢你像昨晚那样长时间地抚摸我""我真的每天都需要你""我最喜欢在早上做爱"等明确的话。但问题是，越不清楚自己想要什么，就越不可能得到它。

　　性可以成为一种有趣的方式，夫妻彼此分享，从而加深亲密感。如果双方的交流充满紧张感，就容易导致沮丧和受伤。

　　解决方案：学会以一种让双方都感到安全的方式谈论性。这有助于增强夫妻双方的性体验。研究一致表明，当夫妻能够舒适地谈论性话题时，妻子会有更多的性高潮。以下测试有助于了解目前你对性生活的感受。

性、浪漫和激情测试

根据你的实际情况，勾选符合你们当前关系的描述：

1. A. 我们的关系浪漫而充满激情

   B. 我们关系中的激情正在消失

2. A. 伴侣常常用语言表达爱意并夸奖我

   B. 伴侣不太会用语言表达爱意或夸奖我

3. A. 伴侣经常对我说"我爱你"

   B. 伴侣很少对我说"我爱你"

4. A. 伴侣经常向我表达尊重和赞美

   B. 伴侣很少向我表达尊重和赞美

5. A. 我们经常温柔地触摸彼此

   B. 最近我们很少触碰彼此

6. A. 伴侣在性生活上会取悦我

   B. 伴侣没有在性生活上取悦我

7. A. 我们经常相互拥抱

   B. 我们很少相互拥抱

8. A. 我们仍然有彼此温柔、激情的时刻

   B. 我们几乎没有彼此温柔、激情的时刻

9. A. 我们经常深情地接吻

   B. 我们几乎没有或从不深情地接吻

10. A. 伴侣会惊喜地送我浪漫的礼物

    B. 伴侣很少或从不会惊喜地送我浪漫的礼物

11. A. 我们的性生活还不错

    B. 我们的性生活有明显的问题

12. A. 我们性生活的频率不是问题

    B. 我们性生活的频率是个问题

13. A. 我们能轻松地谈论性或性问题，这对我们来说不是问题

    B. 畅所欲言地谈论性或性问题对我们来说很困难

14. A. 我们之间的欲望差异不是问题

B. 我们之间的欲望差异是个问题

15. A. 我们在性行为中的情感联结程度不是问题

B. 我们在性行为中的情感联结程度是个问题

16. A. 伴侣对性生活感到满意

B. 伴侣对性生活感到不满

17. A. 我对伴侣有浪漫的感觉

B. 我对伴侣没有很强的浪漫感觉

18. A. 我对伴侣有激情

B. 我感到毫无激情，也就是说，我的激情正在消失

19. A. 伴侣很浪漫和充满激情

B. 伴侣毫无激情，也就是说，伴侣的激情正在消失

20. A. 我可以从性生活中得到满足

B. 我无法从性生活中得到满足

21. A. 我们把性和浪漫看作优先事项

B. 我们没有把性和浪漫看作优先事项

22. A. 我知道如何在性方面刺激伴侣

B. 我不太清楚如何在性方面刺激伴侣

23. A. 伴侣知道如何在性方面刺激我

B. 伴侣不太清楚如何在性方面刺激我

24. A. 我感到伴侣渴望我，也感到我在性方面有吸引力

B. 我感觉不到伴侣对我的渴望，也感觉不到我在性方面有吸引力

25. A. 总的来说，我们可以且愿意轻松地谈论性需求

B. 总的来说，我们不会或无法轻松地谈论性需求

26. A. 总的来说，我们知道且尊重彼此的性幻想

B. 总的来说，我们不知道或不尊重彼此的性幻想

27. A. 总的来说，我们彼此是很好的性伴侣

B. 总的来说，我们彼此不是很好的性伴侣

计分原则： 选 "A" 计 1 分，选 "B" 不计分，然后将得分相加。

解读：

27 分： 恭喜你们！你们的性生活、浪漫和激情的质量都非常好。

20～26 分： 说明你们的性生活、浪漫和激情的质量相当不错。建议你们更直接地谈论性生活，这样有助于性生活的改善。可参见后文，了解如何以有效、积极和温和的方式实现这一点。

11～19 分： 说明你们在性生活、浪漫和激情的质量上需要做出实质性的改善，尽管你们目前的情况可能还没有到危急的地步。实际上，许多夫妻在这方面都遇到了困难。以下观点和提示有助于你们学会更有效地谈论彼此的性需求和欲望。

0～10 分： 目前，你们的性生活、浪漫和激情的质量似乎是个非常严重的问题。本章的建议会对你们有所帮助，但在专注于特定的性问题之前，先回顾前文介绍的培养喜爱和赞美以及转向伴侣等内容可能更有益。

获得更个人化和浪漫的性体验

在一段长期关系中，性的目的是让双方感到快乐，增强双方的亲密感、价值感和接纳感。以下是我们观察过的一些夫妻增强性体验的 5 种方式。

重新定义 "性"

尽管浪漫和性息息相关，但你在书店的书架上永远找不到会这么写的书。相反，你通常会发现，夫妻关系类的书与关于性的书被放在不同的分区，后者常被称为 "性手册"，它们可以从解剖学和生理学方面进行极具技术性的讲解，但很少在夫妻关系（沟通、处理冲突等）的背景下谈论性。与此同时，关于夫妻关系的书很少明确地谈论性。这种"分离"反映了大多数夫妻在卧室内的情况。当性只关乎技巧而非激情和沟通时，往往会导致性焦虑。男性会担心自己的性能力，女性则担心自己无法达到性高潮。双方都过度关注自我，使一切都变得难以谈论。

不要把性和夫妻关系的其他方面分离开来，可以尝试改变对性的态度。不要认为性只是关于性高潮，夫妻之间发生的一切积极的事情其实都是性的一部分。这个观点来自美国性学专家雪儿·海蒂（Shere Hite）的畅销书《海蒂性学报告》（*The Hite Report*）中受访者的见解。

海蒂采访的许多女性都抱怨说，她们的伴侣把达到性高潮等同于橄榄球触地得分。这种目标导向的性爱方式会导致多种性功能障碍，因为如果没有达到这个目标，就会有种"出了问题"的感觉。这些女性告诉海蒂，她们希望伴侣关注当下，并享受交谈、触摸、拥抱、接吻时的感觉。这也是为什么我们建议伴侣将所有积极的互动都视为性行为。在一天中，每当夫妻双方以某种微妙的方式转向彼此时，前戏就开始了。接受这个观点会大大减少人们对性功能障碍和性爱表现的焦虑，使整体的性体验更加愉快。不把性高潮作为性的目标，有助于夫妻双方认识到性实际上是彼此身体上的联系，其本质在于联结。

学会谈论性

夫妻双方想要讨论性生活是普遍现象，但他们通常不知道如何表达自己的想法，从而不显得自己是在批评伴侣或让伴侣感到尴尬。以下是谈论性的一些基本原则：

温柔、积极。由于大多数人都对自己是否有吸引力以及自己是不是个好情人等问题非常敏感，所以谈论性的关键是不要批评伴侣。你没有任何理由评判伴侣，因为你们谈论的不是不好的事情。你们正在进行头脑风暴，分享彼此对如何让性变得更好的看法。如果一次关于做爱的对话以一方批评对方开始，那么这次对话结束得肯定很快。没有什么比"你从来都不碰我"更让伴侣扫兴了，这句话一出，伴侣更不愿碰你了。最好这样说："我喜欢上周末我们在沙发上亲吻的时刻。我希望能有更多这样的时刻，这让我感觉很好。"同样，如果你说"你摸我这里感觉特别好"，而不是说"不要摸我那里"，你往往会得到很好的回应。

彼此要有耐心。 如何坦率地讨论性问题，人与人的舒适度差异很大。由于特定的成长环境和背景，许多人仍然觉得享受性爱是羞耻的。因此，人们很难承认自己的性需求，更不用说与伴侣讨论性需求和欲望了。如果你正面临这种情况，建议你慢慢来。你和伴侣最好都谈一谈自己对性本身的感受，如小时候接收到的关于性的信息，双方关于性的理念冲突等，然后再深入探讨各自最喜欢的性行为的具体内容。这样的讨论可以为你们的关系带来很大的力量，并增强你们的情感亲密度和彼此的安全感。

不要把性当成个人问题。 这听起来有些矛盾，因为性是很私密的。但在很大程度上，伴侣对你产生性冲动与否实际上与你无关。人的性癖好根深蒂固且非常独特，以至于做爱的目的是探索何种方式是适合双方的。无论你的伴侣是否喜欢更强烈、更温和或另类的性行为，还是在意你有没有穿性感内衣或说挑逗的话，对方都不是在批评你的吸引力、性能力或性技巧。试着用专业厨师对待食物的态度来对待这个问题。就像如果顾客今晚不想吃玉米面粥或不喜欢吃橄榄，厨师不会觉得顾客是在侮辱自己，而是会做出满足顾客口味的美食。

妥协。 夫妻双方要一起决定哪些感觉可以接受且安全，哪些不行。性的可塑性很高，所以双方的欲望确实有可能需要进行调整，以便使双方都感到愉悦。例如，迈克想一周做几次爱，但妻子琳恩认为隔周一次就够了。迈克感到失望和被拒绝。随着时间的推移，他变得更加坚持要增加做爱频率。他带回各种色情书，试图让琳恩兴奋起来，但这只会让琳恩感到有压力，结果适得其反。迈克的挫败感越来越强，琳恩的欲望则逐渐减少。后来，他们来到了爱情实验室，他们表示不知道如何解决这个问题。我们建议他们把注意力从性转向感官，让性兴趣低的人（目前是琳恩）负责双方的感官体验。由于琳恩喜欢按摩，我们建议她找一本关于按摩的书，然后通过按摩来引导她和迈克的感性之夜。这本身并不涉及性，但包含很多的拥抱和触摸。渐渐地，琳恩的性欲提高了，最终他们开始一周做爱两次。

绘制你们的性爱地图

我们发现了一种理想的方法，可以获取关于伴侣性爱地图的信息，那就是用以下两种方式来提问题：

1. 你觉得上次的性爱哪些部分很棒？
- 你还记得我们之间一些美好的性体验吗？
- 你对我们之间的触摸、抚摸、亲吻或按摩等非性亲密接触有何感觉？
- 我们做了什么让你感觉很兴奋？
- 我们做了什么让你觉得和我更亲密？
- 是什么让你感到放松？
- 是什么让你感到准备好开始触摸和获得性愉悦了？
- 是什么让你感到与我有联结？
- 是什么让你更加关注自己的身体？
- 是什么让你彻底放松？

2. 你认为如何才能使性生活更美好？
- 你需要哪些条件来激发性欲？
- 你是否喜欢感觉有充足的做爱时间，而不用匆匆完成？
- 你对快速性行为的态度如何？你愿意尝试快速性爱吗？

- 如果你觉得太累或太忙，或者没有性欲，我应该怎么办？
- 如果我很有性欲而你却没有，你能否轻松地拒绝我？你需要我做什么才能更自在地说"不"呢？
- 如果你没有想好是否要进行性行为，而我很想要，你需要我做什么？你是否愿意让我来激发你的性欲呢？如果你愿意，我应该怎么做？
- 对你来说，什么会使性生活更像是一种爱的表达？
- 你认为哪些性幻想或想法对你有帮助？
- 哪些方法可以打造良好的性爱仪式？
- 如果希望体验梦幻般的约会性爱，你认为做什么比较好？

持续探讨性亲密关系

　　如果持续更新性爱地图，你们的性生活将会更美好。要做到这一点，你们需要不时地探讨彼此的性体验，了解彼此的性需求，避免误解，并通过协商来让彼此感到被爱和满意。以下是一对幸福的夫妻晚间入睡前的一段对话。丈夫杰德想做爱，妻子简妮却拒绝了他。不过，他们没有进行沉默的对抗，也没有表达愤怒，而是通过前文介绍的冲突解决技巧来进行交流。

　　杰德：*你感觉怎么样，亲爱的？*（希望听到"我很开心。你很棒。让我们做爱吧"）

　　简妮：*我其实感觉不太好。*

　　杰德：*怎么了？*（感到失望，因为他一直想要做爱）

　　简妮：*我想要更多的触摸。最近你几乎没有碰过我。我一直感到很孤单，也很难过。*

　　杰德（心想：不是吧？又是我的错。抱歉我确实得问问才知道）：*还有什么？*

简妮：我们过去常常在早上拥抱，最近你每天早上都4点起床工作，准备幻灯片。我们现在不再拥抱了。我非常怀念那种感觉。

杰德（心想：她说得对。我确实一直专注于工作）：你说得对，我确实一直很专注工作。这对你来说一定很糟糕。

简妮：你真的需要每天早上都这样做吗？

杰德：不用，我不用这样。我会留在床上拥抱你，因为我也很喜欢拥抱，那是一种非常甜蜜的感觉，让人感觉非常宁静。

简妮：太好了。那你需要我做什么呢？

杰德：其实，当你说我没有碰你时，我的第一个想法是，"胡说八道。上周日我曾经搂过你，你却推开了我。我很受伤。我确实经常碰你，所以这一切都是你的错，而不是我的错"。这是我的第一个防御性想法，不过我很高兴我控制住了自己的情绪。

简妮：嗯，上周日你抱我是因为你想做爱，对吧？

杰德：是的，我想大多数时候是这样的。（有点尴尬）

简妮：如果一段时间我们没有日常身体触摸，我就很不想做爱。

杰德：真的吗？（心想：我任何时候任何地方都想跟你做爱，除非我特别饿）

简妮：真的。

杰德：我没有这方面的问题。

简妮：我知道你没有，但我需要先感觉亲密，才想做爱。如果我觉得孤单，我是没有办法做爱的。你明白吗？

杰德：我明白了。我对性不是这样看的，但我理解你的想法。我明白你需要什么了。

简妮：当你主动想开始做爱时，你希望我更多地说"好"，对吧？

杰德：如果你能这样，就太好了。

简妮：好的，如果你能更多地抚摸我，而不仅仅是为了性，我可以这样做。

杰德：谢谢你让我意识到了这一点。

简妮：不客气。

学会主动提出性需求

许多夫妻不喜欢讨论如何提出性需要的问题，不知道如何以不伤害伴侣的方式说出"对不起，我现在没心情"，也不知道对方拒绝自己之后该怎么办。希望以下建议可以有所帮助。

要做到毫无压力地同意或拒绝伴侣提出的性需求，关键是在夫妻关系中建立共识的性规则。再次提示，夫妻间任何积极的联结都属于性的范畴。性规则可以是口头的，也可以是非口头的，其实双方都会对它有所期待和依赖。基于这种规则，双方在提出性需求时会更明确、更自然。有一对夫妻在房间的壁炉架上放了一对洋娃娃。当一方想要做爱时，会把其中一个洋娃娃放成俯卧的姿势。对方会通过重新摆放另一个洋娃娃来表示是否有性兴趣。当然，性规则并不需要太复杂或特别有创意。比如，可以是在上床后，一方在对方的背部摩挲，对方以身体接触来表示同意，或礼貌地拒绝。

著名的性治疗师洛妮·巴巴奇（Lonnie Barbach）提出了一种特别有效的方式。她建议夫妻用从 1 到 9 的等级来表示他们各自的性欲程度，比如 1 级表示"一点儿都不想做爱"，5 级表示"我可以被说服"，9 级表示"让我们做爱吧！"。因此，当伴侣接近你而你没有性欲时，你可以说"我爱你，你非常性感，但现在我在 1 级"来拒绝。如果你不确定，可以说："现在我在 5 级。我们可以先接吻，再看看会发生什么。"

以下是我们在提供夫妻咨询服务的过程中发现的有效规则：

- 直截了当地说"我想做爱"。

- 亲吻伴侣的脖子，并说"我真的想要你"。
- 搂住伴侣，问对方是否想做爱。
- 留张字条，告诉伴侣你今晚想做爱。
- 白天给伴侣发段充满性感意味的语音或短信。
- 在卧室里点些蜡烛。
- 一起泡澡。

温柔地拒绝

如果你不想做爱，拒绝伴侣时必须温柔。以下几种拒绝方式通常不会让对方太受伤。当然，你也可以用自己的话来表达。

- "通常我很想和你做爱，但现在需要推迟一下。我现在真的没什么兴致。我仍然觉得你非常有魅力。"
- "亲爱的，对不起，现在不是合适的时候。但我仍然非常爱你，你很有吸引力。"
- "亲爱的，我实在是太累了。我们换个时间吧，这样我也就有期待了。"

如何应对伴侣的拒绝

无论一方用哪种方式提出性需求，如果对方表示拒绝，当务之急都是，不要让这种拒绝产生任何不良后果。这可能说起来容易做起来难。通常，当妻子（再次）说"今晚不行"时，丈夫会感到受伤、沮丧甚至愤怒。这种反应虽然是可以理解的，但可能会导致妻子同意的频率降低。

为了强调这一点，我们来看看下面这个实验。我们利用博弈理论模拟了假想夫妻之间性爱的可能频率：吉姆总是对性爱感兴趣，妻子玛丽则不太感兴趣。我们通过计算确定，如果吉姆抱怨、生闷气或以其他方式让玛丽遭受到"消极回报"，那么他们每 3 周才会进行一次性爱；而如果吉姆通过小的"积极回报"来回应玛丽的拒绝，比如表达对她的理解或询问她的想法等，那么他们的性爱频率会飙升到每周 4 次。尽管数据听起来反直觉，但实验结果的确表明，对妻子的拒绝予以积极回应的丈夫会拥有更多的性爱。

当然，性爱的确切频率是不可能预测的。重要的是，当夫妻中的一方表达拒绝时，对方越能给予认可、理解和尊重的态度，就越有可能收获更多的同意。**当一方感觉被倾听和被尊重时，就更有可能感到安全和亲密，最终可能拥有更充实、更满意的性爱。**

在本章中，我们介绍了一些实用的建议，旨在帮助夫妻解决一些常见的婚姻冲突。但有时候，无论你多么努力地尝试结束你和伴侣之间的冲突，都无功而返。这意味着你们之间存在永恒的冲突。避免或打破这种僵局是所有夫妻面临的主要挑战之一。在下一章中，我们将探讨另一个法则，教你如何从不可调和的冲突中拯救或保护婚姻。

法则 6　如何面对永恒的冲突

学会和问题共存

THE SEVEN
PRINCIPLES FOR MAKING
MARRIAGE WORK

揭示隐藏的梦想，才能摆脱僵局。

妻子想要孩子，丈夫却不想要；妻子希望丈夫和自己一起去教堂，丈夫却是个无神论者；丈夫喜欢待在家里，而妻子每晚都想出去参加派对……所有夫妻都存在一些无法调和的分歧，当双方无法接受这种分歧时，就会陷入僵局。当夫妻在某些问题上陷入僵局时，很容易让人想到一个画面：双方紧握双拳，四目相对。双方无法让对方理解和尊重自己的观点，更不用说达成共识。双方都认为对方很自私，各自更加坚定自己的立场，不愿妥协。

夫妻可能会因为重大问题陷入僵局，如决定孩子的择校；也可能因为如何安排时间甚至如何叠餐巾等在外人看来非常琐碎的问题而陷入僵局。这些冲突通常反映了双方个性或生活方式偏好的根本差异。无论这些冲突在外人看来是很严重还是微不足道，所有陷入僵局的争议都具有以下 4 个特点：

- 双方一次次地进行同样的争论，却没有任何解决办法。
- 双方都无法通过幽默、共情或亲情来解决冲突。
- 随着时间的推移，问题越来越极端化。
- 妥协似乎不可能，因为这意味着背叛，即放弃一些重要的信仰、价值观或自我意识。

与应对大多数困难一样，应对僵局的最佳方法是第一时间避免它。好在夫妻双方越熟练地遵循其他 6 个法则，就越不容易因分歧而陷入僵局。当双方逐渐了解并信任彼此以后，会发现曾经令人不知所措的分歧变得更加容易处理，尤其是当进行本章介绍的"监测梦想"练习以后。**预防僵局的关键是，留意那些双方忽略彼此需求的微小时刻。**如果一方因看似微小的冷落而感到受伤，可能需要多花些时间加强彼此之间的喜爱和赞美，并练习相互倾听。否定或忽略这些微小时刻会使双方在重大问题上更容易陷入僵局。

当夫妻能够避开僵局时，就会将永恒的冲突看成某种过敏反应或背痛，觉得没什么大不了的。双方知道这种冲突永远不会消失，但会设法避免让冲突影响共同的生活。当然，在陷入僵局时，双方可能会觉得自己无法轻易地解决冲突，但实际上是可以做到的。记住，夫妻双方不必解决冲突就可以摆脱僵局。双方都不必妥协。双方的目标是承认和讨论冲突，而不伤害彼此。

什么是婚姻中的梦想

要打破僵局，夫妻双方首先必须明白，无论冲突看似多么微不足道，僵局都是一个信号，表明各自拥有生活梦想，而彼此不知道、不承认或不尊重这些梦想。这里的梦想是指内心的希望、渴望和愿望，是个人身份的一部分，它赋予了生命以目标和意义。梦想可以在不同的层面运作：有些是非常实际的，如想要有一定的储蓄；有些则更为深刻。通常，更深层次的梦想会被隐藏起来，而一般的梦想更容易被看到。例如，在想赚很多钱的梦想背后，可能是对安全感的需求。

最深层次的梦想通常与童年有关。比如，你可能渴望重新创造一些温暖的家庭生活记忆，如每天晚上和伴侣一起吃饭，而不受电视或短信的打扰。或者，你可能有心理需求，需要通过不同的方式或活动与痛苦的童年回忆保持距离。例如，如果在你小时候，家庭晚餐时常伴随着父母的冲突，让你感到不适，那你现在可能会抵制家庭聚餐。

以下是一些夫妻常见的深层次的梦想清单：

自由的感觉	克服过去的伤痛
感觉平静	探索自己曾失去的部分
探索自己	拥有秩序感
冒险	有成效的工作
一段精神之旅	整理自己的优先事项
正义	探索自己的身体
获得荣誉	能够竞争并获胜
与过去的价值观一致	旅行
愈合伤痛	赎罪
拥有力量感	结束生命中的一个篇章
应对变老的感受	
探索自己创造性的一面	

　　所有这些梦想都是美好的，没有哪个梦想在一开始就对婚姻有害，但如果它们不为人知或得不到尊重，就会导致冲突。当这种情况发生时，夫妻双方要么朝这些冲突"开火"，要么掩盖它们或以象征的形式表现出来。在后一种情况中，夫妻可能会就是否要在每周日晚上去餐馆吃饭争论不休，但他们之间真正的冲突要比吃饭深刻得多。对他们来说，周日晚上有着不同的特殊意义，它的重要性源自他们各自的童年。妻子的梦想是出去吃饭，因为她的家人每周日晚上都会出去吃，这种方式让她觉得和对方很亲密。但对她的丈夫来说，在餐馆吃饭的乐趣比不上他母亲为全家人做的饭，他的母亲很忙碌，只有在周日才能亲自给家人做饭。因此，在家吃饭与去餐馆吃饭的"较量"实际上是一种象征，它象征着使他们感觉自己被爱的事物。

当梦想被尊重时

为什么有些夫妻能得体地处理这类冲突，有些夫妻却会陷入困境呢？二者的区别在于，前者懂得婚姻的目标之一是帮助彼此认识自己的梦想。

"我们想知道对方在生活中想得到什么。"提到自己和丈夫迈克尔时，贾丝廷说道。其实，这也是所有高情商夫妻的普遍看法。在幸福的婚姻中，夫妻双方会把彼此的目标融入各自对婚姻的理解中，这些目标可以具体到希望住在哪个房间，或要获得什么样的学位。当然，有些目标有时让人难以捉摸，比如要有安全感，或希望把人生看作一场伟大的冒险。

谢莉和马尔科姆这对夫妻就是一例。谢莉想上大学，马尔科姆的薪水很高，可以支付她上大学的费用，但马尔科姆想辞掉目前这份压力很大的营销工作，因为他的梦想是自己当老板。在幸福的婚姻中，夫妻双方都不会坚持让对方放弃梦想，也不会试图操纵对方，他们会像一个团队一样，一起实现这些梦想，且会充分考虑彼此的希望和愿望。

在谢莉完成学业之前，马尔科姆可能会继续干目前的工作；或者谢莉会半工半读或休学一段时间；又或者现实会要求他们中的一方或双方暂时把梦想搁置起来。无论他们的决定是怎样的，决定本身都不是真正的问题所在，关键在于，他们认为婚姻应该包含两个人的梦想。他们是在彼此尊重和承认对方的梦想的基础上做决定的。他们之所以觉得婚姻有意义，部分也源于他们这种做决定的方式。

陷入僵局的梦想

当夫妻双方都未充分认识到支持彼此梦想的重要性时，僵局不可避免。

这就是爱德华和鲁安妮之间出现严重婚姻冲突的根源所在。这对夫妻来自西雅图，当他们一起来到爱情实验室时，我们发现他们之间还有爱意。但是，他们因一匹名叫达芙妮的马而感受到了巨大的压力。这匹马 9 岁了，鲁安妮经常带着它去参加马术比赛。

在他们结婚之前，爱德华很喜欢这匹马，但现在，他每个月都要为这匹马支付养护费，它成了他和鲁安妮之间紧张关系的根源。爱德华希望鲁安妮把它卖了，这样他们就可以节省一笔钱。但他越是跟鲁安妮讨论卖马的问题，他就越害怕：他害怕鲁安妮对马的关心超过对他与婚姻的关心。

后来，我们和他们进行了讨论。首先，我们告诉鲁安妮，让她不要放弃她的梦想，但一定要让爱德华知道，她是把他放在第一位的；接着，我们让爱德华明白，帮助鲁安妮实现她带着达芙妮参加马术比赛的梦想是他作为伴侣的部分职责；当做财务决定时，他要接受鲁安妮的影响。到讨论即将结束时，爱德华和鲁安妮的关系有了重大的飞跃。当爱德华告诉鲁安妮，他会支持她的决定，继续养达芙妮时，鲁安妮露出了无比璀璨的笑容。

现在，两年半过去了，爱德华和鲁安妮仍然幸福地生活在一起。鲁安妮已经把达芙妮卖了（仍然会去看望它），租了一匹更年轻的马。她继续参加马术比赛，爱德华则继续支持她。

对爱德华和鲁安妮来说，他们冲突的根本原因显然是鲁安妮的梦想。他们面临的挑战在于，尊重这个梦想和彼此的需求。但对许多夫妻来说，导致冲突的核心梦想并不那么明显。**只有揭示了梦想，双方才能摆脱僵局。**

不妨以杰夫和凯瑟琳这对夫妻为例。他们的婚姻幸福美满，但在凯瑟琳怀孕以后，突然间，杰夫感觉凯瑟琳的天主教信仰在她的生活中扮演了更重要的角色。他自己是个不可知论者，对宗教持怀疑态度。当他发现凯瑟琳和父亲谈论给孩子施洗的事情时，他非常生气。他不想让自己的孩子接受任何形式的宗教教育。

当杰夫和凯瑟琳在爱情实验室讨论这个冲突时，他们显然已经陷入僵局。我们能感觉到他们的婚姻处于严重的危险之中，他们之间存在情感疏离。即使在讨论信仰和家庭这些高度个人化的问题时，他们都没有高声说话、哭泣、微笑或互相触摸。他们能在理智层面探讨各自的意见分歧，但在情感上是疏离的。由于他们的问题实际上是情感问题，涉及他们对家庭、亲子关系和宗教的感受，因此，任何理性分析都没有用。

在第二次咨询中，我们建议他们不要试图解决冲突，而应该听彼此谈论宗教的象征意义。这是了解引发冲突的隐藏梦想的唯一途径。凯瑟琳先讲了她的天主教信仰是如何帮助她渡过非常艰难的时期的。她的父母离婚时闹得很凶，后来，她跟着母亲生活。10年来，她的父亲从来没有与她们联系过，她的母亲则变得非常沮丧，以至于她无法依赖母亲。她感到自己完全没有人爱，且非常孤独。后来，她转向了当地的一个天主教教会，教会接纳了她。她不仅感到与教友有亲近感，而且能从祈祷中获得安慰。凯瑟琳想起那段艰难的时期和她在宗教中获得的安慰，不禁开始哭泣。

杰夫解释说，他一生都是个不可知论者。与凯瑟琳破碎的原生家庭相比，他的原生家庭非常稳固，且充满爱。当他遇到困难时，他总是会向父母求助。他希望自己的孩子也能对他和凯瑟琳产生同样的信任。他担心，如果自己的孩子被灌输教会的思想，将会影响这种纽带的建立，孩子可能会疏远他们。

杰夫和凯瑟琳有着不同的梦想：杰夫设想他们有个幸福的家庭，能给孩子提供爱和支持，他认为宗教会威胁他们之间的深度联系；凯瑟琳则认为宗教是个至关重要的支持系统，她希望孩子能一直信仰宗教。

对杰夫和凯瑟琳以及所有夫妻来说，**打破僵局的关键在于，双方要坦率**

地讨论为什么他们的立场对自己如此重要，尤其是要开诚布公地讲述立场背后的历史以及它对他们各意味着什么。我们称这种讨论方式为"冲突中的梦想"方法。这种方法不仅有助于化解夫妻之间的冲突，还能增强亲密感和联结感。

当杰夫和凯瑟琳采用这种方法公开讨论他们的梦想时，他们的关系发生了巨大的变化。杰夫告诉凯瑟琳他爱她，他终于意识到，她想要为孩子施洗的愿望来自她对孩子深深的爱意。他也意识到，出于这种爱，凯瑟琳希望保护孩子，使孩子永远不会感受到她曾经经历过的痛苦。这帮助他重新与凯瑟琳进行情感联结，在此之前，这些情感已经被所有的苦涩和愤怒掩埋了。

在第一次咨询中，杰夫和凯瑟琳没有互相传达任何情感。但在第二次咨询中，当杰夫听凯瑟琳讲述她的童年时，他的脸上充满了同情。当凯瑟琳哭泣时，杰夫递给她纸巾，并鼓励她继续说下去。后来，凯瑟琳同样也专注地听了杰夫的故事。

现在，真正的问题摆在了台面上：凯瑟琳和杰夫需要讨论如何以符合他们各自愿景的方式来抚养孩子。杰夫说，他不会反对给孩子施洗。他永远是个不可知论者，但如果孩子接受基本的天主教教育，他觉得也没关系。但他仍然反对孩子接受强制性的天主教学习，因为他担心教会可能会对孩子灌输思想。对此，凯瑟琳同意妥协。

像杰夫和凯瑟琳遇到的这种深层冲突不太可能在一次咨询中就得到解决，好在他们俩迈出了重要的第一步。他们转向彼此，并尊重和认可了彼此对孩子的梦想。他们同意寻求进一步的咨询，以寻求进展。这个冲突会在他们的关系中消失或得到解决吗？也许不会，但他们已经开始学会以和平的方式继续生活。

发现梦想

　　如果你和伴侣在婚姻中的任何冲突上陷入了僵局，无论僵局大小，你们都需要弄清楚冲突背后隐藏的梦想有哪些。如果你认为伴侣是冲突的根源，这说明你正在与一个隐藏的梦想作斗争。例如，如果你发现冲突仅仅在于伴侣是个邋遢鬼、不负责任或要求过高，这实际上意味着你在隐藏梦想。这可能表明你没有意识到你在制造冲突中的作用，因为它被你隐藏起来了。

　　揭开隐藏的梦想是个挑战。除非你觉得自己的婚姻状况足够安全，你愿意讨论你的梦想，否则这个梦想不太可能显现出来。这就是为什么要从前文提到的前 3 大法则开始，以加强你与伴侣的友谊。

🥨　**爱情大数据**

　　对婚姻期望高的夫妻比期望低的夫妻更有可能拥有满意的关系。

　　通常情况下，深层的个人梦想没有被表达出来或被隐藏起来，是因为人们一般认为，为了双方关系的正常化，必须隐藏梦想。夫妻双方都不觉得自己有资格实现自己的梦想，这很常见。他们可能认为自己的梦想很幼稚或不切实际。但这样想并不能使双方停止对梦想的渴望。因此，在一段关系中，如果双方不尊重彼此的梦想，那么冲突几乎不可避免。换句话说，当你埋葬一个梦想，它就会以伪装的形式重新出现，并伪装成僵持的冲突。

　　监测梦想

　　本练习能帮助你在发掘隐藏的梦想方面进行深入的努力。记住，一开始不要把注意力放在你们的关系上。接下来，我们来探讨 6 个僵持冲突的案例。阅读每个案例，想一想其中每个人的观点中可能隐藏着什么样的梦想。组织一个简短的故事或叙述，解释每个人的立场。在每个案例中，可以想象这是你的立场，而且你很难让步，然后思考一下，你的立场对你意味着什么，以及你梦想的根基是什么。实际上，想象伴侣的梦想有助于你打破僵局。

本练习是个开放性练习，没有正确答案。我们已经为这些夫妻提供了梦想和故事。但在找出自己的梦想之前，尽量不要看这些人的故事。如果你自己去做这些练习，将从中大大受益。

案例 1：布兰登和阿什利

布兰登：我认为妻子过于整洁了。我发现自己经常在她打扫完之后还想找东西。我认为她不体谅我，控制欲过强。我已经厌倦了。

布兰登在冲突中的梦想可能是：我想在自己家里感到自由。我的母亲非常注重外表，把房间打理得过于整洁，家具都用塑料布盖起来。她曾一直唠叨着让我打扫卫生。妻子的整洁和唠叨让我感觉回到了小时候。对我来说，凌乱的家意味着舒适和免于批评的自由。

阿什利：我喜欢家里保持一定程度的秩序和整洁。我发现自己一直在清理丈夫的烂摊子。我认为他非常不体贴，而我对此感到厌倦。

阿什利在冲突中的梦想可能是：当家里一片混乱时，我好像回到了小时候。在我还是个孩子时，我没有人可以指望。例如，我从来不知道谁会准时送我上学。我的父亲会忘记接我，有时我很恨他。当我回到家后，往往没有晚餐，也没有干净的衣服。为弟弟妹妹维持家庭秩序的责任落在我的肩上。我很反感做这些事。我的梦想是为我的孩子和家人提供一个更健康的家庭环境。对我来说，秩序意味着可预测性、安全和和平。我希望我的孩子也能如此。

案例 2：凯尔和妮可

凯尔：我的妻子非常情绪化，她还说我太没有感情了。我们之间的这种差异让我觉得她有时反应过激且失控，也许她过于敏感了。我认为理智通常是处理强烈情绪的最佳方法，人们不应该变得更加情绪化。我的妻子说她很难读懂我，而且和我过于疏远。

凯尔在冲突中的梦想可能是：我在一个人人都像辩论家的家庭中长大。我们喜欢互相争论。我的父亲总是提出问题，挑战我，然后采取与我相反的立场。

我们全家都喜欢这样。但在这种"辩论赛"中，情绪化是不被认可的。一旦有人情绪激动，辩论就会结束。因此，控制好情绪在我的家庭中非常重要。现在也是如此。因此，也许我应该更加情绪化一点儿，但这并不是我的本性。我的梦想是成为强者。我认为情绪化是个弱点。

妮可：我是个非常感性的人，而我的丈夫太不感性了。我们之间的这种差异让我觉得他有时很冷漠，很假，好像我的丈夫并不存在。很多时候，我都不知道他的感受。我对我们之间的这种差异感到很沮丧。

妮可在冲突中的梦想可能是：我只是个有感情的人，就这么简单。我认为这就是生活的全部，感受事物，与人接触，做出反应。这就是负责任的含义，要懂得回应或能够回应，这是我认为的最高人生价值。我对周围的一切都有反应，对伟大的艺术、建筑、儿童、体育运动、悲剧等都有反应。有感情意味着我还活着。我就是这样长大的，我为此很高兴。我的梦想是与爱人分享我的感情。如果我做不到这一点，那么这段婚姻注定会显得死气沉沉、虚假和孤独。

案例3：艾娃和托马斯

艾娃：我的丈夫嫉妒心太强，尤其是在派对上。我认为社交场合是认识新朋友的好时机，我觉得这很有趣。但我的丈夫会害羞和退缩。他说我在聚会上和人调情，但根本没有这回事儿。我觉得他在侮辱我，这让我很生气。我不知道该如何让他放心，我对他的不信任感到厌倦了。

艾娃在冲突中的梦想可能是：我真的不会和人调情，除了我的丈夫，我对任何人都没有兴趣。聚会是我展示自己热情和狂野一面的唯一方式。我真的不想在参加聚会时再考虑这么多问题。我的梦想是感受探索的自由。

托马斯：在聚会和其他地方，我的妻子会看其他男性，表现得很轻浮。我觉得这让我很不爽，而且有失身份。我多次提出这个问题，但无法让她停下来。

托马斯在冲突中的梦想可能是：我一直希望能感觉到我的存在对生命中某个特别的人来说是足够满足的。这是我的梦想：让妻子真正感觉到我的吸引力和她对我的渴望。我希望我的妻子对我感兴趣，了解我，知道我的想法、我的内心。如果我和妻子去参加聚会，而她甚至没有注意到聚会上有其他男性，眼里只有我，且完全满足于只和我在一起，那我会觉得这非常浪漫。

案例 4：梅丽莎和利亚姆

梅丽莎：我的丈夫比我更喜欢性爱。当他不断接近我并要求性爱时，我不知道该怎么办。我不知道如何以温和的方式拒绝他。这种模式让我觉得自己像个怪物。我不知道如何处理这个冲突。

梅丽莎在冲突中的梦想可能是：很久以前，我曾受到过性虐待。这段经历一直影响着我。我知道我的丈夫对此并没有责任，但我觉得，只有在我完全自愿的条件下，性爱才可能是好的。婚姻带给我很多疗愈和温柔，但我可能永远无法克服曾经的创伤。我的梦想是，只有在我自愿的情况下，我才愿意享受亲密的性爱。

利亚姆：我比我的妻子更想要性爱。当她拒绝我时，我感觉受到了伤害。这种互动模式让我觉得自己没有吸引力，不被爱。我不知道如何处理这个冲突。

利亚姆在冲突中的梦想可能是：我的梦想是让我的妻子主动与我做爱，并以某种方式享受激情，让我觉得她真的完全被我吸引了，尽管我觉得自己实际上没那么帅。对我来说，性爱是让我感觉到与她深度联结并被她完全接受的一种途径。

案例 5：伊森和布列塔尼

伊森：我认为我的妻子在金钱问题上太吝啬了，她认为不应该在享受生活和个人乐趣上花太多钱。我很反感在金钱问题上没有个人自由，总是被控制。

伊森在冲突中的梦想可能是：生命太短暂了，不能一直只为未来储蓄。我知道一定的储蓄是必要的，但我希望有时可以不只为未来而活。我不希望感觉没有好好活过。而我经常感受到的是，我不够特别，不配花钱。我希望感觉到自己很特别，很有活力。我想，这是因为我以前贫穷时总是不得不节衣缩食。但现在我们的收入不错，我不必再那样生活了。

布列塔尼：我认为我的丈夫在金钱问题上不切实际，花钱不经大脑，他太自私了。

布列塔尼在冲突中的梦想可能是：我想享受生活，但要有限度。对我来说，人类最大的问题是贪婪。人们似乎永远无法拥有足够的东西或得到足够的金钱。只要看看热衷度假的美国人就够了，他们拥有一切、露营车、摩托车、船、汽车等。

我不想为了买东西而买东西。我希望只用少量的东西和少量的金钱就能满足自己。说实话，我不需要太多东西就能感到快乐。所以我认为自己有点儿像个尼姑，一个有生活目标的人。尼姑对物质的需求往往很低，知足常乐，感恩生活中所有的祝福，而且实际上也拥有很多祝福。因此，我认为人们应该储蓄，且尽量缩减开支。对我来说，这就是人应该有的道德生活。我为何这样想？我认为这源于我的父亲，他非常节俭。多亏了他，我们家总是过得很好。在他去世以后，我的母亲也过得不错。我尊重父亲取得的成就。

案例 6：阿曼达和梅森

阿曼达：我的丈夫喜欢与家人保持密切联系，且超过了和我之间的联系。对我来说，家庭联系是压力和失望的巨大来源。我已经脱离了我的家庭，我希望与家人保持更大的距离。

阿曼达在冲突中的梦想可能是：我花了很大的努力才摆脱了一个非常不正常的家庭。我的父母非常冷漠且对人疏远。我的姐姐进了精神病院，我的弟弟成了一个酒鬼。我是唯一一个"逃出来"的人，我变得与我的家人非常疏远，而与我的朋友非常亲密。友谊对我来说一直都很重要，以后也会如此。但我对接近我的丈夫的家庭持谨慎态度。我看到很多家庭都存在问题，我感到害怕。我的梦想是形成自己的家庭传统，保持自己的独立性。

梅森：我喜欢和家人保持密切的联系。对我来说，家庭联系是非常重要的。我的父母一直陪伴我经历各种重要挑战。现在，他们的年纪越来越大，我希望能一直在他们身边。我会非常认真地履行我对家人该有的义务。

梅森在冲突中的梦想可能是：对我来说，大家庭的感觉一直都很重要。我记得很久以前，在每个周末，家里会挤满二三十个亲戚，整个下午大家一起享受咖啡和糕点，且会讲很多故事，一起打牌，一起欢笑，晚餐还会有美味的食物。我的梦想是保持这种感觉，家人亲密无间，非常温馨。

打破婚姻僵局

现在，你已经知道如何寻找隐藏的梦想，你已经准备好解决婚姻关系中的僵局了。需要记住的是,打破婚姻僵局是需要时间的。实际上,当你们第一次认识并承认各自的梦想时,你们之间的问题可能会恶化而不是改善。对此,要有耐心。承认并追求自己的梦想并不容易。僵局的本质意味着你们的梦想可能是对立的,所以你们都会坚持自己的立场,害怕受到对方的影响,也不愿向对方屈服。那么,到底该如何打破婚姻僵局呢?

第 1 步,探索梦想

首先选择一个特定的僵局,然后写下各自的立场。不要批评或指责伴侣。参考前文提到的对话:他们并没有说伴侣的坏话,而是专注于个人的需要、愿望和感受。接下来,写出立场背后隐藏梦想的故事,并解释梦想从何而来,以及为什么它们对你们的意义如此重大。

一旦你们弄清楚是哪些梦想引发了僵局,就该谈谈这些梦想了。每个人花 15 分钟作为发言者,15 分钟作为倾听者。不要试图解决冲突,否则会适得其反。你们的目标只是了解为什么你们对这个冲突都有如此强烈的感受。

发言者的任务:诚实地谈论自己的立场以及它对自己意味着什么。描述立场背后的梦想。解释梦想来自哪里以及它象征着什么。要清楚且坦诚地说明你想要什么以及为什么它如此重要。不要"审查"或淡化你对梦想的感受,并避免伤害伴侣或与伴侣发生争论。如果你觉得这很难做到,可以参考前文关于温和的开场白的建议。以下方法也适用:以第一人称"我"开始谈论,只谈自己的感受和需要。现在不是批评或与伴侣争论的时候。

倾听者的任务:不要评判。即使伴侣的梦想与你的梦想有冲突,也不要把它当作个人的梦想。不要花时间思考反驳伴侣或解决问题的方法。你现在的任务只是倾听伴侣的梦想,并鼓励对方探索它。以下是一些你可以提出的支持性问题。你不必逐句地使用它们，但要把它们背后的思想和精神融入你自己的话语中。

关于"梦想捕手"的神奇问题：

- 你对这个问题有什么看法？你是否有些与立场有关的价值观、道德观或其他信念？
- 你对这个问题的感受是什么？
- 你的立场对你意味着什么？
- 你的梦想是什么？
- 告诉我你梦想的故事。它在某种程度上是否与你的人生经历或童年有关？它对你意味着什么？
- 你想要什么？你需要什么？如果我能帮助你，让你完全拥有你需要的东西，那会是什么样子？

以下两段对话分别是关于在倾听伴侣的梦想时，什么该说和什么不该说。

该说

乔治亚：我一直梦想着去登珠穆朗玛峰。

内森：告诉我，爬山对你意味着什么？它对你有什么影响？

乔治亚：我想我会感到很兴奋，就像我在世界之巅一样。当我还是个孩子的时候，身边的人总说我很弱，什么都做不了。我的父母总是对我说"小心点儿，小心点儿"。我认为爬山是我能做的最自由的事情。我会获得成就感。

不该说

乔治亚：我一直梦想着去登珠穆朗玛峰。

内森：首先，我们不可能负担得起登珠穆朗玛峰的费用。其次，我想不出有什么比爬山更有压力的事了。我站在桌子上都会有眩晕感。

乔治亚：算了，不说了。

如果可以，告诉你的伴侣，你支持他的梦想。这并不一定意味着你相信伴侣的梦想可以或应该实现。尊重伴侣的梦想有 3 个不同的层次，它们都对婚姻有益：第一，表达对伴侣梦想的理解，并有兴趣了解它。例如，内森可以支持乔治亚参加登山课程，并在她谈到这个问题时用心倾听，即使他没有兴趣和她一起参加。第二，积极促成伴侣的梦想。比如在这种情况下，内森可以提议资助乔治亚登山旅行。第三，成为伴侣梦想的一部分，尽情享受登山的乐趣。

爱情大数据

承认并尊重伴侣最深层、最个人的希望和梦想，是拯救和充实婚姻的关键。

你可能会发现，你对伴侣的某些梦想可以进行深入的了解，甚至你自己也感兴趣，而对伴侣的另一些梦想，你却无法做到这一点。这没关系。摆脱僵局的底线不一定是成为伴侣梦想的一部分，而是尊重伴侣的梦想，当然，如果你能成为其梦想的一部分，你们的婚姻会更加充实。毕竟，你不希望在婚姻中以压垮伴侣为代价取得胜利。

第 2 步，安抚

双方讨论彼此对立的梦想可能会带来压力。要注意各自对谈话的反应。如果你发现了承受压力的迹象，如你的心跳加快，要告诉伴侣。记住，一旦遭遇情绪淹没，对话将毫无进展。因此，如果任何一方变得不高兴，一定要使用感情修复尝试。当遭遇了情绪淹没时，双方至少要停止 20 分钟，并花些时间进行任何能使你们平静下来的活动。如需其他帮助，可参阅前文提到的"自我安抚和互相安抚"。

第 3 步，达成暂时的妥协

现在，是时候开始与冲突和平共处了。接受你们之间的分歧，并达成某种初步的妥协，这有助于你们继续友好地讨论。你们要明白，你们的目的不是解决冲突，冲突可能永远不会完全消失，你们的目的是化解冲突，努力消除它带来的伤害，使它不再成为你们痛苦的来源。

开始这个过程的方法是使用前文提到的"寻找共同点"练习。要确定你们都不能让步的最小核心内容。要做到这一点，你们需要深入了解自己的内心，并尝试将问题分成以下两类。

1. **不可妥协的问题**：在不违反你们的基本需求或价值观的前提下，你们绝对不能让步的问题，尽量让这类问题少一些。

2. **可灵活处理的问题**：包括问题的所有部分，你们可以灵活处理，因为它们对你们来说没有那么严重。尽量让这类问题多一些。

彼此分享各自的问题清单，然后一起努力，利用法则 2 介绍的技巧，想出一个临时性妥协方案，然后试用两个月左右，之后再来思考你们的情况。不要指望这种方式能解决你们的冲突，它只是帮助你们更和平地相处。

以莎莉和古斯这对夫妻为例。莎莉信奉活在当下：她对金钱的态度随心所欲，大手大脚。古斯的主要生活目标则是感到安全，他在做决定时缓慢而谨慎，并且非常节俭。后来，当莎莉坚持要买一座小木屋时，他们之间的消费差异导致他们发生了冲突。古斯立即否决了，他说他们买不起，而莎莉则认为他们买得起。

一年来，他们在这个冲突上陷入了僵局。每当他们试图讨论这个冲突时，就会陷入争吵。古斯对莎莉说，他认为她是个不负责任的梦想家，总是想把他们辛辛苦苦挣来的钱挥霍掉；莎莉则指责古斯想剥夺她生活中所有的乐趣和快乐。

为了打破僵局，古斯和莎莉首先要探讨小木屋的象征意义。在他们试图解决这个冲突的第一次对话中，莎莉说她的梦想是追求快乐，真正放松，并感受到与自然的融合，她认为可以通过拥有一座小木屋来实现这一切。虽然她也担心古斯想把她变成一个只为明天而活的人，但她当下并没有对他说这些，不过他过去常这么说；相反，她把注意力集中在她渴望的东西上，而不是她对古斯的愤怒和恐惧。

当轮到古斯发言时，他告诉莎莉，存钱对他来说有很多象征意义。他渴望在经济上有保障，因为他担心自己年老时一贫如洗。他记得他曾目睹祖父母因为家里太穷而一直受苦。他的祖父死前住进了一家很差的养老院，古斯认为这剥夺了祖父的尊严。所以，古斯的一大人生目标就是在年老时不会感到羞辱。古斯对莎莉也感到愤怒，因为他认为她很鲁莽，总在追求幼稚的即时满足，这对他的幸福和他试图建立的生活来说是种威胁。不过，在这次对话中，古斯并没有对莎莉提出这样的指控，而是一直在解释和描述他对财务安全的梦想以及这一梦想的童年根基。

当莎莉和古斯讨论了双方梦想背后的象征意义后，情况开始发生转变。他们不再将彼此的梦想视为威胁，而是看到了它们的本质：他们所爱之人持有的深层欲望。虽然他们的梦想仍然是对立的，但他们现在有动力找到一些共同点，并找到一种尊重甚至接纳彼此的方法。以下是他们采取的方式：

- 第一，他们确定了彼此不可妥协的最小核心内容。莎莉说她必须拥有一间小木屋，古斯说他必须存 3 万美元，这样他才能感到经济上的安全。
- 第二，他们确定了彼此可灵活处理的内容。莎莉说，她愿意在几亩地上建一座小木屋，而不用买原本设想的更大的那座。她也愿意在购买小木屋的时间上保持灵活。她可以现在就买，也可以再等几年，只要古斯支持她的决定并和她一起为之努力就可以。古斯说，只要他知道他们一直在为这个目标努力，各自从工资中抽出一些钱，他就可以对自己必须尽快存 3 万美元持灵活态度。
- 第三，他们制订了一个临时性妥协方案，以满足各自的梦想。他们同意购买一座小木屋，但要在 3 年内完成。同时，他们将把一半的积蓄用于支付首付，一半用于股票基金。几个月后，他们将回顾这个计划，看它是否可行。

莎莉和古斯意识到，他们潜在的永恒的冲突永远不会消失。

莎莉永远会是个梦想家，想象着拥有小木屋和冒险旅行的生活；古斯则会一直担心他们的财务安全以及退休基金等。但通过学习如何应对彼此的分歧，他们可以避免在基本分歧引发的任何具体冲突上陷入僵局。

在以下案例中，这些夫妻利用上文介绍的"监测梦想"练习，展示了他们是如何学会接受彼此的差异的。虽然他们之间的冲突与你和伴侣的实际状况可能存在差异，但你也能从中了解到，有根深蒂固的意见分歧的夫妻该如何打破僵局。

案例 1：阿什利和布兰登

情况		阿什利	布兰登
冲突		打扫房间（阿什利希望布兰登更整洁，布兰登希望阿什利不要管他）	
彼此的梦想		家中的秩序和安全感	家中的自由感
安抚		双方同意休息一下，一起享受热水澡，点燃蜡烛并播放他们喜欢的音乐	
协商	不可妥协的问题	不能容忍脏衣服丢在外面，没有放在篮子里，也不能容忍浴室很脏	不能容忍用完纸巾后必须马上清理干净
	可灵活处理的问题	只要没有任何污垢，可以忍受一些杂乱的东西	可以应付洗衣服、碗碟和清理浴室的工作，只要不用一直做就行
暂时性妥协		双方都将承担保持浴室和厨房清洁的责任。阿什利会为布兰登的杂乱无章而烦扰他，但不会超过一周一次。如果布兰登到时还不处理，阿什利就会把它堆起来，全部放在客厅的地板上	
永恒的冲突		一直讨厌杂乱无章	一直讨厌井然有序

案例 2：妮可和凯尔

情况		妮可	凯尔
冲突		双方对情感表达的舒适程度非常不同	
彼此的梦想		表达感性是她自我认同的一部分，也是赋予她生活意义的一部分	不要情绪化，因为他认为情绪化是个弱点
安抚		双方大声朗读了前面的章节提到的放松提示，同时各自监测了自己的心率。等心率都恢复到基线后，双方继续讨论	
协商	不可妥协的问题	不能停止对生活的巨大热情	不能为了取悦妮可而成为一个情绪敏感的人
	可灵活处理的问题	他们都接受对方不能改变基本的个性特征	
暂时性妥协		双方会尊重彼此在这方面的分歧。凯尔将接受妮可谈论和分享感受的需要。当凯尔不能这样做时，妮可也会接受	
永恒的冲突		双方将继续用非常不同的方式来表达情感	

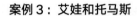

案例 3：艾娃和托马斯

情况		艾娃	托马斯
冲突		艾娃喜欢和他人一起参加聚会，而托马斯希望艾娃和他在一起	
彼此的梦想		在社交活动中认识新朋友，从而感受到探索新世界般的自由	成为艾娃关注的中心
安抚		艾娃被托马斯的保证所抚慰，即他无意控制她或决定她的朋友是谁。艾娃坚持说她对除了托马斯以外的任何男性都不感兴趣，这使他感到舒畅。他们花了半小时进行冥想，这是他们都喜欢的活动	
协商	不可妥协的问题	必须有享受放松和认识新朋友的自由	容忍不了艾娃与其他男性跳舞或接触，即使只是出于社交礼仪
	可灵活处理的问题	不需要在聚会上与托马斯完全分开	可以容忍艾娃与其他男性交谈几分钟
暂时性妥协		在派对上，他们约一半的时间会待在一起；另一半时间，艾娃可以自己去交际，但她不会和其他男性跳舞或触碰其他男性。如果托马斯告诉艾娃，他对她的行为感到不安，她会停下来	
永恒的冲突		艾娃总希望比托马斯享受更多的社交活动	

现在，看看你们能否以同样的方式勾勒出你们的冲突。首先，写一份明确的声明，说明冲突是什么以及哪些梦想在起作用。然后，注意哪些方面对你和伴侣来说是不可妥协的，哪些方面是你们可以灵活处理的。最后，确定一个双方都赞同在短时间内尝试的暂时性妥协方案。你们也可以写下你们正面临的冲突，并确认你们都明白，你们的冲突仍然没有得到解决，但你们可以忍受它，这会很有帮助。

第 4 步，表达感谢

要想打破婚姻僵局，你们可能需要不止一次的咨询对话。无论你们如何努力尝试接受彼此的观点而不作评判，这些对话都可能是有压力的。你们的目标是重新创造感激的精神，并从中感受自己拥有的幸福，学会内省，并对拥有的一切表达感谢。在谈论了陷入僵局的婚姻冲突之后，要做到这一点可能很难，因此更需要努力。为了确保你们以积极的态度结束冲突，可以向你的伴侣提供 3 个具体的感谢名单，可参考前文介绍的"我欣赏"清单。

遵循以上 4 个步骤，你们就能在永恒的冲突上打破僵局。在这个过程中，要有耐心。就其本质而言，这些冲突是很顽固的，要摆脱它们对婚姻的控制，你们需要有承诺和信心。当这些冲突都不再沉重时，你们会认识到你们正取得进展：你们在讨论这些冲突时能保持幽默感，而且它们不再那么突出，也不再影响你们关系中的爱和快乐。

12

法则 7　创造共同的意义

尊重彼此的梦想

THE SEVEN
PRINCIPLES FOR MAKING
MARRIAGE WORK

夫妻不必在生活哲学的
每个方面都完全一致，
只要像齿轮一样相互啮合即可。

"我们的婚姻曾经是雅皮士式的，"海伦说，"我的意思是它很肤浅。我和我的丈夫凯文相处融洽且彼此相爱，但我觉得我和他之间没有联结，我们就像是在一起做爱的室友。"海伦自称是虔诚的女权主义者，常为自己的独立感到骄傲。起初，她认为这样很好，她和凯文都有自己的生活，也有各自的事业、兴趣和朋友。但在他们结婚以后，随着时间的推移，尤其是有了孩子之后，海伦越来越觉得生活好像少了点什么。她不想放弃自己强烈的个体认同感，但她又想从婚姻中得到更多。在参加了戈特曼工作坊以后，海伦意识到了个中缘由：她希望更多地感觉到自己和凯文是一家人。

如果你的婚姻遵循前文介绍的 6 个法则，那么你和伴侣的关系稳定且幸福的概率就会很高。但如果你常常自问"就这样了吗？"，那就说明你和伴侣的情况可能与海伦和凯文的情况相似：你们之间缺少深层的共同意义感。婚姻不仅仅是夫妻双方抚养孩子、分担日常事务和做爱，还包括在精神层面创造共同的内在生活—— 一种富含象征意义与仪式的文化，双方能欣赏自己在婚姻生活中的角色与目标，且明白成为家庭中的一员意味着什么。

通常，当我们说到"文化"时，是就拥有某种特定的风俗、流行某种饮食的大族群甚至国家而言的。但是，文化同样可以仅仅由两个同意分享各自生活的人来创造。从本质上说，每对夫妻和每个家庭都创造了自己的"微文化"，和其他文化一样，这些"小群体"也有自己的习俗（如周末外出就餐）、仪式（如小孩出生后开香槟庆贺）和故事，这些故事体现了他们对婚姻的看法和成为团体的一部分的意义。

以波拉和道格这对夫妻为例。他们把自己看作各自家庭中拖后腿的人，他们都被认为是自家兄弟姐妹中不那么聪明、不那么有吸引力或不太可能成功的人，但结果是，他们各自所有的兄弟姐妹要么没有结婚，要么结了又离，只有波拉和道格拥有幸福且稳固的婚姻和稳定的工作，家庭美满，养育了优秀的孩子。作为家庭文化的一部分，他们讲述的关于自己的故事揭示出他们组成了一个多么优良的团队，他们何其好强，以及他们是如何蔑视所有的反对者并成功战胜对手的。

当然，发展家庭文化并不意味着夫妻在生活哲学的每一个方面要完全一致，只要双方做到像齿轮一样相互啮合即可。双方即使不能总是分享各自的梦想，也要找到尊重对方梦想的方法。夫妻双方共同发展起来的文化包含了各自的梦想，这种文化是可变通的，它会随着双方的成长和发展而改变。在婚姻中，如果夫妻双方有这种共同意义感，冲突就不会太过激烈，永恒的冲突也不太可能导致僵局。而且，即使夫妻双方没能分享共同生活的深层意义，也有可能维持稳定的婚姻，即使各自的梦想不同步，婚姻依然能够运转。

本章只探讨夫妻双方如何绕过那些永恒的冲突，并与之和平共处，而不是以双方陷入僵局而收场。重要的是要接受如下观点：夫妻双方可能不认同彼此的某些梦想，但可以尊重它们。例如，你和伴侣信仰的宗教可能不同，但能充分尊重彼此的精神之旅，因而你们能跨越信仰差异的隔阂。

还有一点需要提醒的是，有价值的婚姻不能单靠回避冲突来维持。**夫妻双方越能在生活的基本方面达成共识，婚姻就越丰富、越有意义，从某种意义上来说也越容易维持。**就像你不能强迫你和伴侣拥有同样深层次的观点，但如果你们能互相接受彼此的想法，你们自然会在这些问题上达成一致意见。

因此，任何婚姻都有一个重要的目标，即营造一种氛围，鼓励夫妻双方都坦诚地谈论各自的梦想。双方说得越坦诚，越尊重彼此，各自的意义感就越有可能融合在一起。

海伦和凯文这对夫妻就是很好的例子。

在参加戈特曼工作坊以后，海伦和凯文通过谈论本章稍后提到的问题，已经能够关注彼此共同生活的精神层面。他们第一次认真地谈论了各自的家庭、家庭历史、价值观和象征意义。

回到家以后，海伦拿出自家的旧相册，把从爱尔兰移民到美国的曾祖父的照片指给凯文看，并向凯文讲述了关于她曾祖父母婚姻的故事。对于这个故事，海伦已经听过无数遍了：在动身前往美国之前，曾祖父和曾祖母订了婚。此后 4 年，曾祖父一直在攒钱，想把曾祖母接过来。在此期间，曾祖父始终忠贞不渝地爱着曾祖母。海伦对这个故事的理解是：忠诚是婚姻和家庭生活的一大支柱。在此之前，她从未如此直接地向凯文表达过自己的这种看法。

凯文回忆起了他自己家里的一些事，尤其是他祖母的事。他的祖母曾经在堪萨斯州的一座小镇独自经营一家小杂货店，这家店曾濒临破产，因为在大萧条时期，她总是免费给穷苦的邻居赠送食物。镇上的居民都知道她为那些贫困家庭保留了一定的食物，每周一晚上，当店铺快打烊时，这些贫困家庭都可以去那里免费领取食物。"父亲总是说，我们摩纳汉斯家往往慷慨到愚蠢的地步。"凯文对海伦说，"但父亲经常这么说，其实在某种程度上就是为了让人知道他非常自豪，我们都喜欢听他说这些话。"凯文还告诉海伦，他长大后也继承了这个传统，比如他每年都会捐很多善款。

海伦和凯文的这次对话成了他们婚姻生活的转折点。从此以后，他们经常谈论忠诚和慷慨这样的价值观。当他们还是孩子时，通过听家族故事，他们接受了这些价值观。天长日久，他们不断地讲述各自的故事，还把这些故事讲给自己的孩子听。结果，本属于个人的故事演变成了他们俩的故事，同时也成了他们新家庭的故事。海伦接受了那些对凯文来说非常重要的摩纳汉斯家的故事和价值观，并把它们融入自己的生活中。而对海伦家的故事，凯文的态度和海伦对待他家故事的态度一样。

夫妻双方找到的共同意义越多，彼此的关系就越深沉、越浓厚、越有价值。遵循这个方法，双方还可以增强彼此的友谊，而这反过来会使双方更容易处理任何突发冲突。这就是幸福婚姻的 7 大法则的美妙之处，它们形成一个循环的反应链，保证夫妻双方在努力遵循某一个法则时，同时遵循其他法则会变得更容易。

共同意义的 4 大支柱

在咨询过程中，我们发现了夫妻共同意义的 4 大关键支柱。当夫妻双方一起建立这些支柱时，其婚姻关系和家庭生活会更加美满。接下来，我们具体来探讨这 4 大支柱。

第 1 支柱，联结仪式

在美国，只有不到 1/3 的家庭会经常在一起吃晚餐，而在这些家庭中，有一半以上在吃晚餐时都开着电视，这显然会使家庭成员在晚餐期间的谈话减少。不过，在婚姻中（与孩子一起）创造仪式可以有效地阻止这种脱节的倾向。仪式是一种结构化的活动或例行公事，夫妻双方都喜欢并依赖它，它会反映并加强夫妻双方的凝聚力。大多数美国人都熟悉的童年仪式包括在圣诞夜做午夜弥撒，点燃宽扎蜡烛或烛台，在感恩节分享南瓜饼，以及参加家庭聚会等。然而，人们通常不讨论这些传统仪式对他们的象征意义。社会学家威廉·多尔蒂（William Doherty）在他的《有意的家庭》（*The Intentional*

Family）一书中，强调了夫妻创造有意且有意义的仪式的重要性。对夫妻来说，通过认识到双方给彼此关系带来的仪式的持续价值和意义，以及双方一起创造的新仪式，就能进一步强化自己在家庭中的身份。

当然，仪式不一定源自夫妻双方各自的童年和家庭历史，夫妻双方可以创造自己的仪式。例如，如果你希望全家人在周末一起出游，你可能想把它纳入你的每周例行活动中。再比如，如果你希望在某个节日有更多的体验，你可以决定全家人每年一起准备。新仪式很可能在婚姻过程中自然形成。例如，朱莉和我与一群好友在 13 年来都共同分享感恩节晚餐，每一次我们都围着桌子，每个人都讲述过去一年中的感恩事件。这些年来，我们讲的故事越来越长，越来越个人化，朱莉和我都非常期待这种温暖人心的联结仪式。

尼克和哈莉这对夫妻的仪式和我们不同。他们俩会和儿子一起烘烤生日蛋糕，这成了他们家的一个重要仪式。他们的儿子在蹒跚学步时，对鸡蛋产生了过敏反应，所以他们不能在当地的面包店给儿子买生日蛋糕。于是，在每个家庭成员的生日那天，尼克和哈莉都会烤无蛋蛋糕。后来，他们的儿子摆脱了对鸡蛋的过敏，但自制生日蛋糕的仪式延续了下来。这个仪式让他们有机会聚在一起，并能以温暖且以家庭为基础的方式庆祝每个人的生日。

联结仪式的特点是，它们不是杂乱无章的，它们有结构，有脚本，夫妻任何一方都可以依赖这个传统。每个人都知道事件将如何发展，一方将得到对方的关注，并以双方都认为有意义的方式产生联结。例如，朱莉和我对我们称之为"年度蜜月"的联结仪式非常自豪。在过去的 15 年里，我们每年都会花一周的时间住在距家 160 千米外的同一家酒店的同一个房间。我们会带着皮划艇去，还会参观当地的艺术馆和艺术工作室，并一同散步。我们花一周的时间叙旧，一起做梦。当然，我们有时也会为我们因忙碌而忽视的问题发生争吵。但总的来说，这个仪式是浪漫的、神奇的、特别的。

　　许多夫妻也可以从开展性生活的仪式和讨论中受益。人们常常认为性爱应该是自发的，自然而然的性爱才是最好的。但如果你问他们什么时候的性爱最好，他们通常会说在他们关系早期求爱时的性爱最好。那时，浪漫的约会是有计划的，双方要考虑穿什么衣服，用哪种香水，听哪种音乐，以及喝什么酒等。重拾这种仪式可以提高夫妻双方的性体验。

　　为了了解你和伴侣通过仪式创造共同意义的程度，请进行以下测试。如果你们发现各自对事情的看法不一样，不妨把它看作创造联结仪式的一个机会。

联结仪式测试

阅读以下描述，然后根据自己的实际情况选择"是"或"否"。

描述	是	否
1. 我和伴侣对家庭晚餐时间的仪式看法一致		
2. 节日聚餐对我们来说非常特别和快乐（或我们都很讨厌）		
3. 在我们家里，一天结束时的家庭团聚通常很特别		
4. 我们对电视在家里的作用看法一致		
5. 睡觉时间通常是我们亲近彼此的好时机		
6. 在周末，我们会一起做很多我们喜欢和重视的事		
7. 我们都重视家里的娱乐活动，如请朋友来家里玩、开派对等		
8. 我们都重视或都不喜欢生日、周年纪念日、家庭聚会等特别的庆祝活动		
9. 当我生病时，我能感觉到伴侣对我的照顾和爱		
10. 我非常期待并享受我们一起度假、一起旅行		
11. 对我们来说，一起度过早晨的时光是特别的		

12. 当我们一起做事时，我们一般都很开心

13. 当我们精疲力竭时，我们都有办法恢复精力

计分原则：选"是"计 1 分，选"否"不计分。

解读：

如果分数低于 3 分，说明你们的关系在这方面需要改善。可尝试本章后面的"创造共同的意义"练习，并把重点放在联结仪式上。

第 2 支柱，对彼此角色的支持

一个人对自己在世界上的位置的感觉，很大程度上基于他扮演的各种角色，如伴侣、孩子、父母以及上班族等。从婚姻的角度来看，一个人对自己和伴侣的角色的看法，既可以增加他与伴侣之间的意义感与和谐感，也可以带来紧张感。

夫妻对彼此的期望越相似，即双方觉得彼此在家庭中的地位应该是什么，婚姻就越稳固。我们在这里谈论的不是谁洗碗这种肤浅的问题，而是各自对自己和伴侣的深切期望。例如，伊恩和希拉里这对夫妻都认为，丈夫应该是保护者和给予者，妻子则更应该是养育者。克洛伊和埃文这对夫妻则相信婚姻中夫妻平等，双方在情感上和经济上应该相互支持。对于以上两对夫妻，丈夫和妻子对各自的角色都有相似的理念，所以他们的婚姻都很成功。我们假设，如果伊恩娶了克洛伊，而希拉里嫁给埃文，那么每对夫妻都会产生巨大的摩擦。

此外，夫妻双方在育儿方面有相似的看法也会增加婚姻的意义，如认为哪些重要的价值观需要传承给孩子。关于如何与父母和兄弟姐妹互动的问题，

也是如此。你是否认为他们是你家庭的一部分，还是你与他们保持着距离？你对工作的看法以及你赋予工作的重要性，也可以加深你与伴侣之间的联结。换句话说，你和伴侣在这些问题上的看法越相似，你们的婚姻越稳固。

但这并不意味着你们应该或能够在生活的每个哲学层面或精神层面都取得完全一致的看法。例如，夫妻双方可能从事相同的工作，但各自对工作意义的看法可能并不相同。约翰尼希望成为一名科学家。他作为地质学家的工作是他身份的重要组成部分，并影响着他看待世界的方式。他个人深受科学方法的启发，重视客观性和分析能力，而且他为成为一名地质学家而感到非常自豪。如果你问他"你是谁"，他会解释说他首先是一名地质学家。他的妻子莫莉也是一名地质学家，但她对自己职业的认同感没有那么强烈。她认为自己首先是一位女性，而不是一名科学家。虽然他们在看待工作方面存在很大的差异，但他们在许多其他方面都有联结，因此他们之间的差异并不重要。

角色测试

为了了解你们在支持彼此的角色方面创造共同意义的程度，请阅读以下描述，然后根据自己的实际情况选择"是"或"否"。

描述	是	否
1. 我们在父母角色上的价值观很相似		
2. 我们在伴侣角色上的价值观很相似		
3. 我们在如何成为他人的好朋友上的价值观很相似		
4. 我们在工作在生活中的作用上的观点很相似		
5. 我们在工作和家庭的平衡上的价值观很相似		

6. 伴侣支持我生命的基本使命

7. 我们在家庭和亲属在生活中的重要性上的观点相同

计分原则：选"是"计 1 分，选"否"不计分。

解读：

如果得分低于 3 分，说明你们的关系在这方面需要改善。可尝试本章后文的"创造共同的意义"练习，并将重点放在对彼此角色的支持上。

第 3 支柱，共同的目标

生活的部分意义源于我们为之努力的目标。虽然我们都有一些非常实际的抱负，比如赚取一定数额的金钱，但我们也有更深层次的、更具有精神意义的愿望。对一个人来说，目标可能是在经历了动荡并遭受虐待的童年以后找到平静并得到疗愈；对另一个人来说，目标可能是养育出善良且慷慨的孩子。很多时候，我们不会谈论我们最深层次的目标。有的人甚至都没有问过自己与之相关的问题。但开始探索这些问题时，我们就有了这样一个机会，可以对自己和婚姻产生深远的影响。

与伴侣分享最深层次的目标不仅可以增加双方的亲密程度，而且在共同追求目标的过程中，这些目标可以使婚姻变得更加美满。例如，埃米莉和亚历克斯这对夫妻都致力于为他们所在的教堂做志愿者工作。等他们的孩子长大以后，他们决定留下一份属于他们社区的精神遗产。因此，亚历克斯加入了宗教学校的董事会，而埃米莉则在教堂开始了一项成人教育计划，面向那些想重新认识自己信仰的人。埃米莉说："本来我自己就可以做这件事，但我感觉与亚历克斯合作，一起回馈社区和教堂，将成为我的一个更有意义、更充实的经历。我在信仰上获得了重生，在婚姻上获得了新生。"

共同的目标测试

为了了解你们是否通过目标创造了共同的意义，请阅读以下描述，然后根据自己的实际情况选择"是"或"否"。

描述	是	否
1. 我们有许多相同的目标		
2. 假设我在晚年时回顾自己的人生，我认为我们的生活轨迹会很好地相容		
3. 伴侣重视我的成就		
4. 伴侣尊重我的个人目标，这些目标与我们的婚姻无关		
5. 我们有许多共同关心的人，并有着相同的目标		
6. 我们有非常相似的财务目标		
7. 我们对潜在的财务问题有相同的担忧		
8. 我们对孩子、日常生活及晚年生活的期望和愿望相当相容		
9. 我们的人生梦想往往是相似的或相容的		
10. 即使人生目标不同，我们也能找到合适的方式彼此尊重		

计分原则：选"是"计1分，选"否"不计分。

解读：

如果得分低于3分，说明你们的关系在这方面需要改善。可尝试本章后面的"创造共同的意义"练习，并将重点放在共同的目标上。

第4支柱，共同的价值观和信仰

价值观和信仰是指导夫妻双方希望如何生活的哲学原则。对一些夫妻来说，价值观深深扎根于宗教信仰之中。而没有宗教信仰的夫妻，可能抱有某种信仰系统，来决定他们对生活的看法和决策。

通常，夫妻共同的价值观和信仰是由象征物代表的，这些象征物可以是实际的物品，也可以是抽象的物品，如宗教图标。如果夫妻双方能讨论它们的意义、将之个人化并达成共识，那么它们就代表了价值观。此外，还有更加个性化的象征物。对珍娜和斯宾塞这对夫妻来说，他们的餐桌具有特殊的意义。他们攒了很多钱，找当地一位精通雕刻的木匠定制了这张制作精美且坚固的餐桌。在每次为家庭庆祝活动准备餐具时，这张餐桌就会向他们传达婚姻的美好和稳定。另一对夫妻在壁炉架上放置了一个婴儿天使小雕像，以纪念他们死去的第一个孩子。这个雕像是对他们的第一个孩子的纪念，也代表了他们各自的韧性、深爱之事和对彼此的支持，使他们顺利地从这场悲剧中走了出来，并继续拥有幸福美满的家庭。

抽象符号对婚姻同样重要。即使是家庭本身，也可能对夫妻双方有极大的象征意义。家不只是吃饭和睡觉的地方，也是夫妻双方共同生活的精神中心——他们的爱情成果所在之地，他们的孩子在这里出生并成长。家庭故事往往也具有丰富的象征意义，它反映了深深根植的价值观。海伦关于她的曾祖父母如何在分离的情况下坚守爱情的故事，象征着她对忠诚的深刻认识。每次当海伦讲述这个故事时，都表现了他们一家对忠诚的重视。

我家有一面墙，上面挂满了祖辈的照片。与这些家人有关的家族故事体现了我和朱莉共同拥有的价值观。例如，有一张照片是我的曾祖父的，他是一名犹太教屠夫，曾因为人慷慨而受人称赞。他曾经每周都把家里 10% 的肉捐赠给当地有需要的家庭，包括吉卜赛人。他还创建了一个侦查网络，由此他能得知哪些家庭需要帮助，然后他会把肉送到这些家庭的家门口。我经常告诉女儿，我的曾祖父身上有我们珍视和追求的关爱和奉献精神。

共同的价值观测试

为了了解你们是如何通过价值观创造共同的意义的，请阅读以下描述，然后根据自己的实际情况选择"是"或"否"。

描述	是	否

1. 我们对家的意义有共同的价值观

2. 我们对什么是爱有共同的价值观

3. 我们对平静在生活中的重要性有共同的价值观

4. 我们对家庭意义的价值观相似

5. 我们对性在生活中的作用有相似的价值观

6. 我们对爱和感情在生活中的作用有相似的价值观

7. 我们对婚姻的意义有相似的价值观

8. 我们对金钱的重要性和意义有相似的价值观

9. 我们对教育的重要性有相似的价值观

10. 我们对娱乐和玩耍的重要性有相似的价值观

11. 我们对冒险的重要性有相似的价值观

12. 我们对信任有相似的价值观

13. 我们对个人自由的重要性有相似的价值观

14. 我们对自治和独立有相似的价值观

15. 我们对在婚姻中分享权力有相似的价值观

16. 我们对相互依存及成为一家人的意义有相似的价值观

17. 我们对拥有财产和汽车、漂亮衣服、书、音乐、房屋和土地等物品的意义有相似的价值观

18. 我们对大自然的意义和时节有相似的价值观

19. 我们对怀旧和回忆过去有相似的需求

20. 我们对退休后和晚年的需求有相似的价值观

计分原则： 选"是"计1分，选"否"不计分。

解读：

如果得分低于3分，说明你们的关系在这方面需要改善。可尝试后文的"创造共同的意义"练习，并把重点放在共同的价值观和信仰上。

创造共同的意义

以下练习包含4个部分，且提供了问题清单以供回答和讨论。每个部分分别针对共同的意义的4大支柱。本练习并不是让你们在一个晚上或一个月内完成而设计的，你们可以把它当成未来讨论和闲暇聊天时的引子。

为了充分利用这项练习，要着重于你们关系中最需要加强的支柱。要一个问题一个问题地回答。你们甚至可以在笔记本上写下各自对每个问题的想法，然后分析并讨论彼此的答案。谈论你们在每个问题上的差异以及你们可建立的共同点，找到尊重彼此的价值观、人生哲学和梦想的方法。在许多方面，虽然你们可能有各自的需求，但一定要找到支持彼此的方法。在你们看法完全不同的方面，你们要尊重彼此，尊重差异。如果这么做导致你们起了争论，可以通过法则4、法则5和法则6的练习来解决。可能的话，你们可以写下各自的家庭"章程"，明确你们关于生活意义和人生哲学的共识。

第1支柱，联结仪式

你们至少要商定两个重要的联结仪式。下面是一些例子。你们可以围绕重要的日子（如周年纪念日）或更日常的互动创建有意义的仪式，如你们之间的性关系如何开始或你们如何开始新的一天。对于你们选择的每个仪式，你们要讨论为什么它们对你们有意义且很重要。谈谈你们的童年是否有过庆祝活动，有的话，你们是否喜欢自己家庭的庆祝方式。然后，确定你们希望这个仪式在你们之间如何展开的具体细节，比如谁该负责哪些方面。

庆祝活动仪式

生日	元旦
周年纪念日	国庆节
情人节	春节
感恩节	毕业典礼和其他重要的过渡仪式
圣诞节	

休闲娱乐仪式

约会之夜	在家吃晚餐
计划度假和探险	聚会
浪漫的外出之夜	度假（如何决定、去哪里、何时去）

沟通仪式

互相表达自豪之情	应对不幸或坏消息
每日感悟交流	表达需求
讨论恋爱关系问题	讨论压力事件

性爱仪式

提出性需求	如何谈论性
如何温柔地拒绝伴侣的性需求	

日常生活仪式

保持健康	睡前的日常
早晨的日常和告别	一起入睡
每天回到家时的团聚	应对疾病
在疲劳或筋疲力尽时如何恢复	

第2支柱，对彼此角色的支持

　　你们越能坦率地谈论对于彼此在生活中所扮演角色的深刻看法，就越有可能达成有意义的、自然的共识。请回答以下问题，然后彼此分享各自的看法。

你们不必回答所有的问题，可以跳过与你们生活无关的问题。

1. 你对作为丈夫／妻子有什么感觉？这个角色对你意味着什么？你的父母怎么看待这个角色？你们之间有哪些相似和不同之处？你希望如何改变这个角色？

2. 你对作为父亲／母亲有什么感觉？这个角色对你意味着什么？你的父母怎么看待这个角色？你和他们有哪些相似和不同之处？你希望如何改变这个角色？

3. 你对作为儿子／女儿有什么感觉？这个角色对你意味着什么？你的父母怎么看待这个角色？你和他们有哪些相似和不同之处？你希望如何改变这个角色？

4. 你对作为上班族有什么感觉？这个角色对你意味着什么？你的父母怎么看待这个角色？你和他们有哪些相似和不同之处？你希望如何改变这个角色？

5. 你对作为朋友有什么感觉？这个角色对你意味着什么？你的父母怎么看待这个角色？你和他们有哪些相似和不同之处？你希望如何改变这个角色？

6. 你对在社区中扮演志愿者有什么感觉？这个角色对你意味着什么？你的父母怎么看待这个角色？你和他们有哪些相似和不同之处？你希望如何改变这个角色？

7. 你们如何平衡各自在生活中扮演的以上角色？

8. 你们的关系在哪些方面支持你们各自扮演的角色？

9. 你们的关系还能在哪些方面支持你们各自扮演的角色？

第 3 支柱，共同的目标

对于以下问题，写下你们的一些想法，然后彼此分享，并讨论你们的共同目标是什么。

1. 为你的生活写一个"使命宣言"。对你来说，最重要的使命是什么？

2. 你们的关系是否支持你们各自的使命？如何支持或不支持？

3. 如果你要写自己的讣告，你希望写什么？

4. 你对自己、伴侣和孩子有哪些期望？

5. 你未来 5 到 10 年希望实现哪些愿望？

6. 你想要实现的一个人生梦想是什么？

7. 你想要留下什么样的遗产？

8. 有没有一些有意义的活动能为你带来能量和愉悦，却一直被推迟或被其他更为紧急但不太重要的问题占据着？

第 4 支柱，共同的价值观和信仰

以下问题可以帮助你们一起探讨婚姻生活中象征物的重要性。

1. 在这个世界上，哪些象征物（如照片）能代表你们的家庭？

2. 家庭故事也是象征，它们经常代表且教给人们一整套价值体系。你的家庭历史中有哪些故事？哪些故事令你觉得骄傲且你想将之继续作为家庭传统的一部分？

3. 家对你意味着什么？你认为它必须具有哪些特质？你成长的家庭是什么样的？

4. 在你的生活中，哪些东西能象征你对有意义的、美好的生活的哲学理解？如给慈善机构捐钱、戴着十字架或为死去的祖辈点燃蜡烛。你是否感觉到你没有达到你希望达到的标准？

在大部分深切、紧要的问题上，产生和伴侣是一个整体的感觉，不是一夜之间就可以实现的。夫妻双方共同探索这些问题确实是一个双方不断进步且会延续终身的过程，其目的不是在每个你认为有深刻意义的问题上都要和伴侣达成一致，而是拥有双方都能接受彼此最深沉信念的婚姻。你们越能创造相互袒露这些信念的婚姻，你们的共同生活之旅就越幸福。

改善婚姻是一场旅行，勇敢开始吧！

没有哪本书或哪个治疗师能解决你所有的婚姻问题，但是，如果你在婚姻生活中运用本书提到的幸福婚姻的 7 大法则，你真的可以改变婚姻的航向。即使只对你的婚姻轨道做很小的、很轻微的调整，随着时间的推移，这种调整也能给你的婚姻带来巨大的积极影响。当然，前提是你必须做出改变且能让改变得以延续。改善婚姻好比一场旅行，与所有的旅行一样，在一开始，你可能会有所怀疑，只迈出一小步，看清自己所处的位置以后，你才会迈出下一步。如果你陷入困境或走错了几步，可以重新阅读本书中的相关章节，审视自己当下的婚姻状况，你就知道该如何让婚姻沿着正确的方向前进了。

以下是一些策略，你可以将之用于日常生活，以改善你和伴侣的关系。

神奇的 6 小时

我们对参加戈特曼工作坊的夫妻进行了追踪研究，想弄清楚那些婚姻持续得到改善的夫妻和那些婚姻没有得到改善的夫妻有何不同。前者彻底改变了他们的生活方式吗？事实恰恰相反。令我们感到惊讶的是，我们发现，前者每周只额外花了 6 小时的时间投入婚姻中。虽然这些夫妻有自己的处理方式，但我们从中仍然发现了一些明显的共性模式。总体来说，他们为了婚姻集中进修了幸福婚姻的 7 大法则。这种方法非常成功，我称之为"神奇的 6 小时"。你可以参考附表 1。

附表 1　神奇的 6 小时

做法	时间	总计
分开时： 在早晨双方分开前，确保你了解伴侣当天会遇到的一件事，如伴侣要与老板一起吃午餐，或预约挂号，或和老朋友打电话	每天 2 分钟，每周 5 天	10 分钟
回到家： 建议你和伴侣拥抱和亲吻至少 6 秒钟。6 秒钟的亲吻很重要。此外，确保在每个工作日结束时进行至少 20 分钟的减压对话	每天 20 分钟每周 5 天	1 小时40 分钟
表达喜爱和赞美： 每天通过一些方式向伴侣传达真挚的喜爱和赞美之情。真诚地向对方说："我爱你。"	每天 5 分钟，每周 7 天	35 分钟
身体亲昵： 在白天，双方互相亲密接触，并确保在睡前彼此拥抱。即使有时你们睡前的吻只有几秒钟，也要把它看作一天中释放烦恼的一种方式。换句话说，用宽容和温柔的方式对待伴侣，时刻保持爱意	每天 5 分钟，每周 7 天	35 分钟
约会： 这段时间只属于你们俩，你们可以用轻松、浪漫的方式保持联结。彼此问一些开放式问题，以便你们可以更新爱情地图且能倾听彼此。想一想你要问伴侣的问题，比如"你还在考虑重新装修卧室吗？""我们下次度假去哪里？""你现在对老板的感觉如何？"等	每周 1 次，每次 2 小时	2 小时
谈论关系： 每周安排 1 小时来谈论你们的关系。在这段时间里，确保你们不会被任何人、任何事打扰。开始时，先谈论一下这一周发生的好事。然后，彼此表达 5 种你们未表达的欣赏之情，且尽量具体一些。接下来，讨论你们之间可能出现的任何冲突。使用温和的开场白，倾听时不要进行防御。使用前文提到的"寻找共同点"练习来解决冲突。如果出现不良事件，可以使用前文提到的"处理过去的情绪创伤"练习来处理。最后，双方都问彼此以下问题并给出答案："我可以做些什么让你在下一周能感到被爱？"	每周 1 小时	1 小时

正如你看到的，将这些变化融入你们的关系所需的时间非常少，每周只要 6 小时。但是，这 6 小时会极大地帮助你们维持婚姻的稳定。

　　　♡　　爱情大数据

每天为婚姻付出一点努力，比去健身房锻炼更有助于健康和长寿。

婚姻傻瓜探测器

某些婚姻"专家"声称，导致婚姻不幸的一个重要原因是夫妻双方对彼此的期望过高。只要夫妻双方降低对彼此的期望，争吵就会慢慢消失，也就越来越不会对彼此失望。不过，北卡罗来纳大学的唐纳德·鲍科姆（Donald Baucom）博士对夫妻双方对彼此的标准和期望进行了研究，最终彻底推翻了以上观点。鲍科姆发现，对婚姻的期望最高的夫妻，其婚姻质量常常很高。这表明，与寻找其他方法来改善婚姻或顺其自然相比，通过提高自己的婚姻标准，你更有可能得到自己想要的婚姻。

我们对一些新婚夫妻也进行了研究，并证实了鲍科姆的观点。事实上，对那些能适应婚姻中高水平消极性（愤怒或情感疏离）的夫妻来说，数年后，他们会觉得婚姻不那么幸福或对婚姻不满意；而那些拒绝忍受大量消极性的夫妻，那些时常遭遇蔑视与防御的威胁而坚持温柔地面对彼此的夫妻，多年后，他们觉得婚姻是幸福和满足的。

这些研究结果表明，每段婚姻都应该配备一套内置的预警系统，以便让夫妻双方知道婚姻质量何时会受到威胁。我们称这种系统为"婚姻傻瓜探测器"，它可以提前识别哪些事情看起来不对劲。

有人曾经说过，男性最害怕的一句话是："我们来谈谈婚姻吧。"事实上，这句话也能吓倒大部分女性。战胜这种恐惧的最佳方式是，在婚姻问题还很小时，在它们还未导致严重后果之前，夫妻双方就要彼此进行讨论。

通常，夫妻双方往往有一方（通常是妻子）带头寻找问题。当丈夫变得有些古怪或退缩时，妻子会让他关注自己，并找出问题所在。但事实上，夫妻双方都应该履行这种职责。

以下是个问题清单，你们可以每周彼此讨论，它能帮助你们评估你们的婚姻进展到何种地步。记住，讨论这些问题要以温和的开场白开始，且不能批评伴侣，最好说一些"嘿，我真的觉得跟你失去了联结，我们怎么了"之类的话。注意，不要在睡前试图解决任何问题，以免影响睡眠。

你可以利用该问题清单来评估你们目前或最近的婚姻进展，以及你们是否希望提出一些问题。核对你认为自己存在的问题。如果问题超过 4 个，那么在接下来的 3 天内，温和地和伴侣进行讨论。

1. 我一直行事急躁
2. 我觉得与伴侣的感情疏远了
3. 我们之间关系紧张
4. 我发现自己想逃离
5. 我一直觉得很孤单
6. 伴侣似乎对我没有太多感情
7. 我一直很生气
8. 我们彼此没有联系
9. 伴侣不知道我在想什么
10. 我们的压力很大，这给我们造成了伤害
11. 我希望我们马上变得亲密起来
12. 我想拥有更多独处的时间
13. 伴侣一直行事急躁
14. 伴侣在情感上疏远我
15. 伴侣的注意力似乎在别的地方
16. 我一直对伴侣很冷淡
17. 伴侣一直很生气

18. 我不知道伴侣在想什么

19. 伴侣希望有更多独处的时间

20. 我们真的需要好好谈一谈

21. 我们没有沟通好

22. 最近，我们比平时更常争吵了

23. 最近，我们之间的一些冲突逐渐升级

24. 我们一直在伤害彼此的感情

25. 我们的生活中没有多少乐趣

原谅自己

了解了幸福婚姻的 7 大法则，你可能已经清楚了一点，那就是世上没有有益的批评这种东西。与抱怨不同，所有的批评都会令人感到痛苦。抱怨是为了改变而提出具体要求，批评则不但不会让婚姻变得更好，而且不可避免地会使婚姻变得更糟。

那么，是什么导致夫妻中的一方习惯性地批评对方呢？有以下两个原因。

第一个原因是，夫妻中的一方情感反应迟钝。举例来说，如果娜塔莉不停地抱怨丈夫乔纳把报纸丢在浴室地板上，抱怨他忽视了自己，那么，她最终可能会批评他，会称他为"懒汉"，而不是礼貌地提醒他记得把报纸扔进垃圾桶。娜塔莉抱怨方式的改变是可以理解的，但对她的婚姻没有任何帮助，因为她的批评会让乔纳更冷漠。打破这种恶性循环的唯一方法是，夫妻双方都要做出改变。当然，这不是件容易的事。无论是少批评反应迟钝的伴侣，还是转向总是唠叨的伴侣，都需要很大的勇气。但也只有双方都做出改变，这种恶性循环才会结束。

第二个原因来自个体内部，它与自我怀疑有关。这种自我怀疑是随着人的成长而发展起来的，尤其是在童年时期。换句话说，自我怀疑始于自我批评。

举例来说，亚伦无法真正地欣赏或享受自己的成就，当他在事业上受挫时，他内心深处觉得自己很没用；而当他在事业上取得成功时，他又不允许自己为之骄傲，他心里仿佛有个声音在说"还不够好"。他不断地寻求他人的认可，但当他得到认可时，他又不能享受甚至接受这份认可。

后来，亚伦与考特妮结婚了，你能想象他们的婚姻生活会是什么样子吗？由于亚伦已经习惯于注意哪些东西出错了，哪些东西不见了，无法欣赏自己已有的东西，因此他很难对考特妮或他们婚姻的优点感到高兴。他无法欣赏考特妮的美好品质，包括她的可爱、忠诚；而当他差点儿失去某份工作时，考特妮给予了他深厚的情感支持，对此，他同样无法表达欣赏之情。他关注的是他认为的考特妮身上的不足之处：她太情绪化了，在社交场合不太利索，也不会像他喜欢的那样把家里打扫得干干净净。

在大多数婚姻中，发生与亚伦和考特妮这对夫妻类似故事的概率为85%。如果你对自己没有信心，那么你会一直关注自己与伴侣的不足之处。接受以下现实吧：你的伴侣肯定会缺少某些可取的品质。问题在于，人们往往会关注伴侣没有的品质，忽视他们已有的美好品质，并把这些美好品质视作理所当然。

如果你意识到自己经常进行自我批评，那么你能为自己及婚姻做的最好的事情，就是努力接受你的所有缺点。拿我来说，当我回顾自己迄今为止的生活时，我意识到，接受自己的所有缺点，让我在扮演丈夫和父亲这两个角色上有了巨大的变化。

实现这种宽恕的途径之一，也许在于你个人的精神信仰。许多宗教传统都包含感恩祈祷仪式，让人们将注意力集中在对生活的祝福上。无论你对宗教的看法如何，对于长期关系来说，有一条信息值得牢记：表达感激与赞美是批评和蔑视的解药。

感激练习

第一，用一周的时间来留意你的批评倾向。把注意力转移到积极的事情上。注意你已经拥有的东西、他人的贡献，寻找一些可以赞美的事物。从简单的事情开始。赞美世界，享受呼吸、日出、彩虹，欣赏孩子好奇的眼睛，为生活中的小小的惊奇之事默默赞叹、感激，这会改变你关注消极事情的倾向。

第二，在一周的时间内，至少每天都真心实意地赞美伴侣一次。然后留意这个练习对你和伴侣的影响。如果你能坚持把这个练习多做一天，之后你就能再多坚持一天。你也可以把这个练习应用到其他人身上，比如你的孩子。当你认识了一个新朋友时，记得观察对方的特别之处，并表达欣赏之情。记住，你必须真心实意，不要弄虚作假。注意他人的积极品质，并欣赏它们。试着告诉他人你从他们身上注意到了什么，并告诉他们你发自内心地欣赏他们。在每个人身上只需找到一个优点即可，同时忽视他们的缺点。

只要你能把感激行动维持下去，你将会收获颇丰，你会开始原谅自己。感激和宽恕会进入你的世界。你开始享受自己的成就，而不再认为自己不够好。

父母给予孩子的最有意义的礼物之一，就是承认自己的错误，并能说出"我错了"或"对不起"这样的话。这种行为带来的好处是非常大的，它让孩子知道自己被允许犯错误，也让他们勇于承认自己把事情搞砸了，但仍然对自己信心满满。这是建立在对自己的宽容之上的。同理，向伴侣说"对不起"并明确地向对方表达这个意思，是件非常重要的事情。你越能把感激精神和得体的赞美融入婚姻中，你和伴侣的婚姻生活就越有意义、越幸福。

致 谢

我们首先要向参与爱情实验室研究的上千名志愿者表达最真挚的感谢。他们敞开心扉，向我们展示出个人生活中最隐秘的一面，这才使得本书的面世成为可能。

感谢美国国家精神健康研究所行为科学研究中心的长期支持，尤其要感谢莫莉·奥利韦里（Molly Oliveri）、黛拉·哈恩（Della Hahn）和乔伊·舒特波特（Joy Schulterbrandt）。

感谢我们的重要合作伙伴，他们给我们的生活带来了诸多喜悦。最主要的合作伙伴是加州大学伯克利分校的罗伯特·利文森教授，我们已经合作了近 40 年，我们友谊长存，一直都合作愉快。还有已故的华盛顿大学的尼尔·雅各布森和斯坦福大学的劳拉·卡斯滕森，我们对他们怀有深深的敬意。

在爱情实验室和戈特曼研究所，我们与很多人产生了联系并开启了合作之路，尤其是艾塔娜·卡诺夫斯基（Etana Kunovsky）和艾伦·卡诺夫斯基（Alan Kunovsky）夫妇以及戴维·彭纳（David Penner），对于和他们的合作，我们倍感幸运。

我的妻子朱莉给予了我极大的爱、美好的友谊，使我有了前进的动力；朱莉和我始终保持着深入的交流，而且她一直在提供支持。此外，朱莉也分享了她的智慧、丰富的临床经验和美好的精神。在持续了几十年密集而激烈的"争论"之后，我和朱莉共同创作了《健康关系之屋理论》（*Sound Relationship House Therapy*）一书。这本书可以说是一位冷静客观的科学家（我）与一位富有共情力的临床医生（朱莉）相遇并相互学习的产物。此外，在心理治疗的临床实践方面，朱莉也提供了很多指导和帮助。

因为有了朱莉，戈特曼工作坊的工作显得充满创意、令人兴奋。当我和朱莉忙于全职工作时，艾塔娜和艾伦夫妇会负责管理戈特曼研究所，他们的表现非常出色，充满活力和想象力，且能关注每个细节，还会协助我和朱莉加强沟通。琳达·赖特（Linda Wright）充满温暖和关怀，她很擅长和绝望的夫妻进行沟通。

另外，我们要感谢一众优秀的学生和员工，他们分别是：金·比尔曼（Kim Buehlman）、吉姆·科恩（Jim Coan）、梅莉萨·霍金斯（Melissa Hawkins）、卡萝尔·胡文（Carole Hooven）、瓦妮萨·卡亨（Vanessa Kahen）、林恩·卡茨（Lynn Katz）、迈克尔·洛伯（Michael Lorber）、金·麦科伊（Kim McCoy）、贾尼·德里弗、恩·扬·纳姆（Eun Young Nahm）、桑尼·拉克斯塔尔（Sonny Ruckstahl）、雷吉娜·拉谢（Regina Rushe）、金伯利·瑞安（Kimberly Ryan）、艾莉森·夏皮罗、安伯·塔贝尔斯、蒂姆·斯蒂克尔（Tim Stickle）、贝弗利·威尔逊（Beverly Wilson）和丹·吉本（Dan Yoshimoto）。最近，吉姆·科恩在关系和大脑方面的研究成果也给了我们许多灵感。

牛顿曾写道："我之所以比别人看得更远，是因为我站在巨人的肩膀上。"而我也有幸在研究过程中得遇诸多"巨人"，请允许我一一介绍他们。苏珊·约翰逊（Susan Johnson），她在情感聚焦婚姻治疗方面做出了杰出贡献。她开创了这一领域，并展示了她的研究重点。她既有直觉力和同理心，也拥有科学家所需的恒心和努力。在这一领域，没人与她比肩。鲍勃·韦斯（Bob Weiss）提出了许多学术概念，如情感主导（sentiment override）；克利夫·诺塔留斯（Cliff Notarius）也提出了许多概念，如夫妻效能（couple efficacy）；霍华德·马克曼（Howard Markman）和斯科特·斯坦利（Scott Stanley）共同提出了"预防性干预"（preventive intervention）理论；精神病学家杰里·刘易斯（Jerry Lewis）在如何平衡婚姻中的自主和联结方面有出色的研究；已故同事尼尔·雅各布森提出了诚信婚姻治疗研究的第一个金标准，他还曾与安迪·克里斯滕森（Andy Christensen）共同探讨了婚姻治疗中接纳的作用，影响深远。威廉·多尔蒂，他提出了"联结仪式"；佩姬·帕普（Peggy Papp）、佩珀·施瓦茨（Pepper Schwartz）、罗纳德·利万特（Ronald Levant）和艾伦·布思（Alan Booth），他们在研究男性在家庭中的作用方面有杰出贡献。

感谢丹·怀尔，他在婚姻治疗方面做出了杰出的贡献，提出了对治疗过程的关注。怀尔的作品是我灵感的重要来源。此外，怀尔的预见和我的许多研究发现惊人的一致。怀尔是个天才，能与他交流思想是一件乐事。而且，他也是一位伟大的治疗师。

还要感谢欧文·亚隆（Irvin Yalom）和维克多·弗兰克尔（Victor Frankl），他们在存在主义心理治疗方面的研究令人受益。亚隆坚定了我们对治疗过程本身和人类成长的信仰。弗兰克尔和我的堂兄弟库尔特·拉德纳（Kurt Ladner）都是达豪集中营的幸存者，他们在极度艰难、充满暴政和非人化的环境中，找到了生命的意义。我和朱莉把我们对生命意义的存在主义探索引入关系研究的语境中。这样做可以把冲突转化为新体验，从而揭示和尊重他人生命的梦想，找到共同的意义，并重申伴侣之间的友谊。

最后，我们想说的是，在关系研究领域，许多有洞察力的学者的研究结论基本上都是正确的。我们的研究成果离不开他们的创造，我们只是在他们努力理解如何维持亲密关系的基础上，进行了精确的整合。

未来，属于终身学习者

我们正在亲历前所未有的变革——互联网改变了信息传递的方式，指数级技术快速发展并颠覆商业世界，人工智能正在侵占越来越多的人类领地。

面对这些变化，我们需要问自己：未来需要什么样的人才？

答案是，成为终身学习者。终身学习意味着永不停歇地追求全面的知识结构、强大的逻辑思考能力和敏锐的感知力。这是一种能够在不断变化中随时重建、更新认知体系的能力。阅读，无疑是帮助我们提高这种能力的最佳途径。

在充满不确定性的时代，答案并不总是简单地出现在书本之中。"读万卷书"不仅要亲自阅读、广泛阅读，也需要我们深入探索好书的内部世界，让知识不再局限于书本之中。

湛庐阅读 App: 与最聪明的人共同进化

我们现在推出全新的湛庐阅读 App，它将成为您在书本之外，践行终身学习的场所。

- 不用考虑"读什么"。这里汇集了湛庐所有纸质书、电子书、有声书和各种阅读服务。
- 可以学习"怎么读"。我们提供包括课程、精读班和讲书在内的全方位阅读解决方案。
- 谁来领读？您能最先了解到作者、译者、专家等大咖的前沿洞见，他们是高质量思想的源泉。
- 与谁共读？您将加入优秀的读者和终身学习者的行列，他们对阅读和学习具有持久的热情和源源不断的动力。

在湛庐阅读 App 首页，编辑为您精选了经典书目和优质音视频内容，每天早、中、晚更新，满足您不间断的阅读需求。

【特别专题】【主题书单】【人物特写】等原创专栏，提供专业、深度的解读和选书参考，回应社会议题，是您了解湛庐近千位重要作者思想的独家渠道。

在每本图书的详情页，您将通过深度导读栏目【专家视点】【深度访谈】和【书评】读懂、读透一本好书。

通过这个不设限的学习平台，您在任何时间、任何地点都能获得有价值的思想，并通过阅读实现终身学习。我们邀您共建一个与最聪明的人共同进化的社区，使其成为先进思想交汇的聚集地，这正是我们的使命和价值所在。

CHEERS

湛庐阅读 App
使用指南

读什么
- 纸质书
- 电子书
- 有声书

怎么读
- 课程
- 精读班
- 讲书
- 测一测
- 参考文献
- 图片资料

与谁共读
- 主题书单
- 特别专题
- 人物特写
- 日更专栏
- 编辑推荐

谁来领读
- 专家视点
- 深度访谈
- 书评
- 精彩视频

HERE COMES EVERYBODY

下载湛庐阅读 App
一站获取阅读服务

The Seven Principles for Making Marriage Work

Copyright © 1999, 2015 by John Mordechai Gottman, Ph.D., and Nan Silver

All rights reserved.

浙江省版权局图字：11-2023-363

图书在版编目（CIP）数据

　幸福的婚姻：全新升级版 /（美）约翰·戈特曼，
（美）娜恩·西尔弗著；刘小敏，冷爱译 . — 杭州：浙
江科学技术出版社，2024.1
　ISBN 978-7-5739-0843-8

　Ⅰ . ①幸… 　Ⅱ . ①约… ②娜… ③刘… ④冷… 　Ⅲ .
①婚姻－通俗读物　Ⅳ . ①C913.13-49

中国国家版本馆 CIP 数据核字（2023）第 257229 号

书　　名　**幸福的婚姻（全新升级版）**
著　　者　［美］约翰·戈特曼　［美］娜恩·西尔弗
译　　者　刘小敏　冷　爱

出版发行　**浙江科学技术出版社**
　　　　　地址：杭州市体育场路 347 号　邮政编码：310006
　　　　　办公室电话：0571－85176593
　　　　　销售部电话：0571－85062597
　　　　　E-mail:zkpress@zkpress.com
印　　刷　石家庄继文印刷有限公司

开　本	710mm×965mm　1/16	印　张	19.25
字　数	312 千字	插　页	1
版　次	2024 年 1 月第 1 版	印　次	2024 年 1 月第 1 次印刷
书　号	ISBN 978-7-5739-0843-8	定　价	99.90 元

责任编辑　陈　岚　　　　　　　**责任美编**　金　晖
责任校对　张　宁　　　　　　　**责任印务**　田　文